释道美学思想比较研究

余虹 著

商务印书馆

本书系

国家社科基金成果

本书由

四川师范大学文学院

资助出版

商务印书馆（成都）有限责任公司出品

作者简介

余虹,四川师范大学文学院教授,博士生导师。四川省有突出贡献的优秀专家,主持国家社科基金两项,教育部人文社科课题一项。在《哲学研究》《社会科学研究》《四川大学学报》《中国教育学刊》《课程·教材·教法》等学术期刊发表学术论文五十余篇。在中华书局、高等教育出版社、科学出版社等出版专著四部。研究方向:中国传统文化、中国古典美学、语文美育。

前　言

陈寅恪先生言："自晋至今，言中国之思想，可以儒释道三教代表之。"[①] 儒、释、道三家共同构成了中国传统文化的主体。以治国平天下为己任的儒家文化以其丰厚的治世思想为历朝历代统治者提供了治国之策略，自然成为中国文化的主流。然而，过分强调社会秩序、团体规则的儒家文化，容易导致对个体生命的桎梏。而以修身养性为核心、以获取个体生命自由解放为目标的释、道文化，自然成为儒家文化的补充，与儒家文化相辅相成，共同构成了中国传统文化系统。以儒为主，释、道辅之，构成了中国传统文化的基本格局。在这样一个文化系统中，儒家文化更多渗透于制度文化与日常人伦之中，而释、道文化则主要以宗教文化形态呈现于世。然而，中国宗教是"哲学的宗教"[②]，"在中国的精神史上，哲学和宗教并没有原则上的分离"[③]，"哲学与宗教融为一

---

① 陈寅恪：《金明馆丛稿二编》，上海古籍出版社1980年版，第251页。
② 转引自郭齐勇：《儒学：入世的人文的又具有宗教性品格的精神形态》，《文史哲》1998年第3期，第36页。
③ 耿宁：《中国哲学向胡塞尔现象学之三问》，《哲学研究》2009年第1期，第48页。

片"①。中国宗教观同时也是中国人的世界观与人生观,而中国哲学是生命哲学,中国宗教观更多体现的是对人的生命价值的思考、生命困境的超脱、生命局限的超越,而不是对神的崇拜与皈依。正是由于中国宗教与哲学的这种一体性,在中国数千年的文明发展史中,中国佛教与道教对中国科学、文学、艺术、民俗风情产生了巨大的影响。天人合一的宇宙观、直观的思维方式、自立自信的坚韧、平常心的处世之道,已经化为中国人深层的心理结构与价值观,成为中国人生活与生命中不可或缺的一部分。

中国哲学是生命哲学,作为中国哲学重要组成部分的中国美学也表现出强烈的生命美学的特征。中国佛教与道教因其关注现实人生、重视此岸超脱、重视生命体验、指向生命本然等特点,表现出强烈的人生审美化特点。由此,中国佛教与道教成了中国美学研究的重要对象,佛教美学与道教美学成了中国古典美学的重要内容。

本书以中国佛教与道教的美学思想作为研究对象,目的在于通过探寻二者的共同性,揭示中国宗教共同的人生审美化特质;通过比较二者的差异性,凸显佛道不同的审美趣味、审美理想、审美追求以及这些差异对中国艺术文化的不同影响。

关于佛道美学的研究目前已经取得了丰硕的成果,也可以说已经较为成熟。佛道美学的研究始于20世纪八九十年代。关于

---

① 郭齐勇:《儒学:入世的人文的又具有宗教性品格的精神形态》,《文史哲》1998年第3期,第36页。

佛教美学的研究，有王志敏的《佛教与美学》（1989）、曾祖荫的《中国佛教与美学》（1994）、蒋述卓的《佛教与中国古典文艺美学》（2006）等，这些著作主要就佛教对中国美学思想的影响进行了研究。而王海林的《佛教美学》（1992），祁志祥的《佛教美学》（1997）、《似花非花——佛教美学观》（2003）、《中国佛教美学史》（2010），则对佛教美学思想本身做了系统而深入的研究。在道教美学方面，高楠的《道教与美学》（1989）提出"道教是审美型的宗教"[①]，开了道教美学研究的先河，但该书的重心在于道教与中国传统美学关系的研究。至20世纪90年代，潘显一的《大美不言》（1997）的出版，标志着道教美学思想体系的形成，该书直接从道教的审美范畴入手，对道教美学思想进行了系统探索，奠定了道教美学思想的理论基础。尔后，其国家社科基金成果《道教美学思想史研究》（2010）又对道教美学思想的历史发展做了深入探究。可见，不管是从横向还是纵向上，对佛道美学思想都有了较为系统的研究，也正是在这个意义上，我们说佛道美学研究基本成熟。但是，对佛道美学思想的比较研究较少，我的前一个课题"禅宗与全真道美学思想比较研究"（05BZX065），就佛道中有代表性的两个流派进行了比较研究，对佛道美学思想的比较研究做了有益的尝试。本书在此基础上，力图进一步对佛道做整体的比较研究，以探究中国宗教美学思想的共同特质以及不同的人生审美化特征。

[①] 高楠：《道教与美学》，辽宁人民出版社1989年版，《前言》第3页。

皮朝纲先生在《审美与生存》一书中提出：中国古代美学的研究对象和两个向度是人生美论和艺术美论，它们分别代表哲学体系中的美学形态和诗性智慧中的美学形态。[①]"人生美论，侧重于体现哲学体系型的美学思想；艺术美论，侧重于体现诗性智慧型的美学思想。"[②] 佛道美学思想博大精深，内容纷繁复杂，要兼顾两个层面的研究十分困难。本书聚焦于哲学形态层面的"人生美论"探究，以佛道的宗教修为为依据，从修为实践活动以及修为的最终理想几个方面，探索佛道对生命本质的认识、对现实生命的超越以及超越中的生命体验、对生命终极价值的追求，从而探求中国宗教的人生审美化特征。

中国哲学研究往往从三个方面展开：本体论、修养论与境界论。美学是哲学的一个分支，本书亦依循此研究思路，化繁为简，从审美本体论、审美修养论与审美境界论三个方面比较中国佛道的"人生美论"。由此本书分为三个部分：佛道审美本体论、佛道审美修养论、佛道审美境界论。佛道宗教修为的过程也是信教者人生的审美化过程，由此，研究审美人生修养的佛道审美修养论成为佛道美学思想中最为显著的部分。而佛道审美本体论是佛道审美人生修养的基础、依据与出发点。佛教审美境界论则是佛性审美人生修养的方向、目的与理想。本书以审美本体论为基础、出发点，以审美修养论为中心，以审美境界论为目标，构筑起佛

[①] 参见皮朝纲主编：《审美与生存》，巴蜀书社1999年版，第27—47页。

[②] 皮朝纲：《中国古典美学思辨录》，香港新天地出版社2012年版，第101—102页。

道美学思想的基本框架，体现出佛道人生美学的主要思想。从此三个层面可以较为全面地探究佛道美学思想的异同。

中国佛道自东汉以来，已有千年历史，其资料庞杂繁复，难以穷尽，其中蕴含的哲学美学思想丰厚驳杂，包含的哲学美学范畴数不胜数。并且，佛道之间宗教美学思想的发展逻辑也不尽相同，二者在长期的历史发展中又交融互摄，形成了我中有你、你中有我的局面。这些皆增加了研究的难度。面对着庞杂的史料与博大精深的思想，很难寻找出二者美学价值的比较点，梳理出一条清晰的比较线索，以致本书的研究无从入手，几度搁置。最后，经过反复思考，决定采用中国哲学的传统研究模式，化繁从简，从本体论、修养论、境界论三方面展开研究。而每一方面的研究，采用的都是范畴分析与历史演变梳理相结合的研究模式；或在范畴分析中梳理历史演变，或在历史演变中归纳分析范畴。而范畴的选择则以其在佛道中的代表性与其美学价值为依据，关注对范畴美学意义的挖掘，在对各范畴美学意义的揭示中，表现佛道美学思想。

目 录

第一章 空与道——佛道审美本体论 1

第一节 空：佛教审美本体论 2
    一 道佛之美 3
    二 般若性空之美 6
    三 法性之美 11
    四 心性之美 20

第二节 道：道教审美本体论 47
    一 道之美 48
    二 仙道之美 60
    三 玄道之美 69
    四 心性之美 80

第三节 佛道审美本体论比较 89
    一 法性美与道美的比较 91
    二 佛性美与道性美的比较 96
    三 佛道心性之美的比较 101

第二章 悲智双运与性命双修——佛道审美修养论 113

第一节 悲智双运：佛教审美修养论 114
  一 戒：生命的超越 116
  二 定：生命的沉静 122
  三 慧：生命本真的敞现 135

第二节 性命双修：道教审美修养论 155
  一 养气：生命之充盈 160
  二 坐忘：个体生命之超越 169
  三 守一：生命本真之复归 176
  四 真行：以善合真 186

第三节 佛道审美修养论比较 191
  一 定慧双修与性命双修 192
  二 观悟与炼养 196
  三 止恶行善与以善合真 198
  四 禅定与坐忘 199
  五 开慧与守一 201

第三章　觉悟境界与仙道境界——佛道审美境界论　205

第一节　觉悟境界：佛教审美境界论　207
　　　　　一　涅槃之美　207
　　　　　二　净土之美　232

第二节　仙道境界：道教审美境界论　262
　　　　　一　崇高绮丽的神仙境界　262
　　　　　二　玄冥清虚的重玄境界　274
　　　　　三　虚空本真的丹道境界　289

第三节　佛道审美境界论比较　298
　　　　　一　佛道境界的差异性　299
　　　　　二　佛道境界的共同性　308

参考书目　317

第一章　空与道
——佛道审美本体论

中国佛教与道教是有着浓厚审美特质的宗教，其观念与实践都打上了浓浓的人生审美化特质。在以生命美学为核心的中国美学体系中，佛道美学占据着十分重要的地位，是中国美学不可或缺的组成部分，而佛道审美本体论则是佛道美学的核心与出发点。

何为本体？"本"与"末"相对，"体"与"用"相对，本体兼具本原与本质之义，指终极存在。本体论则是对存在本原与本质的描述与追问。审美本体论即对美的本质与本原的描述与追问。不同于西方主客二分、本质与现象二分，中国哲学讲究的是本质与现象、本体与方法相统一。中国哲学体系中的美学也是如此，因此陈望衡先生在他的《美在境界》里说，美学的经典提问"美是什么"，在中国换成了"美在什么"。[①] 佛道之"美"在哪里呢？佛道之"美"又从何而来？对此问题的讨论构成了佛道审美本体论。

---

① 陈望衡：《美在境界》，武汉大学出版社2014年版，第192页。

第一节 空：佛教审美本体论

方立天先生说："中国佛教哲学的中心问题是人生解脱论，是关于把握生命方式的学说。"① 中国佛教哲学对生命本原的探索、生命法则的确立、生命构成要素的探究、生命理想与归宿的追寻，无不围绕着人的生命而展开，因此，作为中国哲学重要组成部分的中国佛教哲学也体现出显著的生命哲学特质，而作为中国佛教哲学分支的中国佛教美学也自然打上了生命美学的烙印。中国佛教美学以人的生命为核心，主要探究佛教对生命的独特理解、体验与超越方式。

佛教是一种外来宗教，它自从踏入中国，便开始了融摄印度佛教思想与中国本土文化的中国化进程。在两种文化的长期碰撞与融合中，逐步形成了富有特色的中国佛教思想，也形成了富有特色的中国佛教美学思想。

佛教于东汉末年传入中国，经过几百年的发展至唐代而成熟。其间，中国佛教经历了一个从吸纳依附中国固有文化到回归印度佛教义理再到融合创新的演变过程。佛教审美本体论亦经历了这样一个发展演变过程：依附认同本土文化之"道佛之美"—回归佛教之"般若性空之美"—整合创新之"法性之美"—融合贯通之"心性之美"。其中，心性之美为佛教审美本体论的主要内容。因为，

---

① 方立天：《中国佛教哲学要义》（上），中国人民大学出版社2012年版，第45页。

作为中国佛教代表的天台、华严、禅宗无不以心性作为其哲学与美学的本原,"美在心性"是中国佛教美学的核心命题。因此,本节将把重心放到对佛教心性之美的探究上,对佛道之美、性空之美及法性之美亦略做论述,以便读者了解中国佛教在形成过程中审美本体的基本演变情况。

一 道佛之美

从东汉末年印度佛教传入中国,至魏晋时期,是中国佛教的产生期。此时的佛教深受中国本土文化的影响,表现出依附中国本土文化传播发展的特点。在哲学本体论上尤其受老庄思想的影响,以老庄之道诠释佛教之理,其审美本体论也表现出明显的中国道家特色,从而使佛之美表现出显著的"道美"特点。我们把这个时期的佛称为"道佛",指有明显的中国"道"本体特征的佛。道佛之美则指打上浓厚"道"性特征的佛之美。

> 天地人物,一仰四气:一地,二水,三火,四风。人之身中,强者为地,和淖为水,温热为火,气息为风。生借用此,死则归本。①

---

① 《佛开解梵志阿颰经》,《大正藏》卷1,台北新文丰出版公司1983年版,第262页。

在中国文化系统中，作为本体的"道"是有无的辩证统一，而元气乃道之有，是"万物之母"，具有本体的意义。此论把印度佛教中构成宇宙的四元素作为元气的四种形态，而把元气作为生化天地万物的本原，也是人生命的本原——人借气以生，死又归于气，同时，四气还是人心识、灵魂产生的依据。从中可见中国早期佛教本体论受中国元气论的明显影响。

> 夫佛也者，体道者也。道也者，道物者也。应感顺通，无为而无不为者也。无为，故虚寂自然；无不为，故神化万物。①

孙绰以道论佛，认为"佛"是体道者，以"道"之"无为而无不为"来解释"佛"的本体特征。道家之"道"乃体用的统一，道体"无为"，表现出虚寂自然之美，道用"应感顺通"，具有感应万物、化生万物的功能，表现出"无不为"的特征，具有生生之美。"无为而无不为"乃道家之道美的本质特征，这里用来阐释佛教本体的审美特征，无疑使佛教本体呈现出"道美"的特点。

> 如法无所从生……以无所从来，亦无所从去……一切皆本无，亦复无本无。②

---

① 《喻道论》，《弘明集》卷3，《大正藏》卷52，第16页。
② 《道行般若经》，《大正藏》卷8，第453页。

> 一切皆本无,亦复无本无,等无异于真法中本无,诸法无本,无过去当来今现在。如来亦尔,是为真本无。①

早期佛经以老庄之"本无"释佛教之"性空",言诸法乃因缘而生,是无生无灭、无来无去的,万物本性空寂,本无自性,是性空,并且"本无"亦无、亦空,世界没有一种实体性存在,亦无本原。虽然老庄之"本无"没有性空之义,但以"本无"释"性空"仍然使佛教本体打上了道家思想的烙印。

> 般若波罗蜜无所有。……人无所生。般若波罗蜜与人皆自然。
> 般若波罗蜜,于一切法皆自然。②

以上论述以老庄之"自然"释佛教的"无所生""无所有",即佛本体的非有非无、无生无灭的"无自性",认为此乃万法之本性,并非人为造作,是宇宙万物的本然状态。这显然融汇了佛教之般若性空与老庄之"道法自然"思想。

综上所述,在中国佛教的产生期,中国佛教审美本体论在继承印度佛教思想基础上,依附中国道家之学,表现出明显的中国化、老庄化的特点,在审美本体上体现出道佛之美:(1)本无空

---

① 《大明度经》,《大正藏》卷8,第430页。
② 《道行般若经》,《大正藏》卷8,第441页。

寂之美;(2)应感生化之美;(3)自然之美。虽然这种影响在后期有些削弱,但是老庄之道美对佛教审美本体的影响始终存在,只是在后期这种影响更为隐蔽,呈现出一种水乳交融、互融互摄的状态。

二 般若性空之美

(一)般若性空的内涵

两晋时期,般若性空思想成为中国佛教的主流,"六家七宗"的形成与僧肇"不真空论"的提出成为其标志。此时正值中国玄学盛行之际,佛教般若性空思想与玄学相互阐发,呈现出"玄佛合流"之势,"六家七宗"便是玄佛合流的代表。汤用彤先生在《汉魏两晋南北朝佛教史》中说:"魏晋时代之佛学,不论在行事风格,抑或在研读书籍及所用之名词术语方面,均与玄学家没有多少区别;至于思想内容方面,则常常玄佛互证,以'无'谈'空','涅槃'、'本无',遥相符契,真可谓名人释子,携手并进,玄谈佛理,共入一流。魏晋时期的'六家七宗'学说,集中反映了玄佛合流的情形。"① 如本无宗,把世界的本原与本质归于"本无",而"本无"之义则是:"无在元化之先,空为众形之始。"② 从世界本原之"无"与本质之"空"两方面来诠释"本无"之义。

---

① 汤用彤:《汉魏两晋南北朝佛教史》,上海书店1991年版,第125页。
② 《名僧传抄》,《续藏经》第77册,东京图书刊行会1980—1989年版,第354页。

"夫冥造之前，廓然而已。至于元气陶化，则群像禀形。"世界本为廓然之空无，经元气化生而成万物，显然是老子道生万物的思想。而"一切诸法，本性空寂"①又是般若性空思想的体现，体现出玄佛合流的倾向。

僧肇《不真空论》②，以印度般若之学矫正"六家七宗"之"偏而不即"，"对于把佛教般若学从玄学中解脱出来，进而以般若学取代玄学和发展玄学起着重要作用"③。《不真空论》摆脱玄学影响，直接从印度佛教般若性空出发，把世界本质、万物本性归为"空"，并从对"六家七宗"的批评中阐释对"空"的理解。

对僧肇不真空论的理解可以有四个层面：

1. 不真空：世界之终极真理

《不真空论》开篇即言"夫至虚无生者，盖是般若玄鉴之妙趣，有物之宗极者也"，无生无灭之"至虚"乃体现般若智慧之妙趣，是现象世界的终极之理。这里虽未提出"不真空"之理，但实指后面所论之"不真空"。因为接着便是对心无宗、即色宗、本无宗三家之批评，其焦点便在于三家皆偏执于有无之分别，而未解般若之"空"义，并在此基础上提出"不真空"之论。可见，僧肇论"不真空"旨在纠正"六家七宗"之偏，而复归印度佛教般若性空之正。

---

① 《名僧传抄》，《续藏经》第77册，第354页。
② 《肇论》，《大正藏》卷45，第152页。以下引《不真空论》不再标注。
③ 赖永海：《佛道诗禅：中国佛教文化论》，中国青年出版社1990年版，第42页。

2. 不真空：非有非无，即不真的存在

僧肇在论不真空时，首先引用《中论》"诸法不有不无者，第一真谛也"，以"不有不无"来解释"空"，并指出此乃最高真理，以破除"六家七宗"偏执于有无之别，并进一步解释："虽有而无，所谓非有；虽无而有，所谓非无"，"有不即真，无不夷迹"，"非有非无"即是"有而无""无而有"，有非真有，无亦非真无。元康《肇论疏》言："诸法虚假，故曰不真，虚假不真，所以是空耳。"① 可见，"空"是虚假不真，是假有与性空的统一。从俗谛看，万法森然，是"有"；从真谛看，"寂寥虚豁"，是"无"。僧肇又言："欲言其有，有非真生；欲言其无，事象既形。形象不即无，非真非实有。然则不真空义显于兹矣。"有非真有，无非真无，此乃不真空之义。僧肇用"不真空"把"有"与"无"统一起来，解决了有无之偏执与矛盾。一方面否定世界本质的真实性，言万法"性空"；一方面又肯定这个"不真实"的世界是存在的，言万法"假有"：世界成为一个"不真的存在"，成为一个辩证的统一体。这样一种"空"观改变了中国传统以"无"为本的世界观，对中国文化影响极大。"不真空"观成为以后佛教主要的世界观及方法论，对天台、华严及禅宗产生了巨大影响。

3. "不真空"以缘起论为基础

缘起论是一切佛教的基石与出发点，"不真空"论也以缘起论为理论前提阐发自己的思想。僧肇在论其不真空时言：

---

① 《大正藏》卷45，第170页。

> 故童子叹曰：说法不有亦不无，以因缘故诸法生。
> 《中观》云：物从因缘故不有，缘起故不无。

不有不无之"空"乃源于诸法因缘而生，因为物从因缘生，所以物无自性，乃是"无有"，又因"缘起"而有，故乃是"不无"。不有不无乃为"空"。

> 若有不能自有，待缘而后有者，故知有非真有。……不无者，夫无则湛然不动，可谓之无。万物若无，则不应起，起则非无，以明缘起，故不无也。

"有"乃是待缘而有，并非真实自性之有，因此有非真有；而"无"亦非"湛然不动"之无，"无"一方面体现为无定相、自性，一方面又能缘起他物，成为他物之因，表现为"有"，因此，无非真无。以诸法缘起论为"不真空"论的基础，一方面增加了其理论的可信度，一方面又指出有与无是一体两面，不可分，不能以分别智去分析性空假有，只能以般若智去直观体证。

4."不真空"以"立处即真""触事而真"为归旨

僧肇通过名实之辩，指出名实相异——名不符实、实不符名。因此，不能依名而求实，因为"即万物之自虚，不假虚而虚物也"，万物之"空"在物而不在名，万物即体而空，求物之道不在物外，就在物之中——"立处即真"。因此，僧肇叹曰："然则道远乎哉？

触事而真。圣远乎哉？体之即神！"

（二）般若性空之美

从以上对"不真空"的哲学意义的分析可以窥见其美学意蕴。般若性空之美体现在以下几方面：

1. "不真空"之美

中国传统美学是有无之美，即以世界的本原之"道"为"无"，而以现象世界为"有"。从本原上看，世界从"无"生"有"，"无"在"有"先；从存在状态看，"道"遍万物：无形之"道"通过有形之"物"得以显现，有形之"物"以无形之"道"为本体，二者是统一的，但是这种统一是以有无之分别为前提的。而僧肇之"不真空"则是"不真的存在"，其内含的性空与假有非指二物，而是一体两面：一物既是性空亦是假有，性空即是假有，非有即是非无。物的存在是不真实的，然而"不真"亦是一种存在，"不真"的存在就是"空"，"空"乃一种不存在的存在，因而呈现出一种玄妙的思辨之美，一种充满睿智的智性美。它完全改变了传统从有无二元观照世界的方式，把现象世界与本体世界合而为一。现象即本体，本体即现象，现象之假有即本体之性空，二者是一而二，二而一的。僧肇之"空"体现了这种本体世界与现象世界的整一之美。

2. "空"之美

僧肇认为世界万物是虚空不实的，万物之本性是"空"，并不存在一个脱离于假有现象世界之上的形而上的本体。如此，作为宗教，佛教便消解了外在于人的绝对真理的存在，也消解了作为宗教信仰的人格神的存在。佛，觉也。"体法为佛""悟理为佛"，成佛即是悟理体法——体悟万法本性之空与现象世界之假有而抵达不沾不滞、万缘不动之境界。这个境界不是出世间的，不是脱离现实人生的另一个境界，而是在现实人生中实现的，是人的自我超越的境界，是人超越欲望与理性分别的人生境界，即一种审美的人生境界。"不真空"观为此审美人生境界提供了依据，乃"空"之美的体现。

3. "触事而真"之美

"空"所体现出的本体与现象世界的统一性、一体性，使世界万物皆具本体之真理。一花一世界，一叶一菩提，大自然中的一草一木、一沙一水皆是真理的显现，整个世界彰显为一个充满意义的世界，一个审美的世界。人们只要放下分别智，以身体之，以心悟之，则"立处即真"，"体之即神"。

三　法性之美

尽管般若性空学是两晋中国佛教的主流，但中国本土文化对实有的偏好始终影响着佛教对性空的吸纳。因着一种传统文化习惯，中国人很难在至无空壑的般若性空中找到解脱之道，中国佛教始终希望能够找出一个依托的本体。于是，两晋以后，谈空说玄的般若学逐渐转向了注重解脱的涅槃佛性学。如果说僧肇是中国佛教般若性空学的标志，把般若性空学推向了顶点，慧远及梁武帝萧衍,则上承般若学,下启涅槃实有论,架起了由般若而涅槃的桥梁,竺道生则真正开启了中国涅槃佛性学,而隋唐天台宗之性具说与华严宗的性起说,更是把法性与佛性、心性统一起来,使般若性空与涅槃妙有圆融一如,丰富与发展了中国佛教的本体论思想。

法性是万法之本性,宇宙万物存在之本质,也是众生成佛之依据。在佛教思想中,法性与实相、真如、法界、涅槃、佛性、理是义同名异的概念。本节聚焦"法性之美",力图从万物存在之本质,世界存在之真理层面,探究中国佛教由般若而涅槃,融性空与妙有的本体之美。因为,一方面,"法性"作为万物之本性,连接万法之真理、不变之真如、实相、法界;另一方面,众生作为万法之一,法性又成为众生之本性、真性,而连接佛性、涅槃、心性。从"法性之美"既可窥见中国佛教对世界本体之美的认识,也可窥见中国佛教对佛性、心性之美的理解。

关于万法之本性,般若言"性空",涅槃讲"妙有",中国佛教中的"法性"融性空与妙有为一体,既呈现出"性空"之美,又呈现出"妙有"之美。如慧远论"法性",既曰"至极以不变为性",又言"法性无性"[①];萧衍说"显果则以常住佛性为本,明因则以无生中道为宗"[②];竺道生既谈法性"真而不变",又把法性描述为超绝言相之"空";天台宗的"性具善恶"说,华严宗的"如

---

① 《大智论抄序》,《出三藏记集序》卷10,《大正藏》卷55,第75页。
② 《注解大品序》,《出三藏记集序》卷8,《大正藏》卷55,第53页。

来性起"说,禅宗的"即心即佛"说,无不融空有为一体。下面具体论述。

(一)"妙有"之美

法性"妙有"主要指作为万法本性、宇宙本原之法性是真实存在的。法性"妙有"之美表现出无染无着的静定之美、无形无声的神秘美以及不生不灭的永恒性、遍及万法的普遍性。

1. 无染无着的静定之美

慧远在《法性论》中言"至极以不变为性,得性以体极为宗"①,以"不变"为万法之本性,即法性。慧远对法性的理解是建立在他的"神不灭"思想之上的,其言"无身而存神,法身之谓也",言神即法身,神性即法性。从慧远对神性的描绘也可见其对法性的认识。

> 神也者,圆应无生,妙尽无名,感物而动,假数而行。感物而非物,故物化而不灭;假数而非数,故数尽而不穷。②

此言道出了"神"(法性)应感万物而自身空寂不变的特点。"不变"乃是感物而不动,随缘应物而不生,假数而不行的静定

---

① 《高僧传》,《大正藏》卷50,第357页。
② 《沙门不敬王者论》,《弘明集》卷5,《大正藏》卷52,第31页。

不染，别有一种不染不着的静定不变之美，也由此生出法性无生无灭、无穷无尽之永恒性。

2. 不生不灭的永恒性

> 夫法性者，无有灭也。
>
> 夫法性者，即是法身者。若以灭尽为法性者，则为无所有，岂有法身乎？
>
> 法性本来非有，故无灭也。①
>
> 此心真实不改不灭，故名法性②

"法性"即"理"，是宇宙之不变真理，又是法身之本性。万法无自性，故法性乃空，"空"即非有非无，空性则本无所生，本无所有，因此，也就无所灭，此即"法性本来非有，故无灭也"。法性非有非无，无生无灭，所以，又是永恒长存的、唯一不变的存在。这几段话从法性之"空理"谈法性之"不变"，前面慧远的一段话则从法性随缘之用论法性之"不变"。"不变"是法性的本质特征，体现出了法性不生不灭的永恒性以及作为宇宙真理的绝对性。

3. 无形无声的神秘美

慧远这样表述作为宇宙本性之"神"：

---

① 《大般涅槃经集解》，《大正藏》卷37，第420页。
② 《大乘止观法门》，《大正藏》卷46，第642页。

> 夫神者何耶？精极而为灵者也。精极则非卦象之所图，故圣人以妙物而为言。虽有上智，犹不能定其体状，穷其幽致。①

"神"精微有灵、精微之极，不能以形象显现，也不可认知。可见，在慧远看来，"神"是无形无声、不可感知的，又是不可以人的意识去认知和言说的。这里，"神"作为宇宙本体，与"法性"义同名异，可作为对法性的描述。竺道生亦这样描述"法性"：

> 至像无形，至音无声，希微绝朕思之境，岂有形言者哉？②

法性超形象，绝言表，不可感知，不可认知，体现出一种无形无声、无以言表的神秘之美，与道教之"道美"相似。

4. 遍及万法的遍在性

> 法性照圆，理实常存。③
> （理）不易之体，为湛然常照。④

---

① 《沙门不敬王者论》，《弘明集》卷5，《大正藏》卷52，第31页。
② 《妙法莲华经疏》，《续藏经》第4册，第396页。
③ 《大般涅槃经集解》，《大正藏》卷37，第420页。
④ 《大般涅槃经集解》，《大正藏》卷37，第377页。

> 体法为佛,不可离法而有佛也。……然则佛亦法矣。①

法性的这一特性乃是就法性与法相、理与事的关系而言。法性即理,是体与用的统一体:就体性而言,法性是永恒不变的宇宙真理、万物本性;就功用而言,法性又有感应万物、随顺万物进而遍照万物的功用。"理具一切法。""理具三千。""一一事中,理皆全遍,非是分遍。""一一纤尘皆摄无边真理,无不圆足。"② 一切法无不圆满具足法性,"一切存在都是法性的显现,法性就是一切存在"③。作为万法本性的法性遍在一切法,是一切法存在的依据。

《大乘起信论》把"法性"与真如、真心视为同一范畴:"法性真如海。"④"心真实故,即是诸法之性。""法性广大,遍一切众生,平等不二。"⑤ 如此,法性便不仅是自然万物之本性,也成为众生的真心、本性。自此实现了法性从一般的万物之性到众生真心真性的转向,法性便与佛性、心性等同。天台宗"此心即是法性,为因缘所生,即空即假即中",华严宗"如来性起"说、禅宗"即心即佛"等,都大谈万法归心,以心性释法性,表现出向心性论的转化。

---

① 《维摩诘经》,《大正藏》卷38,第398页。
② 《华严发菩提心章》,《大正藏》卷45,第652—653页。
③ 方立天:《中国佛教哲学要义》(下),第623—624页。
④ 《大乘起信论》,《大正藏》卷32,第575页。
⑤ 《大乘起信论》,《大正藏》卷32,第580—581页。

(二)"性空"之美

法性的"性空"之美,主要受般若性空学与中道观的影响,言万物本无自性,万法皆是虚幻假有。法性是非有非无、不染不净之空,以空、假、中三道为性,体现出佛教独特的"性空"之美。

东晋时的慧远对法性有这样的论述:

> 无性之性,谓之法性。法性无性,因缘以之生。①

万法乃因缘而生,没有自性,因此法性乃是"无性",即空性。"空"是就法性的内容而言,然而,空性亦是一种"性",即"无性之性",这是真实存在、永恒不变的。慧远此论以缘起为出发点,谈法性乃空,最后落实到"空性"实有,如此,通过思辨把"空"与"实"统一起来,这种"无性之性",体现出一种非有非无的"不真空"之美,乃僧肇不真空论的发展。

《大般涅槃经》言:

> 佛性者名第一义空,第一义空名为智慧,所言空者不见空与不空,智者见空与不空,常与无常,苦之与乐,我与无我……乃至见一切无我,不见我者不名中道,中

---

① 《大智论抄序》,《出三藏记集序》卷10,《大正藏》卷55,第75页。

道者名为佛性。①

　　佛性是中道，是"空"，"空"是一种智慧，是以万法为不有不无、常与无常、我与无我之智慧，佛性即法性，法性即空，即中道。

　　天台宗智颛大师把佛性分为三因佛性："故知法性实相即是正因佛性，般若观照即是了因佛性，五度功德资发般若即是缘因佛性。"②而"实相常无自性，无性者，即正因佛性"③，作为正因佛性的"法性实相"乃是"无自性"的"空"，是非染非净、无善无恶的中道。

　　由此可见，中国佛教之"性空"之美，是指万法本性所具的中道之美，即非有非无、非染非净、无善无恶之美。此"性空"之美，使人不沉迷于纷繁的现象世界，认幻为真，徒生烦恼，又不至于陷入空壑的虚无，而失去了超越自我的途径，为世俗人从现实人生去寻找超越之路提供了可能性，奠定了在世而出世的人生超越基础，无疑为人生的审美化开辟了道路。

---

① 《大正藏》卷12，第523页。
② 《妙法莲华经玄义》，《大正藏》卷33，第802页。
③ 《法华文句》，《大正藏》卷34，第57页。

(三) 性空妙有的圆融之美

> 其一法者,所谓"实相"。实相之相,无相不相。又此实相,诸佛得法,故称"妙有";实相非两边之有,故名"毕竟空";空理湛然,非一非异,故名"如如";实相寂灭,故为涅槃;觉了不改,故名"虚空";佛性多所含受,故名"如来藏";不依于有,亦不依无,故名"中道"。最上无过,故名"第一义谛"。①

"一法",就是所谓的实相,"实相"是"无相不相"之相。以上论述从实相的不同命名,道出了作为万法本体的"实相"的诸多属性:"实相"在诸法中显现而为"妙有";该"妙有"乃是假有,非实有,因此又是"毕竟空";虽然毕竟空,但又"空理湛然",如其本然,称为"如如";虽存空理,但毕竟空寂无相,而为"涅槃","觉了不改"而为"虚空";虚空故能涵受万物,称为"如来藏";万缘归一理,乃为非有非无之"中道","中道"乃是"第一义谛",宇宙的最高法则,万法之根本。由此可见,作为万法根本的实相法性既是虚空、毕竟空、涅槃,又是妙有、如来藏。"佛性之体非善非恶,善恶双用弥满无涯。"② 佛性(法性)之体是"空",是"非净非染,非善非恶",佛性(法性)之用则是"有","有"

---

① 《妙法莲华经玄义》,《大正藏》卷33,第783页。
② 《大般涅槃经疏》,《大正藏》卷38,第42页。

指法性含藏万法、显现万法之用,此法性乃是即染即净,即善即恶的。法性体用一如,则性空与妙有相互含摄、相互转化、圆融无碍,如此法性便呈现出非有非无又即有即无的圆融之美。

四 心性之美

佛教以成佛、获得人生解脱为鹄的,对成佛依据的探索构成了其本体论。中国佛教哲学本体论对"本体"的探索,经由道本体、空本体、法性本体,最后归于心性本体。这种从外到内、从形而上到形而下、从彼岸到此岸的对生命本原、成佛依据的探索过程,也显示出佛教一步步中国化,或者说中国佛教从形成、发展到成熟的过程。心性论的成熟则标志着中国佛教的真正形成。因此,方立天先生说:"中国佛教本体论思想最终归结为心本原说,心本原说是中国佛教本体论的最高形态。"[①] 皮朝纲先生说:"从某种意义上说,中国佛教哲学是一种人生哲学——心性哲学。"可见,心性论乃是中国佛教哲学的核心内容。以此为基础,心性论也成为中国佛教美学的核心理论。皮朝纲先生言:"心性论既是中国佛教哲学的本体论,又是中国佛教美学的本体论","心性本体乃是审美的本源","其心性哲学体系中的美学思想,则成为中国古典美学的人生美论的重要内容之一。它追求一种人生的审美化"。[②]

[①] 方立天:《中国佛教哲学要义》(下),第641页。

[②] 皮朝纲:《中国古典美学思辨录》,第101页。

中国佛教的发展过程始终是印度佛教与中国本土文化互动交流而至水乳交融的过程。"中国佛教心性论是佛教哲学与中国固有思想文化旨趣的最为契合之处。"① 中国佛教心性论充分体现了两种文化的融合，这种融合一方面体现为对印度佛教心性论"色心不二""万法唯心"思想的继承，一方面体现为对中国传统"天人合一"本体思想、体用一如的思维方式的吸纳。中国佛教始终用天人合一、主客一体的思维构架去阐释本体与现象的关系，并始终以体用关系去诠释"心性"之空有，使中国佛教心性论包含着浓厚的中国特色，或者说在心性论中真正实现了两种文化的深在交融。

（一）心性论的发展演变

中国佛教心性论内容复杂而庞大，从历史发展而言，其滥觞于东晋"六家七宗"的"心无义"说与心本说，在南北朝时期又形成了佛性论、阿赖耶识说与真心本觉说三大理论思潮，成熟于隋唐天台、华严，至禅宗达到顶峰。心性论是禅宗立宗之根本，因此禅宗又有"心宗"之称。从思想内容而言，心性作为众生本性、成佛根据，又是宇宙本原，由此而与万物、万法、佛等概念相连，构成心与神、心与识、性与相、心与物、佛与性、法与性、心与法、心与理等种种复杂关系。同时，各家各派对心与物、性与相，甚至心性本身的内涵都存在不同看法，如此，心性论便呈现出极

---

① 方立天：《中国佛教哲学要义》（上），第180页。

为庞杂的特点。

天台、华严、禅宗皆崇信南北朝的《大乘起信论》，该书对心性的系统论述，是隋唐各宗派心性论的重要根据。任继愈在《中国佛教史》中指出："《大乘起信论》是对隋唐佛教影响最大的一部论著。它的哲学思想代表了此后中国佛教发展的方向，并成为各个宗派相互融汇的理论基础。"[①] 祁志祥也指出："从对中国美学的影响看，《大乘起信论》奠定了中国佛教美学关于美在本觉心性的基本思路，强化了中国美学以'心'为美的表现主义民族风格。"[②] 因此，《大乘起信论》将成为我们研究中国佛教心性之美的重要资料，我们将从《大乘起信论》入手研究心性论，探究中国佛教的心性之美。

《大乘起信论》把"心"分为真如心与生灭心，而以真如心为心之本体。生灭心是依真如心随缘显现的心，为心体之功用。作为心本体之真如心，乃是"如实空"与"如实不空"的统一体。如实空，指真如心远离染法，不为染法所染污的清净特点，具体表现为无念与无相，既不滞于外境，又不滞于内念。如实不空，指真如心"具足功德"，能含摄万物、显现万物的特性。可见，作为本体的真如心既是纯净不染、无相无念的"空"，又是含摄一切存在、造生万法而自身恒常不变、功德具足的"不空"，是即空而不空的存在本体。真如心具有"觉性"，即觉知万物皆空

---

① 任继愈：《中国佛教史》第 3 卷，中国社会科学出版社 1988 年版，第 313 页。
② 祁志祥：《中国佛教美学史》，北京大学出版社 2010 年版，第 156 页。

的本性。

天台宗主张"性具善恶",提出"一念无明法性心"[①],强调人的一心既圆满具足无明、染污、丑恶之性,又圆满具足法性、清净、美善之性,并且众生与佛平等一如,没有分别。天台宗有名的命题"一念三千",就是对一念无明心显现三千世间的描述。一念妄心、染心则显现三千幻境,这是心无明、染恶的结果。"一念心即如来藏理。如故即空,藏故即假,理故即中。"[②]这是对一念法性心的描述。一念法性心,又是真心、净心,就是如来藏理,即空假中之中道真理。一念心乃主体的一种精神活动,无明与法性乃心的两种状态,当心处于无明状态,则所显法皆恶染;当心处于明(法性)的状态,则所显法皆善净。由此,对天台宗心本体的理解可以概括为三个方面:(1)心为法本;(2)心具染净;(3)心法不二。"心为法本"就心的本体价值而言:心是万法之根本,主要表现在心现万法。"心具染净"就心性质而言:心同时具有染净、善恶、真妄之性,对立的两面是心的两种不同性相,二者皆统一于一念心,是相即不相离的关系。"心法不二"就心物关系而言:心为法本,心现万法,心与法同生同寂,同染同净同善同恶。

与天台宗不同的是,华严宗认为,心性本体即佛性,乃是清净圆满的。在此基础上,华严宗重点阐释了真心本性的内涵:真心本性乃是"真空"与"妙有"的统一,是体用的结合,并且依

---

① 《四念处》,《大正藏》卷46,第573页。

② 《摩诃止观》,《大正藏》卷46,第10页。

体起用,依用显体,体用圆融无碍。"真空"与"妙有"体用一如的真心本性体现出两个特性:清净与觉性。

禅宗亦把心分为真心与妄心,而以真心为众生之本性、成佛的依据与万法之根本。"于自性中,万法皆见。"[①]"性即是心,心即是佛,佛即是法。"[②]在本体论上,真心、众生本性、佛性与法性是相通的概念。对于心的内涵,禅宗认为:心是体用的统一,是"空寂"的心体与"妙有"的心用的合一。空寂之心体表现出清净、觉知、虚空、含藏等特点;"妙有"之心用主要表现出生化、观照万法之功用。对于真心与妄心,禅宗认为它们是一心的两面,而非两个心。禅宗以真心为本体,以妄心为真心本体之用,并且提出真妄一体、染净一如的观点。"净性在妄中。""淫性本是清净因。"真心存在于妄心之中,本心在现实人心中得以显现,二者是一体两面,心的两种状态。因此,务必在众生当下之"心"中求真、悟道,而不能离开现实人心另求真心本性。

(二) 心性论的基本思想

以上各宗派,虽然在心性问题上观点各异,但因承继《大乘起信论》的心性论,又表现出诸多的共同点。具体表现在以下几个方面:在心与法的关系上,都主张万法唯心、色心不二;在心与

---

① 《南宗顿教最上大乘摩诃般若波罗蜜经六祖惠能大师于韶州大梵寺施法坛经》,《大正藏》卷48,第338页。

② 《黄檗山断际禅师传心法要》,《大正藏》卷48,第381页。

理的关系上，提倡心理合一；在对"心性"的本体认识方面，皆认为心可分为真心与妄心，或净心与染心。佛教主流观点认为：心性是体用的结合，就其本体而言，心性具有清净、空寂、觉知的特点；就其功用而言，心性则有随缘生起万法的功用。下面就中国佛教心性论共同的基本思想略做阐释。

1. 万法唯心：心乃万法之本

"心"在印度佛教中常作为人的六识之一的"心识"，具有生起虚幻现象世界的作用，同时，心还具有如来藏心、真如心的意义，是众生成佛的根源。可见，在印度佛教中，"心"已经初步具有了存在本原与众生成佛根据的意义。中国佛教心性论继承了印度佛教思想，并进一步发展了心本原论，使"心性"成为一个本体论概念，成为宇宙的本原、本性，众生成佛依据与众生的本质属性。

东晋郗超有言："心为种本，行为其地，报为结实。犹如种植，各以其类时至而生，弗可遏也。"[①]"心"乃是众生的根本，众生修行成佛的根源。南朝宗炳《明佛论》进一步提出"心作万有，诸法皆空"[②]，诸法乃"心"变现而成，是虚幻不实的，"心"乃万有之本原。

《大乘起信论》从"心摄万法"与"心造万法"两个层面分析了万法唯心。"所言法者，谓众生心；是心则摄一切世间法出世间

---

① 《奉法要》，《弘明集》卷13，《大正藏》卷52，第88页。
② 《明佛论》，《弘明集》卷2，《大正藏》卷52，第9页。

法","是二种门,皆各总摄一切法"。心含摄、统摄一切法,此乃万法唯心的第一层意思。万法唯心在《大乘起信论》中的第二层意思:万法唯心造。"三界虚伪,唯心所作,离心则无六尘境界。此义何云?以一切法皆从心起妄念而生,一切分别,即分别自心。……心生则种种法生,心灭则种种法灭。"① 欲界、色界、无色界皆是虚幻不实的,是心依妄念而生起的,离妄心则无纷繁的六尘境界。可见,有差别的外部世界乃根源于自心的分别识,法的生灭乃源于心的生灭。

天台宗主张,"心是诸法之本,心即总也","一切诸法,无非心性"。② 天台宗还从主体精神与客观法则两方面具体诠释了"心"的本体意义。

> 心是法本者,《释云》云:一切世间中,无不从心造。无心无思觉,无思觉无言语。当知心即语本。心是行本者,《大集》云:心行大行遍行。心是思数,思数属行因。诸行由思心而立,故心为行本。心是理本者,若无心,理与谁含?以初心研理,恍恍将悟,稍入相似,则证真实,是为理本。③

---

① 《大乘起信论》,《大正藏》卷32,第577页。
② 《十不二门》,《大正藏》卷46,第703页。
③ 《妙法莲华经玄义》,《大正藏》卷33,第778页。

就万法之本而言，天台宗认为心是法本、理本。"若无心，理与谁含"，心还承载着宇宙万物之真理，由此，心又与法性、理性同一，成为宇宙之本体与本原。在主体精神方面，由于心具有精神主体的"思""觉"的特性，又成为语本、行本，即众生言语、思虑的根本，也是主体精神的源头，众生领悟、修行的本体，亦即成佛的根据。

华严宗也强调，"总该万有，即是一心"[①]，"明一切法皆唯心现，无别自体"[②]，"心"乃万法之源，万法皆从一心生。又言："心如工画师，画种种五阴，一切世界中，无法而不造。"[③] 一切诸法皆源于心性，心如工画师一般，随缘而造生万法。禅宗更是主张"本心生万种法"[④]，"一切万法，不离自性"[⑤]，"心是万法之根本也"[⑥]，"一切万法，皆从心生"[⑦]，等等，主张把心性作为现象世界存在的本原、众生证道成佛的依据。

万法唯心，以"心性"作为世界的本原、本体，成为众生修行的出发点与归属点，使中国佛教成为"心"的宗教。返归心源，从心性中寻找超越的根据，代替外在的佛陀崇拜，成为中国佛教的致思方向。如此，宗教修为就转变成了一种内在的心性修养，生死

---

① 《注华严法界观门》，《大正藏》卷45，第684页。
② 《华严经旨归》，《大正藏》卷45，第594页。
③ 《华严经》，《大正藏》卷9，第465页。
④ 《第三十三祖慧能大师》，《景德传灯录》卷5，《大正藏》卷51，第236页。
⑤ 《六组大师法宝坛经》，《大正藏》卷48，第349页。
⑥ 《禅宗永嘉集》，《大正藏》卷48，第388页。
⑦ 《南岳怀让大慧禅师》，《古尊宿语录》卷1，中华书局1994年版，第2页。

的解脱则成为一种心（精神）的超越与解脱，其实质乃是一种摒弃妄念而回归虚空清净心的过程，一种扫落欲望、理性分别而抵达自由逍遥境界的过程。万法唯心，以心作为世界本原、众生本性，从而使中国佛教表现出明显的人生审美化倾向。

2．色心不二：心物一体

色，即万法、现象世界。佛教认为，尽管心是万法（色）之本体、本原，但心并不脱离万法（色）而存在，心即万法，心遍万法。《大乘起信论》言：

> 问曰：若诸佛法身离于色相者，云何能现色相？答曰：即此法身是色体故，能现于色。所谓从本已来，色心不二，以色性即智故，色体无形，说名智身。以智性即色故，说名法身，遍一切处。所现之色，无有分齐。随心能示十方世界、无量菩萨、无量报身、无量庄严，各各差别，皆无分齐而不相妨。此非心识分别能知，以真如自在用义故。①

佛分三身：法身、应身、报身。法身乃佛之本体、本性，应身、报身乃法身之色相。《大乘起信论》认为，作为本体的法身通过色相得以显现，二者是不相分离的，并在此基础上提出"色心不二"。这里显然把作为佛本体的"法身"等同于众生的"心"，"心"在

---

① 《大乘起信论》，《大正藏》卷32，第579页。

此具有了佛本体的意义。又进一步指出，心是色的本体，色是心的显现，从本以来，色心不二。从色看，色之本性是智慧，智性即色性，即法身，即一心。从性看，智性即色，遍于一切法。随心而显现的十方世界，万象虽殊，各有差别，但共存而不相互妨碍，此乃真如心自发的功用。在这里，色与心是体用关系——色心不二，色心一体。

> 色心不二门者，且十如境，乃至无谛，一一皆可总别二意。总在一念，别分色心。……既知别已，摄别入总，一切诸法无非心性。一性无性，三千宛然。①

天台宗继承了《大乘起信论》的"一心二门"说。《大乘起信论》把"一心"分为心真如与心生灭二门：真如心乃不生不灭、清净无染之心；生灭心乃妄心、色心，依妄念而生起种种差别、显现十方世界。但二者都统一于"一心"。天台宗接着说，"色心不二门"——色与心是不二法门。从总体看，皆为一念心；从分别看，才有色心与真心之分。一切诸法，无非心性所造。宇宙万法包括色法（客观物质世界）与心法（主体精神世界），它们既是"一念"，又各具"三千"：从本而言，皆摄于"一念"；从用而言，皆具"三千"，圆满具足宇宙万法。心与色，"一念"与"三千"是一体，迷则"一念"显"三千"，悟则"三千"归"一念"。色

---

① 《十不二门》，《大正藏》卷46，第703页。

与心只是体用之别,迷悟之别。

> 心法无形,通贯十方。在眼曰见,在耳曰闻,在鼻嗅香,在口谈论,在手执捉,在足运奔。本是一精明,分为六和合。①

禅宗认为心法虽无形,但遍在十方。在人身体上表现为眼耳鼻口手足的功用,是人各种感官的和合,或者反过来说,心的功用在人的各种感官活动中得以显现。

> 森罗万象,一法之所印。凡所见色,皆是见心。心不自心,因色故有。②

万象森罗的现象世界是一心所映现、所投射,所以见色即见心;心不能自我显现,由色而得以显现。心是色之本,色是心之现,二者不可分离。

色心不二的命题,把主体与客体融为一体,本体与现象融为一体。色心不二说认为,现象世界与存在本体不是两个不相即的东西,而是一心两面,一心二用,一心二门。色为心之现象,心为色之本性,色不离心,心不离色。色心不二的观点使人们把对

---

① 《镇州临济慧照禅师语录》,《大正藏》卷47,第497页。
② 《江西道一禅师》,《景德传灯录》卷6,《大正藏》卷51,第246页。

外的宗教信仰化为了对自身内心的观照,从自我心性中寻找超越的依据,在现象世界中追寻生命的真谛,超越但不脱离现实人生。这种超越与其说是宗教超越(神对人的超越),不如说是自我生命的审美超越(大我对小我的超越),是人回归自我心灵、自我本真的生命状态。

万法唯心与色心不二两个命题皆就心物关系而论"心":从物而言,心乃万法之本原,万法归于一心;从心而言,心遍万法,心通过万法得以显现。二者皆是关于"心"的描述,只是侧重点不同而已:万法唯心,侧重于心之本体地位;色心不二,侧重于心的存在方式。

3. 心理合一

中国佛教始终把真如、法性与理等同起来,以法性、理为宇宙万有之本原、本性与本体。至南北朝《大乘起信论》,尤其至隋唐天台、华严与禅宗主张心理合一,心性本体逐渐代替法性本体,主体之心逐渐替代客体之理,成为宇宙之本原与成佛之依据。

"理不乖真。"[①]理,是宇宙万法之真理,同时又是万法之本性、人之心性。"善性者,妙理为善,返本为性也。"[②]善性的实质是"妙理","性"隐含着"理"。"当理者是佛","佛以穷理为主","理"又是成佛的依据。因此中国佛教提倡"穷理尽性"[③],

---

① 《妙法莲华经疏》,《续藏经》第 4 册,第 410 页。
② 《大般涅槃经集解》,《大正藏》卷 37,第 531 页。
③ 《注维摩诘经》,《大正藏》卷 38,第 375 页。

"穷理"则"尽性","穷理"即"尽性"。如此,便把客体本质之"理"与主体精神之"心性"统一起来,倡导心理合———心能含理,理在心中。

《大乘起信论》言:

> 摩诃衍者,总说有二种:云何为二?一者法,二者义。所言法者,谓众生心,是心则摄一切世间法、出世间法,依于此心,显示摩诃衍义。①

这里的"义"即义理、真理。众生心含摄一切世间法、出世间法,作为万法真理本性之"义""理"也在心中,依心而得以显现。即是说:"理"是"心"之本,"心"是"理"之用,体用一如,心理一体。

天台宗提倡"一念无明法性心"。天台宗把"法性"与"无明"相提并论,并且置于"一念心"中,于是这里的"法性"便有了与"无明"相对的"明"的意义,指"心"之于诸法的一种"明"或"悟"的状态。法性即明,即悟。如此,便把心与理融为一体,明、悟或觉的心态便是一种法性、理的显现。智𫖮还提出:"性是实性,实性即是理性。极实无过,即佛性异名耳。""实性"即"如来藏理",亦是真心、真性、佛性。禅宗更是倡导:

---

① 《大正藏》卷32,第575页。

> 心是道，心是理。则是心，心外无理，理外无心。心能平等，名之为理；理照能明，名之心。①

此论道出了心理不分、心理一体的观点。心因其平等无差别而具万法真理的特点，理因能普照万法而具有主体精神之作用，因此，心是理，理是心。并进一步强调"心外无理，理外无心"，谓心理互含、互摄，同为一体。

心理合一、心理一体即把客观真理与主体精神结合起来。一方面，心是理，把主体之心升拔到宇宙万法之本体、本原的地位，使主体之"心"真理化、本体化，使"心"成为一种具有普遍性、神圣性、绝对性与永恒性的本体性存在。主体之心能成为存在的本体，成为万法本原、本性，正是通过心理合一而得以实现的。另一方面，理是心，又使客观之"理"成为一种精神主体，具有了普照万法的主体能动性。心理合一在本体层面打通了主客分离的世界，实现了主客的融合，为宗教实践把修为转向自我内心修炼，转向主体精神提升，转向生命体验提供了本体论依据。

4. 心性：真空与妙有的统一

佛教通常把"心"分为真心与妄心，或净心与染心。中国佛教主流观点认为，真心、净心为心性本体，是万法之本原、成佛之依据。就心性本体而言，心性是体用的结合。就其体，真心是不生不灭、不增不减、无分别、一如平等、无染无着的"真如空"，

---

① 《大乘开心显性顿悟真宗论》，《大正藏》卷85，第1278页。

是非有非无、即有即无之中道；就其用，真心则是含藏万法、随缘生起万法、显现万法的"妙有"。由此，作为万物本原、本体之心性便呈现出清净之美、虚空之美。同时，心性作为成佛的依据，又与佛性同一。由此，心性便具有了觉性、智性的特征，心性之美便呈现出一种智性之美。

《大乘起信论》把心分为真如心与生灭心，而以真如心为心之本体、万法之真理与本性以及成佛的依据。

> 此真如者，依言说分别有二种义。云何为二？一者，如实空，以能究竟显实故；二者，如实不空，以有自体具足无漏性功德故。……所言空者，从本已来，一切染法不相应故。谓离一切法差别之相，以无虚妄心念故。……所言不空者，已显法体空无妄故，即是真心；常恒不变，净法满足，则名不空。[①]

真如心有两种义："如实空"与"如实不空"。如实空，指真如心远离染法，不为染法所染污的清净特点，具体表现为无念（无虚妄心念故）与无相（离一切法差别之相），即具有既不滞于外境，又不滞于内念的特点。如实不空，指真如心具有"具足功德"、含摄万物、显现万物的功能。可见，作为本体的真如心既是纯净不染、无念无相的"空"，又是含摄一切存在、显现万法、造生万法

---

① 《大正藏》卷32，第576页。

而自身恒常不变、功德具足的"不空",是即空而不空之存在本体。

华严宗继承《大乘起信论》的心性论,以清净圆明之真心为众生之本性,同时也认为:真心本性乃是不生不灭、不增不减、无染无着的"真空"之体与随缘而生万法的"妙有"之用的统一体。"心是总相,悟之名佛,成净缘起;迷作众生,成染缘起。缘起虽有染净,心体不殊。"① 一方面,心虽随缘而生起染净诸法,但自性又处染不垢,不失清净本性,体现出"空"的一面;另一方面,心又不滞于心性之空寂,"凝然不变",而"湛然灵明,全体即用"②,随缘而生起染净万法,体现出"妙有"的一面。这就是华严宗著名的性起说,即心体有清净之性,也有生起万法之用,是体用的结合,并且依体起用,依用显体,既不滞于"空"之体,也不滞于"不空"之用,体用圆融无碍。此乃华严宗对"真心本性"的基本认识。

禅宗与华严宗对心性本体的观点十分相似,也以清净空寂之真心为万法之本体、众生的本性与成佛的依据,并且也认为真心乃"空寂"与"妙有"的结合。从心本体而言,心是虚空、清净的。《坛经》言:"本源空寂,离却邪见。"③ 自性是空寂,远离生灭、来去等邪见。慧能有名的偈语——"菩提本无树,明镜亦非台,佛

---

① 《大方广佛华严经疏》,《大正藏》卷35,第658页。
② 《华严经行愿品疏抄》,《续藏经》第5册,第399页。
③ 《南宗顿教最上大乘摩诃般若波罗蜜经六祖惠能大师于韶州大梵寺施法坛经》,《大正藏》卷48,第342页。

性本清净,何处惹尘埃"①,形象地道出了佛性空寂、清净的特点;宗密亦言"万法既空,心体本寂……此是众生本源清净心也"②;皆言心体之空寂、清净。同时,空寂、清净之心又具有"妙用"。"真空为体,妙有为用。""湛然常寂,应用无方。用而常空,空而常用。""如如不动,动用无穷。"③心乃是"如如不动""湛然常寂"的"真空"之体与"应用无方""动用无穷"之"妙有"之用的结合。心之"妙用"体现在心具有生化万法、显现万法、观照万法的特点。因此,心在禅宗那里既是空寂、清净的"空",又是能造生万法、普照万法之"有",是空寂与妙有的统一体。

(三)心性之美

万法唯心,心是宇宙本原,心性是诸法本性,也是生命本原。美的深在本质便是生命,因此作为生命本原的心性同时成为美之源,心性之美表现出清净、虚空、觉性等本体的审美特质。

1. 心性清净之美

除天台宗外,华严与禅宗皆主张心性以清净为本。

> 显一体者,谓自性清净圆明体。然此即是如来藏中法性之体,从本以来,性自满足。④

---

① 《六祖大师法宝坛经》,《大正藏》卷48,第348页。
② 《圆觉经大疏抄》,《续藏经》第3册,第213页。
③ 《顿悟无生般若颂》,《景德传灯录》卷3,《大正藏》卷51,第458页。
④ 《华严一乘教义分齐章》,《大正藏》卷45,第487页。

> 真如佛性，自性清净，清净者，心之原也。真如本
> 有，不从缘生。①
> 体性清净，体与佛同。②

清净是佛性、法性的本质特性，也是真心之本质特征。清净，即处染不垢，不染不着。中国佛教认为，真如即真心，是本自具有，非由因缘而生，强调了"清净"的本有特性。正是由于心具有不被万法所染的清净之性，心性才具有普照万法、遍及万法之功用，表现出圆明的审美特点。"清净"之美有两层含义：

（1）自性清净，心性的清净是心性本有，而非后天修养而成。

> 自性清净常住真心者，不待会色归空，不因断惑成
> 净，自心本净，故云自性清净。此性无始来，乃至尽未
> 来际，有佛无佛，常不灭坏，故云常住心也。③

自性清净，指真心本来清净，不是因为悟了色即空或者断除了妄惑才清净。清净乃真心本有而非始有（修而后有），清净是真心本来的质性，并且始终如一。

禅宗弘忍大师亦说：

---

① 《最上乘论》，《大正藏》卷47，第377页。
② 《如道安心要方便法门》，《大正藏》卷85，第1289页。
③ 《圆觉经大疏抄》，《续藏经》第3册，第257页。

> 夫修道之本体，须识当身心本来清净，不生不灭，无有分别。自性圆满清净之心，此是本师，乃胜念十方诸佛。①

心性"本来清净"，"自性圆满清净"，"清净"是心体本来自有，并且"不生不灭"。生佛凡圣圆满具足，没有分别。此段话道出了"清净"之性的永恒性、绝对性、遍在性，体现了"清净"本体性存在的特征。

（2）随缘而净，心性的清净是在随缘生起的万法中显现的。

> 虽复随缘成于染净，而恒不失自性清净，只由不失自性清净，故能随缘成染净也。②
> 非直不动性净，成于染净，亦乃由成染净，方显性净。③

华严宗认为：心之清净并非寂然不动、凝然不变，而是在随缘生起染净万法中保持自身的清净本性；并且，正是由于保持了自身的清净本性，才能生起染净，尽显染净。

综上所述，中国佛教的心性清净之美，体现在心性万缘不染

---

① 《最上乘论》，《大正藏》卷47，第377页。
② 《华严一乘教义分齐章》，《大正藏》卷45，第499页。
③ 《华严一乘教义分齐章》，《大正藏》卷45，第487页。

的静定性、不生不灭的永恒性、全体具足的圆满性和绝对无分别性,而这一切皆揭示出心性作为本体存在的特性。同时,这种清净心又不是凝然静止的存在,而是随缘而生的存在,是在染净、生灭变化中显现出来的本体之性,是"净性在妄中"。

2．心性虚空之美

"清净"则无染无着,处染而不垢,亦即无念无相,亦即"无心","无心"则心处空寂。可见,"清净"其实内含"空寂"之义。"毕竟空,即是毕竟清净,以人畏空,故言清净。"① 由心之"清净"又拓展出心之另一层内涵:虚空。

慧能以菩提无树、明镜非台,喻佛性真心之空无一物;神会曰"自性空寂";法融言"虚空为道本","大道冲虚,幽微寂寞"②(这里,"道"可解为"心");宗密言"心体空寂"。可见,空寂乃是心性本体的另一本质性特征。虚空之美主要体现在两个方面:

(1) 心作为绝对、无限的本体性存在的特征。

> 心体如虚空相似,无有相貌,亦无方所。③
> 此心无始以来,不曾生,不曾灭……犹如虚空,无有边际,不可测度。④

---

① 《大智度论》,《大正藏》卷25,第508页。
② 法融:《绝观论》,任继愈主编:《中国佛教丛书·禅宗编》第1册,江苏古籍出版社1992年版,第245页。
③ 《黄檗断际禅师宛陵录》,《大正藏》卷48,第386页。
④ 《黄檗山断际禅师传心法要》,《大正藏》卷48,第379页。

> 心量犹如虚空，无有边畔，亦无方圆大小，亦非青黄赤白，亦无上下长短，亦无嗔无喜，无是无非，无善无恶，无有头尾。①

以上诸论述道出了心之"虚空"的几个基本特征：其一，心无形无色无情的超感性特征。"无有相貌"，"亦无方圆大小，亦非青黄赤白，亦无上下长短，亦无嗔无喜"。其二，心无真理判断亦无价值判断的超理性特征。"无是无非，无善无恶"。其三，"无始以来，不曾生，不曾灭"，"无有头尾"，"无有边畔，不可测度"，"无有边畔，亦无方圆大小"，描述了心的超时空性。

无形色、无善恶、无是非的特性体现了心超越个体差异、无分别的绝对性。不生不灭、无始无终、无有边际的特征，体现出心超越时空的无限性，无限性与绝对性皆凸显出"心"超越个体性存在的本体性特征。

（2）心能含藏万法，包容万法从而化生万法。

> 心量广大，犹如虚空。……世界虚空，能含日月星辰，大地河山，一切草木、恶人善人、恶法善法、天堂地狱，尽在空中。②

---

① 杨曾文校写：《六祖坛经》，宗教文化出版社2002年版，第98页。
② 杨曾文校写：《六祖坛经》，第30页。

心如虚空一样广阔无边，因虚空广大，便能含藏一切世间与出世间法。"心含万法是大，万法尽是自性见。"① 万法皆是自性真心的显现。心性的此特点，展现了真心本体无限的包容性，也是心性作为本体存在的重要特征。

心含藏万法，即心含摄万法产生的种子。心含藏万法自然暗含着心生万法，心生万法是虚空心体的功用。心生万法有两层意思：心现万法，心造万法。

> 心生种种法生，心灭种种法灭，故知一切诸法皆由心造。乃至人天、地狱、六道、修罗，尽由心造。
> 山河大地，日月星辰，总不出汝心。三千世界都来是如个自己。②

就无情世界而言，心可以显现万有；就有情众生而言，心则具有造就、成就其精神境界的作用。此就分别而言。总体言之，主体与客体，世间与出世间，一切诸法尽由心造，"三界六道，唯自心现"③，并随心而生灭。虚空之心乃万法之本原。

3. 心性觉知之美

"一切众生皆有佛性"，佛性是一个人成佛的可能性。佛性

---

① 杨曾文校写：《六祖坛经》，第95页。
② 《黄檗断际禅师宛陵录》，《大正藏》卷48，第386页。
③ 《南岳石头希迁大师》，《景德传灯录》卷14，《大正藏》卷51，第309页。

存在于心性之中,是心性的本性。天台宗慧思在其《佛性论》中言:"佛名为觉性名为心,以是净心之体非是不觉,故名为觉心。"[①] 指出佛性即觉心,是净心本体之性。《大乘起信论》指出:"佛者其义为觉。"佛性即觉性,是真如心的本性,也是生命的本来状态。

  所言觉义者,谓心体离念。离念相者,等虚空界,无所不遍。法界一相,即是如来平等法身,依此法身,说名本觉。[②]

  《大乘起信论》认为,真如心之本性乃是"觉"。"觉"就是心体远离妄念幻相。远离妄念幻相,即无念无相,则万法皆空,心与虚空等同。此时觉性就会遍于十方三世,并且生佛凡圣无有差别。此觉性乃迷界众生心体本自具有,因此名为"本觉"。觉性即佛性,是众生本身具有的,是其"心"之本性。此段话说明,"觉"是真心本自具有的离妄念幻相、觉解万法皆空的本性。

  华严宗把真心界定为"真如本觉"[③],既含真如之理,又具主体之"觉",仍然把觉知之性作为真心与生俱来的本质属性。禅宗六祖慧能亦言:"菩提般若之知,世人本自有之,即缘心迷,不能

---

① 《大乘止观法门》,《大正藏》卷46,第641页。
② 《大乘起信论》,《大正藏》卷32,第576页。
③ 《修华严奥旨妄尽还源观》,《大正藏》卷45,第637页。

自悟。"①"本性自有般若之智。"菩提般若智即灵知觉性,此性乃世人所本自拥有。

宗密对真心自有的这种觉知之性做了进一步的诠释,提出了"空寂之知",把真心的另一个本性——"空寂"与觉知联系起来。

> 万法既空,心体本寂。寂即法身,即寂而知,知即真智,亦名菩提、涅槃。……此是众生本源清净心也,是自然本有之法。②
>
> 寂是知寂,知是寂知。寂是知之自性体,知是寂之自性用。③

宗密指出,心之觉知之性本于心之空寂之性。空寂,指万法皆空。心体本寂,就是心处于一种万法皆空的静寂状态,是心的一种本然状态。"寂"是觉知到万法皆空、自心本寂,"知"则是"即寂而知",处空寂而觉知。"寂"是"知"之本体,"知"是"寂"体之功用,"寂"与"知"乃是真心自性的体与用,二者相即不相离。

> 诸法如梦,诸圣同说。故妄念本寂,坐境本空。空寂之心,灵知不昧。即此空寂之知,是汝真性。任迷任

---

① 《南宗顿教最上大乘摩诃般若波罗蜜经六祖惠能大师于韶州大梵寺施法坛经》,《大正藏》卷48,第338页。
② 《圆觉经大疏抄》,《续藏经》第3册,第279页。
③ 《圆觉经大疏抄》,《续藏经》第3册,第213页。

悟，心本自知。不藉缘生，不因境起。知之一字，众妙之门。①

此段话重点在诠释"灵知觉性"。诸法与圣人，即客体世界与主体世界，皆如梦幻般虚妄不实，因此，"妄念"与"坐境"皆为虚幻，乃是空寂。心具有了悟万象皆空的"灵知觉性"，即"空寂之知"，这便是众生的真实本性。并且进一步指出："知"（灵知觉性）是心先天本有之性，并非随缘而生，因境而起，也不管心处于迷还是悟，心皆有"知"（灵知觉性）。此段话有三层含义：（1）灵知觉性是心的真实本性；（2）灵知觉性是对万法皆空的觉解之性；（3）心的灵知觉性是心本自具有，不随缘而生变故。因此宗密说："谓初唯一真灵性，不生不灭，不增不减，不变不易。"②

除此之外，宗密还把觉知之性与心之清净之性联系起来。

一切有情皆有本觉真心，无始以来，常住清净，昭昭不昧，了了常知，亦名如来藏。③

这里把心之清净特性与觉知之性结合起来。这段话有四层意思：（1）一切众生皆有本觉真心；（2）本觉真心，即觉性，乃真心

---

① 《禅源诸诠集都序》，《大正藏》卷48，第401—402页。
② 《原人论》，《大正藏》卷45，第710页。
③ 《原人论》，《大正藏》卷45，第710页。

本有，非修行始有；（3）本觉真心，远离烦恼，常住清净，恒常不灭；（4）觉性，就是昭昭不昧、了了常知，即明白通晓万法之空理，具有恒常知见。

觉知之性体现出心作为主体精神的超越性，作为主体精神之心不但具有作为本体存在的无限性、绝对性，而且具有体认世界本质、生命真谛的智慧。灵知觉性就是佛教所常言的般若智，般若智不是主体对客体、主体对对象的理性认识或感性认知——佛教认为这些是分别智，即有凡圣分别、主客分别的认识。具有分别智恰恰是众生迷、不明的体现，般若智是一种整体直观的智慧，是一种主客体的默然契合，幡然领悟世界（主体与客体世界）本质的智慧。叶秀山在他的《美的哲学》中说："基本的经验世界是一个充满了诗意的世界，一个活的世界，但这个世界却总是被'掩盖'着的。"① 而掩盖的原因在于："'自然'与'人'、'客体'与'主体'、'存在'与'思考'分立的方式，世界被分割成'目的'与'手段'的永久性的对立。"② 而要领悟到这个世界的"诗意"、意义，体悟到这个世界的本质，务必消除主客二元的对立，用佛教的话说，即消除分别智，才能进入一种生命的本真存在，才能进入一个充满诗意与存在意义的世界。中国佛教认为，在人的精神主体心性中存在着这么一种本性——觉知，它可以消除主客二元的对立，使主客浑然一体，使人在瞬间直抵万法与生命之本原，了悟

---

① 叶秀山：《美的哲学》，世界图书出版社2010年版，第46页。

② 叶秀山：《美的哲学》，第46页。

万法之本质，从而获得精神的自由、生命的解脱。

可见，中国佛教把觉知之性作为众生皆具有的本性，使众生皆获得了自我超越、自我解脱的可能性。同时，觉知之性消除主客二元对立，了悟万有一体、万有虚空的特性，又使人具有摆脱自我现实人生，获得生命自由、生命充盈、生命超越的可能性。这就是觉知之美所在。觉知之性使精神主体体现出自我超越、自我解脱的能动性。这种觉知之美是一种在瞬间体悟世界本质的智性之美，也是一种因慧而生，使生命得以敞现、照亮的光明之美。"以智慧观照，内外明彻。"① 觉知之心的这种普照万法的功能，使生命得以敞亮，生命也因敞亮而得到自由。王阳明言："天地万物，与人原本一体，其发窍之最精处，是人心一点灵明。"② 回归物我一体的本体世界，需要的便是这种灵明觉性。"世界因人的'灵明'而成为有意义的世界"③，这种敞亮、自由而有意义的世界便是一种审美的人生境界。心性的灵知觉性使人生的审美化成为可能。

> 至道本乎其心，心性本乎无住。无住心体，灵知不昧，性相寂默，包含德用，该摄内外，能广能深，非有非空，不生不灭。④

---

① 杨曾文校写：《六祖坛经》，第31页。
② 王阳明：《王阳明全集》卷3，上海古籍出版社1992年版，第196页。
③ 张世英：《哲学导论》，北京大学出版社2002年版，第4页。
④ 《华严心要法门注》，《续藏经》第59册，第426页。

宗密的这段话是对心性三大审美特性的一个总结，道出了本体真心具有的清净、虚空、觉知之性的内在联系。宇宙本体之"道"存于主体之"心"中，道心合一，心为万法之本。"无住"即不执着亦无挂碍的自由状态，此乃心的本真状态，也是心无染无着的清净性的体现。心体以清净为本性，又具有灵知觉性，同时，是性相寂默的"空"，"不生不灭"的"无"，又是"包含德用""该摄内外""能深能广"的"有"，是非有非空，是虚空妙有。如果说"清净"是心的一种本然性存在，"虚空"体现出心的一种本体性存在，二者皆从存在本性、本体上界定心；"觉知"则表现出心作为精神主体的主观能动性，这种"觉知"使心能够普照万法，透悟宇宙万物之理，克服主客体的对立，使主客体融为一体，使心理合一成为可能。

第二节　道：道教审美本体论

道，作为道教哲学的本体，也是道教美学的本体。作为道教美学本体的"道"，到底"美"在何处？

道教经历了一个漫长的发展过程——从前期对道家思想的继承到中后期对儒释思想的吸纳，对道本体的认识也在不断丰富和发展。由此，道本体的审美内涵也在不断演变——从道家到道教，从前期道教到中后期道教，"道"的审美内涵从"道"之美到"仙道"之美，再到"重玄之美""丹道之美"，最后落足于"心性之美"。道教也经历了从天道走向神道再走向人道的过程。正是在这个意义上,李泽厚说:"中国哲学所追求的人生最高境界,是审美的而非宗教的。"①

一 道之美

以老庄为核心的道家美学思想是道教美学思想的基础,也是道教神道、仙道思想的源头。对道教美学思想的研究必须从老庄开始,因此,对道教审美本体论的研究,也离不开对道家"道美"的研究。

在东方的哲学视野中,道是体用一如、本末一体的存在。道之体,指道的本体性存在;道之用,指道体的功能,道本质的外在显现。老子认为:道之体,是无,"无,名万物之始";道之用,是"有","有,名万物之母"。作为本体的道,是虚无的,是宇宙天地万物存在的依据。作为万物之母的道,最根本的作用便是通生,展现为化生万物的生生不息的生命力。

由此,道之美也展现为两个方面:道体之美与道用之美。道体之美,源于道体之"无",体现出虚无、清静之美。表现虚静之美的常用美学范畴有无、玄、朴。道用之美,源于道之"有",体现出生生之美。表现生生之美的常用美学范畴有气、德。

---

① 李泽厚:《中国美学及其他》,刘纲纪、吴越武编:《美学述林》第 1 期,武汉大学出版社 1983 年版,第 27 页。

（一）虚无之美

"无"是道家哲学一以贯之的核心概念，而道家的"无"并非空无一物，道家之"无"相对于"有"而存在，表现在两个方面：从本质论看，道虽是有、无浑然一体的存在，但相对于"有"之用，"无"更能体现道的本质属性；从本原论看，"无"先"有"而存在，是"有"之本原。由此，道体的虚无之美也表现在两个方面：一方面表现为"无象之象"的玄妙之美，一方面表现为先天地而生的朴拙之美、虚静之美。

1. 玄妙之美

> 视之不见曰夷，听之不闻曰希，搏之不得曰微，此三者不可致诘，故混而为一。其上不皦，其下不昧，绳绳不可名，复归于无物，是谓无状之状，无象之象，是谓恍惚。迎之不见其首，随之不见其后。[1]

这一段是老子对道本体最集中也是最完整的论述，包含着丰富的审美意蕴，体现出形而上之道的玄妙之美。

一方面，道无形无名，具有"无"之美。"视之不见曰夷，听之不闻曰希，搏之不得曰微。"河上公注："无色曰夷，无声曰希，无形曰微。"[2] 道是无形无声无色、混沌一体的"无"，老子称之为

---

[1] 《老子道德经》，《二十二子》，上海古籍出版社1986年版，第2页。
[2] 《老子道德经河上公章句》，中华书局1997年版，第52—53页。

"无物"。管子曰:"物固有形,形固有名。"任何具体的物皆有形,"有形"要受时空的限制,有存在的边界和生灭的过程,不能永恒;而"无形"则无边界("夫道,未始有封"),也无生死("道无始终")。于是,"无形""无物"之道便具有了空间上的无限性与时间上的永恒性,凸显了本体之道作为终极实在的绝对性。这一终极实在之道是"视之不见""听之不闻""搏之不得"的,是无法通过感知把握的,具有超越感知经验的特性。因此,老子常常曰:"大音希声,大象无形。""道之出口淡而无味。"

"形固有名",有形则有名。而命名即意味着规定性,有规定性意味着有分别、有限制。而"道"是虚无的混沌体,具有不可分割性、不可规定性,因此是"不可名"的。不可名,则不能言说,因此老子又言:"道可道,非常道,名可名,非常名。"无名不言,体现了本体之道的无规定性与不可认知性。

道,无形无色,不可以感知把握,又无名无言,不可以理性认知。"无"体现了道作为形而上终极实在的无规定性与无限性。"玄妙之美"首先表现为"无"之美——一种无可名状、难以捉摸的神秘之美,是道本体最显著的审美特征。这便是"玄妙之美"的第一层含义。

另一方面,道是"无象之象",具有"玄"之妙。从上面的论述可知,道是无声色名相的"无",不可感知,不可言说的"无物"。然而,道之"无物"并非空无一物,它是"无状之状,无象之象",老子称之为"恍""惚"。

> 道之为物，惟恍惟惚。惚兮恍兮，其中有象；恍兮惚兮，其中有物；窈兮冥兮，其中有精；其精甚真，其中有信。①

虽然形而上之道，无形无状，不可感知，但其中却"有物""有象""有精""有真"。此论表明，"道"虽然没有能被感知把握的具体形象，但确是真实存在的。老子这里用"其精甚真，其中有信"，非常肯定"道"存在的真实性。然而，道之"真""精"又深远难识，不可名状，因而，具有了一种"恍惚"之美，即一种若隐若现的朦胧之美。这便是"玄妙之美"的另一层含义。

> 故常无欲以观其妙，常有欲以观其徼。此两者同出而异名，同谓之玄。玄之又玄，众妙之门。②

本体之道是有无的统一，道之本是"无"——言道本之幽隐而未形（"道隐无名"）。然而，无形之道却潜藏着一种化生万物的力量，即前面所说的"精""真"。此乃道之"有"。陈鼓应先生解释为："老庄用'有'字来形容形上之道向下落实时介乎无形质与有形质之间的一种状态。"③正是这种介于有形与无形之间

---

① 《老子道德经》，《二十二子》，第3页。
② 《老子道德经》，《二十二子》，第1页。
③ 陈鼓应：《老子今注今译》，商务印书馆2016年版，第78页。

的状态，使道呈现出一种幽深微眇的玄妙之美。庄子称之为"大美"——"天地有大美而不言。"①不言之美即道之美，道美才是"大美"，才是最高境界的美。

2. 朴拙之美

老子言："无，名天地之始，有，名万物之母。"②又言："天下万物生于有，有生于无。"③"无"与"有"相对，"无"是"有"的本原，是"有"存在的依据。从本原看，"无"描述了"有"生成之前的状态。那"有"之前的"无"是什么状态呢？

"有物混成，先天地生。"④"无"是先天地而生的混沌状态，庄子以"中央之帝混沌"来描述这种状态。"人皆有七窍，以视听食息，此独无有。"⑤混沌状态是一种无感知、无分别的原始状态，它体现了作为本体实在之道不可分割的整一性。"无"是一切纷繁世界产生的源头，一切有形世界存在的依据，同时也是道家及道教一直努力复归的理想状态。庄子"混沌之死"的寓言，体现了文明世界对这一原初混沌世界的破坏，也表达了庄子对回归这种朴拙混沌状态的呼唤。

这种万物未分之前的原初混沌状态，道家又常常用"朴"来

---

① 《庄子·知北游》，《二十二子》，第61页。
② 《老子道德经》，《二十二子》，第1页。
③ 《老子道德经》，《二十二子》，第5页。
④ 《老子道德经》，《二十二子》，第3页。
⑤ 《庄子·应帝王》，《二十二子》，第32页。

描述。"朴"原义为尚未雕琢的木头。"朴散则为器。"①无名混沌的"朴"消散后,有形的"器"的世界便产生了。老庄这里用"朴"描述一切未经人为分化或伪作之前的本然状态,即"道法自然"之"自然"状态。"朴素而天下莫能与之争美。"②"朴素"作为"道"的本质属性,自然成为最高的美。后来,"朴素"作为一个审美范畴,始终是中国文学艺术追求的一种审美趣味、审美境界。

3. 虚静之美

虚、无、清、静,是中国古代美学的核心范畴。因为它们都体现了哲学与美学本体之"道"的基本特性。在先秦道家哲学中,"无"侧重于道体的描述,而"虚""静"则侧重于道性的描述。

> 致虚极,守静笃,万物并作,吾以观复。夫物芸芸,各复归其根,归根曰静,静曰复命,复命曰常,知常曰明。③

老子此段主要描述致虚守静、归根复命的修养功夫。这里的"虚""静"指万物之本根本性,也指人本心之空虚明静。范应元言:"归根,反本心之虚静也。"④严灵峰注:"复其性命之本真,故曰:复命。"可见,这里的"虚""静"是对人之本心本性的描述。

---

① 《老子道德经》,《二十二子》,第3页。
② 《庄子·天道》,《二十二子》,第43页。
③ 《老子道德经》,《二十二子》,第2页。
④ 陈鼓应:《老子今注今译》,第136页。

"常"乃"道","复命"就是"合道",与道合一,则能明晓万物之理。可见,归根复命的过程也就是与道合一的过程,而与道合一就是致虚守静,人心与道心在此融合。有限的个体正是在这样的复归中超越自我走向无限的,致虚守静的过程是人克服个体有限性向无限性趋近的超越过程,也是人生的审美化过程。

虚静作为万物之本根本性,它的美体现在三个方面:

其一,"虚室生白"。庄子曰:"瞻彼阕者,虚室生白,吉祥止止。"[1] 这里"虚室"指清虚之心。处清虚之心,便能生出光明纯净之境。因此,庄子又言:"虚者,心斋也。"[2] 明确指出"虚"是本心之本质特征,修心的功夫就是要虚其心。"虚则静",虚空之心往往是宁静的——"万物无足以铙心者,故静也。"[3] 虚静之心是不被外物所困扰的,并且使人能明鉴天地("水静则明"),映照万物,在静观玄览中体会天地之玄妙。如老子所言:"常无,欲以观其妙。"同时,"静则无为",宁静之心能顺应自然之理,使自我从物我对立的焦躁中解放出来。"无为则俞俞。俞俞者,忧患不能处,年寿长矣。"[4] 顺应自然,则心情愉悦,不为忧患所困扰,便能长生久视,与道同一,而至于永恒。道性虚静之美便在人性的自我解放与自我超越中显现出来。

---

[1] 《庄子·人间世》,《二十二子》,第22页。
[2] 《庄子·人间世》,《二十二子》,第22页。
[3] 《庄子·天道》,《二十二子》,第43页。
[4] 《庄子·天道》,《二十二子》,第43页。

其二,"虚而不屈"。老子有言:"道冲而用之,或不盈。"①"冲",即"虚"。道虚空却用之不竭。又言:"天地之间,其犹橐籥乎?虚而不屈,动而愈出。"②天地如一个大风箱,虚空而不穷曲,万物皆从此虚空中涌现出来。正如陈鼓应先生所言:"这个'虚'含藏着创造性的因子,它的蕴藏量是无穷无尽的潜在力与创造性。"③虚静之美便包含在"虚"所蕴含的无限的生命力之中,这个"虚"不是空洞无物,不是死寂,而是包蕴着无穷力量因子,孕育着无穷生命因子,隐含着无穷创造因子的虚空,由此萌动着生命之美。

其三,"用心若镜"。虚静之美还体现在道性应物不伤、随物不损之静定之美。"至人之用心若镜,不将不迎,应而不藏,故能胜物而不伤。"④"至人"乃得道之人,得道之人能保持一颗虚静之心。这颗虚静之心能如镜子一般,映照万物、包蕴万物、接纳万物,但又不送不迎,接纳万物而不私藏,因能随应随净,不为万物所缠绕、损伤。

(二)生生之美

"道"不仅是万物存在的依据,也是天地万物生成的源头,是"天地之始",也是"万物之母"。作为天地万物生发之"母",

---

① 《老子道德经》,《二十二子》,第1页。
② 《老子道德经》,《二十二子》,第1页。
③ 陈鼓应:《老子今注今译》,第56页。
④ 《庄子·应帝王》,《二十二子》,第32页。

道最大的功能便是"生"——道具有化生万物的功能。"道"这种化生万物之功能,把虚无之道与有形之万物联系起来:一方面,虚无之道因万物而得以敞现;另一方面,万物因含道而有生机,从而具有了灵动的生命之美。道的生命之美体现在三个方面:

1. 道气之生美

> 谷神不死是谓玄牝。玄牝之门是谓天地根。绵绵若存,用之不勤。[1]

老子此段文字既是对道生万物的描述,也是对道生万物秘密的揭示。道虚静而应物无穷、永不竭止的本性是道成为"玄牝"之奥秘。道虚空如谷,因此能覆载天地万物;道静定如镜,因此能应物无穷。道的虚静本质使道拥有了如"母"一般的孕育万物生命的功能,老子以"玄牝"为喻。这便是道之"有",即"道"所具有的微妙的母性,化生万物的功能。老子这里用"玄"言说道之"生"的幽深难识、不可捉摸。"绵绵若存,用之不勤。"道化生万物是"微而不绝""存而不可见"[2]却又用之不竭的,体现出道生万物的神秘朦胧的玄妙之美。

那么这个微妙的母性是什么呢?老子用"气"来表示。

---

[1] 《老子道德经》,《二十二子》,第1页。

[2] 转引自陈鼓应:《老子今注今译》,第99页。

> 道生一,一生二,二生三,三生万物。万物负阴而抱阳,冲气以为和。①

此段文字描述了道生万物的具体过程:由一、二、三而至万物。而推动这种化生的力量则是"气",阴阳二气激荡交互而促成了万物之生发。气作为道之"有",作为"道生一"之"一",是万物的生命本原与生命本体。庄子说:"察其始而本无生……杂乎芒芴之间,变而有气,气变而有形,形变而有生。"②天地之始本无生,因为有气而有生,气是生命之本原。又言:"人之生,气之聚也。聚则为生,散则为死。"③生命是气聚积的结果,气是生命之本质规定,万物因气而生机勃勃,道也因气而富有蓬勃的生命力。道在阴阳之气的交互激荡冲和中体现出微妙的生命之美。

2. 道德之生美

道是万物之本原,道生万物后又内在于万物之中。物中之道,就是"德"。庄子言:"物得以生谓之德。""德"是道在物中的显现,也就是物之本性。道与德,一个形而上,一个形而下,一为本,一为用。天地万物依道而生,禀德而育。因此老子有言:

> 道生之,德畜之,物形之,势成之。是以万物莫不

---

① 《老子道德经》,《二十二子》,第5页。
② 《庄子·至乐》,《二十二子》,第53页。
③ 《庄子·知北游》,《二十二子》,第61页。

> 尊道而贵德。道之尊，德之贵，夫莫之命而常自然。故道生之，德畜之。长之育之，亭之毒之，养之覆之。生而不有，为而不恃，长而不宰。是谓玄德。①

这段话道出了道德之生美的基本内涵：

其一，道德是万物之本。道生发万物，德蓄养万物，所以，万物要尊道贵德，回归万物之根本。道德之生美便存在于复归万物之本根，探寻万物之生成机制，"至虚极，守静笃"，以清静之心合虚静之道，物道合一，抵达生命之本原。

其二，道德生万物乃无为而无不为。自然无为是道德生养万物的基本法则。道德之生是顺应自然而生，无造作，无目的，无功利，然而无为却无不为，天地万物因此而蓬勃昌盛。"其用心不劳，其应物无方，天不得不高，地不得不广，日月不得不行，万物不得不昌。"② 道德之生正体现了无目的而合目的的审美特性，此乃道德之美的又一层意蕴。

其三，道德之生具有"玄德"之美。"生而不有，为而不恃，长而不宰。"生万物而不占有，兴万物却不居功，养万物却不主宰，这便是"玄德"——最高的德。玄德之美在于道德创生万物、养育万物，但却毫无占有意识，让万物自化自育，自我成长，获得最大的自由。

---

① 《老子道德经》，《二十二子》，第6页。
② 《庄子·知北游》，《二十二子》，第61页。

3. 道动之生美

道的生化之美,还体现在"反者道之动"——万物循环往复的生生过程。

> 有物混成,先天地生,寂兮寥兮,独立不改,周行而不殆,可以为天下母。吾不知其名,字之曰道,强为之名曰大。大曰逝,逝曰远,远曰反。①

这一段文字描绘了世界从无至有又从有返无的过程。天地万物从寂寥之"大"道出发,一步步远离道,最后又返于寂静之道,然后再从此出发,如此循环往复,"周行而不殆",体现出生生不息、永无止境的生命力。

道行如环,道的生发、运化是一个无穷无尽的循环过程。在这个循环之中,个体的物有生有死,但无形无名之道则得以永恒,因此,老子强名之"大",庄子称道"未始有封",都是对道的永恒之美的一种描述。这种永恒之"大"美体现的就是一种生生不息、永无止境的生命运化之美。道教把道生万物的过程称为顺化过程,而把万物归于道的过程称为逆化过程。道教非常重视后一个过程,"性修反德,德至同于初。同乃虚,虚乃大"②。强调通过后天的修养,返归于德,复归于道,从而与虚空一样永恒。道教

---

① 《老子道德经》,《二十二子》,第3页。
② 《庄子·天地》,《二十二子》,第42页。

的修炼过程便是炼神还虚,复归于永恒之道。对生生不息的永恒之道的回归,是道家及道教的理想人生追求。

二 仙道之美

道美经庄子的"神人"之美到葛洪的"神仙"之美乃逐步转化为"仙道"之美。神仙是道的人格化。道是一个哲学的概念,而神则是宗教信仰的对象,道是抽象的,而神是具象的,从道到神到仙的转变,标志着从哲学致思到宗教信仰再到审美人生的转化。哲学以抽象的理性来认识世界、把握世界,在认识世界中提升自己的认知理性;宗教则通过对人格神的信仰来获得对世界的体认,与此同时获得对自我生命的提升。因此有学者认为:道家的"道"在道教这里不再具有本体论的意义,降之为本之用、本之末。真正为本体的不是"道",而是"仙"。①

(一)"神"之美:道的人格化

虚静玄妙、生生不息之道美乃道家美学的核心,也是道教美学之源头。产生于东汉末年的道教,是黄老之学与方仙道结合的产物,道教在继承老庄之道美的同时,又吸收了方仙道之神仙信仰与养生之术,表现在道论上便有两个变化:一是把道人格化为老子,二是把形而上之道转化为自然生长之道。从而使抽象之道

---

① 陈望衡:《美在境界》,第479页。

呈现出神性之美。

在把哲学之"道"转化为宗教信仰的"神"的过程中,庄子"神人"之美起了重要的过渡作用。尽管老庄皆把道看作宇宙的终极实在,强调道作为终极实在的无限性、永恒性与绝对性,强调道化生万物的功能。但与老子论道旨在探索宇宙之奥秘、宇宙的生成与演化以及治国济世不同,庄子论道更多是为现实人生的解脱与超越提供形而上的依据。庄子论道多与人性修养相关:"至道之精,窈窈冥冥。至道之极,昏昏默默,无视无听,抱神以静,形将自正。"[①] 这里庄子论道之无形无声,旨在"抱神""正形"。而"唯道集虚,虚者,心斋也",言"道"之虚无,则落脚于"心斋"。"泰初有无,无有无名……物得以生谓之德。"这里论道说德,旨在"性修反德",也落实于德性的修养。庄子从本体之道出发,自天道而至人道,落实到人性的修养,使人性合于天道,最终抵达逍遥之境,获得彻底的自由与解脱。可见,"道"在庄子这里更多的不是一种自然本体,而是一种人生本体,庄子的道论更多的不是一种宇宙本体论,而是一种人生修养论,其目的在于建立一种人生理想、一种人格标本,为离乱现实社会中个体的人寻找一个安身立命之处。在《庄子》中,"神人""真人""至人"常被用来描述这种理想人格。

至人无己,神人无功,圣人无名。

---

① 《庄子·在宥》,王先谦:《庄子集解》,中华书局1987年版,第94页。

> 藐姑射之山，有神人居焉。肌肤若冰雪，绰约若处子。不食五谷，吸风饮露。乘云气，御飞龙，而游乎四海之外。①

> 至人神矣！大泽焚而不能热；河汉冱而不能寒；疾雷破山、飘风振海而不能惊。若然者，乘云气骑日月，而游乎四海之外。生死无变乎己，而况利害之端乎！"②

> 至人之用心若镜，不将不迎，应而不藏，故能胜物而不伤。③

> 子列子问关尹曰："至人潜行不窒，蹈火不热，行乎万物之上而不栗。请问何以至于此？"关尹曰："是纯气之守也，非知巧果敢之列。④

> 夫至人者，上窥青天，下潜黄泉。挥斥八极，神气不变。⑤

> 古之真人，不逆寡，不雄成，不谟士。若然者，过而弗悔，当而不自得也。若然者，登高不栗，入水不濡，入火不热，是知之能登假于道也若此。

> 古之真人，其寝不梦，其觉无忧，其食不甘，其息

---

① 《庄子·逍遥游》，王先谦：《庄子集解》，第5页。
② 《庄子·齐物论》，王先谦：《庄子集解》，第23页。
③ 《庄子·应帝王》，王先谦：《庄子集解》，第75页。
④ 《庄子·达生》，王先谦：《庄子集解》，第157页。
⑤ 《庄子·田子方》，王先谦：《庄子集解》，第182页。

深深，真人之息以踵。①

古之真人，知者不得说；美人不得滥；盗人不得劫；伏戏、黄帝不得友。死生亦大矣，而无变乎己，况爵禄乎！若然者，其神经乎大山而无介，入乎渊泉而不濡，处卑细而不惫，充满天地，既以与人，己愈有。②

庄子之真人、至人、神人有以下审美特点：

其一，神奇之美。"潜行不窒，蹈火不热"，"登高不栗，入水不濡"，"上窥青天，下潜黄泉"，"其神经乎大山而无介，入乎渊泉而不濡"。谓之能够上天入地、登高入水、潜行蹈火且不受伤，同时"息以踵"。神奇之美言神人神通广大的神性之美。

其二，静定之美。神人的静定表现在疾风迅雷不能使其惊，智者、美人不能使其动，面对死亡也毫不动摇。静定之美重在表现神人不为外物所动的沉静、坚定与从容的心境。

其三，脱俗之美。"不食五谷，吸风饮露，乘云气，御飞龙"，不被凡物俗事所羁绊。脱俗之美从生活习俗上体现出神人高洁脱俗的品格。

其四，自然之美。"不逆寡，不雄成，不谟士"，"过而弗悔，当而不自得也"，描述神人无为而行、随顺自然的个性特征。

其五，自由逍遥。"乘云气，御飞龙，而游乎四海之外"，"乘

---

① 《庄子·大宗师》，王先谦：《庄子集解》，第55页。
② 《庄子·田子方》，王先谦：《庄子集解》，第183页。

云气骑日月,而游乎四海之外",描绘出神人自由无拘的生存状态。

庄子从神人(至人、真人)的本领、心境、品格、个性以及生存状态描绘了神人的神性之美。庄子的神人是高洁脱俗、神通广大而又逍遥自在的得道之人,神人之神奇与逍遥得之于道之清虚静定、自然无为。得道之人正是由于拥有了道的虚无静定,方能"无己无功无名",应物而不变,上天入地,不为外物所伤。也正是由于其自然无为,才能无不为。庄子之神人,一方面把道人格化,一方面又为道教把道神化提供了依据,奠定了基础。然而,庄子不过是以"神人"诠释"道",描述"道",并无意于树立一个崇拜的偶像,但确实为道教的宗教转化提供了可资借鉴的资源。

"道门尊老子为教主……这是道教产生的信仰标志。从思想上看,道教的理论建设一开始就是与教主的神化联系在一起的。"[①]在道教早期经典中,以老子释道很普遍。《老子圣母碑》言:"老子者,道也。乃生于无形之先,起于太初之前,行于太素之元,浮游六虚,出入幽冥,观混合之未别,窥清浊之未分。"[②]《太平经》曰:"幽明所共师者也。应感则变化随方,功成则隐沦常住。住无所住,常元不在。"《老子想尔注》更是直言:"一者,道也","一散形为气,聚形为太上老君"。[③]早期道教把道描述为一个有

---

① 卿希泰、詹石窗:《中国道教思想史》(第一卷),人民出版社2009年版,第286页。
② 《全后汉文》卷32,严可均校辑:《全上古三代秦汉三国六朝文》第1册,中华书局1958年版,第652页。
③ 饶宗颐:《老子想尔注校证》,上海古籍出版社1991年版,第12页。

喜怒哀乐的人格神，如"道性不为恶事，故能神"①，"道不喜强求尊贵"②，"道设生以赏善，设死以威恶"③，等等。《魏书·释老志》说："道家之原，出于老子。其自言也，先天地生，以资万类。上处玉京，为神王之宗；下在紫微，为飞仙之主。"④ 这里的老子更是被描绘为典型的神仙形象了。

可见，在道教，道即老子，老子即道，道之虚无玄妙之美、自然无为之美都化为了老子的神格之美。老子作为道的化身，继承了道作为终极实在的无限性、永恒性与不可感知性等，成为道教终极信仰的神。道教的神之美，一则表现为道的人化；一则表现为人的神化。道的人化使对道的探索从天地万物转向了对人的生命世界的关注——"常道"乃"自然长生之道"，"生，道之别体也"，道论的重心从探究道本体走向修心合道以得长生；而人的神化，则体现了道教作为宗教的特点——老子替代道成为人们崇拜的对象，老子也从一个人转变成为宗教信仰中的神，使虚无、玄妙的道美更呈现出一种神性的光辉。来自神的绝对、无限、永恒的美，使道教之神人充满了一种崇高美，而其不可感知、不可把握的特点，又使神人拥有一种神圣、神秘之美。这种神圣、崇高感来源于人对自我有限性的认识，表现出人的自我生命意识的觉醒，以及超越自我的强烈愿望。

---

① 饶宗颐：《老子想尔注校证》，第46页。
② 饶宗颐：《老子想尔注校证》，第15页。
③ 饶宗颐：《老子想尔注校证》，第25页。
④ 《魏书》，中华书局1974年版，第3048页。

(二)"仙"之美:人的仙格化

在道教产生之初,道便被人格化为老子,体现出道家哲学向道教宗教信仰的转变,然而,真正体现道教特色的是它的神仙信仰。从河上公释道为"自然长生之道",到葛洪"神仙不死"之可信、"仙之可学致",才真正"完成了道家思想到道教教理的转变"。①

这种转变体现在葛洪真正把老子形而上的本体之道与长生之仙道结合起来。在葛洪的仙道理论中,道既是天地万物的本性与生命之本原,又是神妙莫测、神通广大的神仙,还是统括人性命的主宰。本体之道、神仙之道与长生之道,在葛洪的神仙理论中完美地结合在一起。葛洪是这样描写道的:

> 玄者,自然之始祖,而万殊之大宗也。眇昧乎其深也,故称微焉。绵邈乎其远也,故称妙焉。其高则冠盖乎九霄,其旷则笼罩乎八隅。……故玄之所在,其乐不穷。玄之所去,器弊神逝。②
>
> 道起于一,其贵无偶,各居一处,以象天地人……保之则遐祚罔极,失之则命彫气穷。……一能成阴生阳,推步寒暑。春得一以发,夏得一以长,秋得一以收,冬

---

① 卿希泰、詹石窗:《中国道教思想史》(第一卷),第 347 页。
② 王明:《抱朴子内篇校释》,中华书局 1996 年版,第 1 页。

得一以藏。①

一在北极大渊之中，前有明堂，后有绛宫；巍巍华盖，金楼穹隆；左罡右魁，激波扬空；玄芝被崖，朱草蒙珑；白玉嵯峨，日月垂光；历火过水，经玄涉黄；城阙交错，帷帐琳琅；龙虎列卫，神人在傍。②

高不可登，深不可测。乘流光，策飞景，凌六虚，贯涵溶。出乎无上，入乎无下。经乎汗漫之门，游乎窈眇之野。逍遥恍惚之中，倘佯彷佛之表。咽九华于云端，咀六气于丹霞。③

一有姓字服色，男长九分，女长六分，或在脐下二寸四分下丹田中，或在心下绛宫金阙中丹田也，或在人两眉间，却行一寸为明堂，二寸为洞房，三寸为上丹田也。此乃是道家所重，世世歃血口传其姓名耳。④

"玄""一"即"道"。一二则文字言本体之道，体现道的本根性、深远玄妙、生生之美，无疑是对老庄本体之道的承继。三四则文字所言之道则是仙道，光明华贵、神妙莫测、含英咀华、逍遥恍惚，是对仙道之美的描述。第五则文字所言之"一"，乃是人的生命之道，是道在人身体中的体现，它存于人身体的丹田之中。

---

① 王明：《抱朴子内篇校释》，第323页。
② 王明：《抱朴子内篇校释》，第324页。
③ 王明：《抱朴子内篇校释》，第2页。
④ 王明：《抱朴子内篇校释》，第323页。

在葛洪的仙道思想中，本体之道是作为仙道与人道的根据而存在的，言形而上之道，主要是为了讨论形而下之仙道与人道，为"抱玄""守一"的修道功夫提供理据。"天地之大德曰生，生者，好物也。是以道家之所致秘而重者，莫过乎长生之方也。"[①]言天地之大德，最终指向的是"长生之方"的落实，追求长生久视的神仙之道，才是道教一以贯之的核心。葛洪的贡献便在于打通了本体之道与神仙之道：一方面，以道作为神仙信仰的理论依据；另一方面，把修道作为成仙之途径，体道、悟道、修道的过程，就是成仙的过程，如此，便"将道教对形而上本体的追求转化为通神的功夫"[②]。

神是道的人格化的开始。不管是庄子的神人，还是早期道教对老子的神化，神主要还是道的化身，神是作为终极实在的人格形象而存在的，是作为一种崇拜的对象而存在的，或者说是一种彼岸性存在。然而，仙则不同，仙是人修炼而成的——"仙之可学致"。葛洪之"仙"把"神"拉回到此岸，使宗教的"神"对"人"的超越成为一种此岸超越，其实质乃是人的自我超越。张世英认为宗教与审美超越的不同在于："宗教上的超越往往以灵魂不灭或轮回为达到永恒的途径，而审美意识的超越则是有限人生与宇宙万物'一气流通'，融合为一，从而超越人生的有限性。"由此可见，仙道使道教呈现出浓厚的审美化特质。

[①] 王明：《抱朴子内篇校释》，第252页。
[②] 卿希泰、詹石窗：《中国道教思想史》（第一卷），第347页。

葛洪的"仙"之美包含两个维度：其一，神的人性化，表现为把神妙莫测、高不可攀的神，降为人人可学至之仙，在神与人之间架起了一座桥梁，拉近了人与神的距离，也为宗教修炼提供了可能性。其二，人的神性化，是人的理想化，是现实的人自我修炼、自我超越的结果。人要想成仙必须经过修炼，超越世俗之人的物质性、知识理性与功利性。仙，是超越了感性与理性的审美的人。在仙的身上，实现了神性美与人性美的统一。

三 玄道之美

"魏晋以降，道教哲学的宗趣从玄学转向了重玄思想"[①]，道教重心从对长生久视之"仙道"探索转向了对"玄道"义理的诠释。这里的"玄道"不是葛洪《抱朴子》里的"玄道"，而是指重玄学思想中的"重玄之道"。

《大道论》从三个方面总结了"道"的基本特性：

> 虚无者，妙本之体，非有物故；自然者，妙本之性，非造作故；道者，妙本之功用，故谓之通生之道。一虚无，二自然，三道，俱是妙本真性。[②]

[①] 潘显一、李裴：《道教美学思想史研究》，商务印书馆2010年版，第12页。
[②] 《大道论·至德篇》，《道藏》第22册，文物出版社、上海书店、天津古籍出版社1988年版，第898页。

《大道论》以"妙本"言本体之道,指出了道的三大基本特性:虚无、自然与通生。虚无是道之本体,通生是道之功用,自然是道之质性。其实自老庄而至重玄,无不以此三种"真性"为根本,而在具体内容有所丰富有所发挥。

重玄学论道,一方面继承传统道家道教的道论,以虚静、自然、通生标示道的基本属性,另一方面,在对基本道性的诠释上,又吸纳佛教般若学说与中观思想,赋予道新的意义,使道教的道论更为圆融成熟。重玄之道对传统道论的发展主要有四个方面:(1)以"非有非无"代替"有无统一"诠释道的虚空本性;(2)赋予道双遣兼忘的重玄特质;(3)在自然无为的道性中加入了因缘和合的内容;(4)发展"道遍万物"而至"道物同一"。由此,与传统道美相比,玄道之美则体现出四方面的特征:非有非无的虚空美,双遣兼忘的重玄美,因缘和合的自然美,道不离物的整一美。

(一) 非有非无之虚空美

如前所论,虚无、虚静之美是道本体最基本的特征,重玄学论道之虚无本性如下:

> 至道之为物也,不有而有,虽有不有,不无而无。虽无不无,有无不定,故言恍惚。[①]

---

① 《道德真经玄德纂疏》,《道藏》第13册,第407页。

> 恍惚中有象，恍惚中有物。非有非无之真，极玄极奥之道。①
>
> 言道性者，即真实空，非空不空，亦不不空。②
>
> 所谓道者，通达无碍，犹如虚空，非有非无。③
>
> 道者，虚极之理也。论虚极之理，不可以有无分其象，不可以上下格其真。④
>
> 夫至道虚通，妙绝分别，在假不假，居真不真。⑤

重玄学在这里以"虚空"代替"虚无"描述道的本性，尤其强调道的"空"质，显然是佛教般若性空思想影响的结果。"无"与"有"相对，"空"则绝无对峙，更能体现道作为绝对本体的特质。恍惚之道，在传统道家道教看来，是"有无混成"的实体，道虽然不可感知、不可认识、深远玄妙，但其中确实有物、有象、有精、有气，并且"其精甚真"，是真实的存在。恍惚之道，在重玄学看来，则是"非有非无""虽有不有"的"真实空"，是没有实体的存在，是"非有""不有"。然而，"虚空中有万象"，恍惚之道又是"非无"，是"有"。这里的"非无"并不是说虚空道体中有精微的物象存在，而是说"虚无罗于万象"，虚无之道因应感万物而存在于万物之运

---

① 《道德真经玄德纂疏》，《道藏》第 13 册，第 457 页。
② 敦煌 P.2395 号，《本际经》卷 2《道性品》，《敦煌宝藏》第 127 册，第 187 页。
③ 敦煌 P.3280 号，《本际经》卷 9《秘密藏品》，《敦煌宝藏》第 127 册，第 284 页。
④ 《道德真经注》，《道藏》第 14 册，第 37 页。
⑤ 成玄英：《老子注》，台湾艺文印书馆 1965 年版，第 20 页。

化流迁之中。如此，以"非有非无"代替"有无统一"，一方面用否定性的思维方法，彻底破除了道的执封与疆域，进一步体现出道作为本体存在的绝对性与永恒性，另一方面，又把道与万物、道与众生连成一体，为进一步落实道性为众生性，从修道转为修心、修性提供理论依据。非有非无的虚空之美，既有传统道教有无混成的朴拙玄妙之美，不可以感官感知，不可以理性认知，同时，因重玄学吸收佛教性空与中观思想，而呈现出一种思辨之美，使人在非有非无、非空不空的玄思中，透悟道体的虚空本质。

（二）双遣兼忘的重玄美

卢国龙在谈到中国的道论时这样说："'道'是一个抽象概念，但这个抽象概念不是由感性到理性的认识过程中'提炼'出来的，而是直观体悟的结果。直观体悟的认识方法，原则上要求泯除主客观的对立，所以主体对道的认识（知）与道本身（体）是混而为一的。"确实，在中国哲学中，本体论与认识论常为一体，人们常常不从本体存在的角度，而从主体体道识道角度去描述本体之道。双遣兼忘的重玄美便是从主体悟道的角度对道性的一种描述。成玄英这样表述"玄道"：

> 玄者，深远之义，亦是不滞之名。……深远之名，理归无滞。既不滞有，亦不滞无，二俱不滞，故谓之玄也。[①]

---

① 成玄英：《老子注》，第4页。

> 有欲之人，唯滞于有，无欲之人，又滞于无。故说一玄，以遣双执。又恐学者滞于此玄，今说又玄，更祛后病。既而非但不滞，亦乃不滞于不滞。此则遣之又遣，故曰玄之又玄。①

"玄"，道的别名，"深远"是对道体特征的描述，而"不滞"则是对主体体道状态的描述。"不滞"即不执着——既不执着于有，也不执着于无，成玄英称之为"玄"。他认为，道的深远之理乃在于这种"无滞"，即没有偏执。然而，他认为这还不够，还必须"不滞于不滞"——对这种"不滞"之念也要遣除，才能彻底使心中没有挂碍，这便是"重玄"。重玄之道，是经过反复遣除执念之后的空虚清净之境。

> 道契重玄，境智双绝。既两忘乎物我，亦一观乎亲疏。②
> 物我皆空，不见有我自相。③
> 体知六尘虚幻，根亦不真。④
> 道在境智中间，是道在有知无知中间。⑤

---

① 成玄英：《老子注》，第4页。
② 成玄英：《老子注》，第29页。
③ 成玄英：《老子注》，第12页。
④ 成玄英：《老子注》，第18页。
⑤ 《玄珠录》，《道藏》第23册，第631页

重玄之道还是"境智双绝""物我皆空"。因为"六尘虚幻",则外不滞于境;因为"根亦不真",则内不滞于心。物我兼忘乃是基于"诸法皆空","虚空"是宇宙万物及众生最为抽象的共同本质,是道最本质的特征。"是知物我兼忘者,故冥会自然之道也。"[①]物我皆忘,便能物我一体,从而与自然之道合一。

双遣兼忘便是重玄,重玄既是一种修炼功夫,也是一种体道境界,还是一种对本体之道的描述。然而,不管是双遣,还是兼忘,关键在于心的"不滞",都是一种用心的功夫,也是一种心境,体现出重玄学在修道方面对精神超越的关注。因此,重玄之美的本质是一种心性之美,体现出心对人生现象世界、现实境遇的超越,这种超越不是肉体的长生不死,而是一种新的精神境界。

(三) 因缘相生的自然美

在宇宙生成论上,道教历来主张"道生万物"——道为万物之本原。而重玄学一方面改造传统道教"道生万物"的主张,继承郭象的自然独化论,一方面又吸纳佛教般若性空思想,承认万物是因缘和合而生,诸法无自性,世界并不存在一个终极本原。重玄学综合二者,总结出自然因缘论。

> 夫庄老之所以屡称无者,何哉?明生物者无物,而

---

① 《南华真经注疏·天地第十二》,中华书局1998年版,第245页。

物自生耳。自生耳，非为生也。①

虽复能生万物，实无物之可生。②

水火金木，异物相假，众诸寄托，共成一身。是知形体由来虚伪。③

取舍之心，青黄等色，本无自性，缘合而成，不自不他，非无非有，故假设疑问，以明无有真君也。④

"道生万物"乃"实无物之可生"，是"物自生耳"，而物之自生又是自然而为——"自生耳，非为生也"，没有一个外力促使其生，是物之自生自化。同时，物又是因缘和合而生的："水火金木，异物相假，众诸寄托，共成一身。""取舍之心，青黄等色，本无自性，缘合而成，不自不他，非无非有……以明无有真君也。"万物及众生心都是因缘而成，没有自性，也没有"真君"，即没有主宰，万物的"生化幻灭"都是自然而然的，没有外力的干涉与控制。如此，在自然而生的意义上，物之自生与因缘相生便结合起来。物之自生即是因缘相生，一物之生灭皆以他物为因缘，然而，这一切都是自然而为，没有外力使之然，没有一个独立于物外的"道"做主宰。于是，自然独化与因缘相生便在"自然"这一基本属性上统一起来，形成了重玄学独特的自然因缘论。

---

① 《南华真经注疏·在宥第十一》，第217页。
② 成玄英：《老子注》，第4页。
③ 《南华真经注疏·大宗师第六》，第146页。
④ 《南华真经注疏·齐物论第二》，第47页。

> 自然中有因缘，因缘中有自然，自然不离于因缘，因缘不离于自然，而能异之而同者矣。然夫一切因缘者，悉是自然之因缘也。①

"自然中有因缘"，自然而生的物乃因缘和合而成，物无自性，乃是假有；"因缘中有自然"，物物相待、物物相因本为自然，自然则待待无穷，终无本原。因此言"一切因缘者，悉是自然之因缘"。

自然因缘论包含了"道"的两大特征——通生与自然，并把二者结合起来。其一，"道生万物"的通生功能，在这里成了物之自生，从而消解了独立于万物之外、统摄万物的本体之道的存在，把道拉回到万物之中，拉回到众生心中，从而把道性与人性统一起来。其二，作为道本性的"自然"成为万物存在生化的根据、万物运作的法则。正如王玄览所言，"诸法无自性，随离合变为相为性"②。这里的"自然"不是一种实体的存在，而是一种万物化生的法则与义理，因此成玄英说："自然者，重玄之极道也。""自然"是"极道"，是最高的美。其三，在传统自然论中加入了因缘相生理论，"自然中有因缘"。自生之物乃因缘而生，因此物无自性，以因缘指出物性本空，让人不滞于物我，实现第一层超越：

---

① 《三论元旨》，《道藏》第22册，第907页。
② 《玄珠录》，《道藏》第23册，第631页。

超越物我之有。同时,"因缘中有自然",因缘相生皆本着自然法则,物我性空之中又有自然之理存在,如此又让人不滞于物我之空,实现第二层超越:不滞于有亦不滞于空。自然因缘论使人在不断的否定中获得精神的不断超越,进而获得心灵的不断净化,最后人道合一,抵达彻底的自由逍遥之境。这便是重玄因缘相生的自然美。

(四)道物不离之整一美

传统道教虽然肯定道遍万物,但并不否定形而上的道的存在,还大肆渲染形而上的本体之道的永恒性、绝对性,以及超越时空、不可感知的神秘性,等等。然而,道教一直在做一件事:把永恒、绝对的形而上之道向形而下之世界无限落实。从抽象的道到人格化的神道,再到可学致的仙道,是从形象层面,从宗教崇拜的人格神的层面向人间的靠近;而从老庄之道到重玄之道,从抽象的形而上之道到万物之本性再到众生之心性,则是从义理层面,实现了道向人内心的靠近。

重玄学认为,本体之道与万物是一体的,并不存在一个独立于万物之上的本体之道。道总是存在于物象之中,并在万物的运化流迁中得以显现。李荣言:"罗虚无于有象。"王玄览曰:"众生与道不相离,当在众生时,道隐众生显;当在得道时,道显众生隐。"[①] 成玄英更是明确说:

---

① 《玄珠录》,《道藏》第 23 册,第 621 页。

> 所以言物者，欲明道不离物，物不离道；道外无物，物外无道。用即道物，体即物道。亦明悟即物道，迷即道物。道物不一不异，而异而一。①

道与物是不一不异、异而一的，只是体道的视角不同，体道者迷悟不同。从道体角度看，万物皆具道性；从道用即万物、众生角度看，道即是万物。悟者看世界，万物皆有道，即"道显众生隐"；迷者看世界，道即是万物，即"道隐众生显"。可见，道物不可分，道与物不过是一体两面，物道的不同乃是观者之心不同，不是二者本有分别。重玄学道物一体的观点既有对传统道教"道遍万物"思想的继承，又有对佛教"一切有识皆有法性"的吸纳，为本体之道向众生之性的转变奠定了理论基础，同时，也为"一切众生皆有道性"，人人皆可得道提供了依据。

重玄学言道多笼统而言，道物不分，道与众生不分。如"道者，虚通之妙理，众生之正性"②，妙理与正性合一，本体之道与众生之性的合一。又如"犹如虚空，圆满清净，即是真道，亦名真身，亦名道性"③，这里的"道性"，既是本体之"真道"，亦为众生之"真身"，皆具虚空清净之特性。因此，有重玄学者曰："法

---

① 《道德真经玄德纂疏》，《道藏》第13册，第407页。
② 成玄英：《老子注》，第41页。
③ 敦煌P.3280号，《本际经》卷9《秘密藏品》，《敦煌宝藏》第127册，第284页。

性、道性俱毕竟空","道性众生（性）皆与自然同也","悟此真性，名为悟道"。[①] 本体之道与万物众生之本性，二者是一而二，二而一的。

"道物一体"把宇宙本体之道与众生之本性统一起来，使形而上之道落实于形而下之众生本性，把修道变为了修心修性。如此，便把外在于人的宇宙本体之道拉回到人的内心，把"道性"内化为人的"心性"，同时也把人的"心性"提升到本体"道性"之高度——修性即修道，凸显出心性在道教修为中的核心地位，使之成为道教修养的出发点。"是清净心具足一切无量功德，智慧成就，常住自在，湛然安乐"[②]，"悟真性而抱精淳"[③]，"率性归根，合于自然之道也"[④]，清净之心性乃一切修道成仙之依据。"悟真性""率性归根"，回归本性，即是与道合一，回归清净心，则能"常住自在，湛然安乐"，抵达逍遥仙境。

由此可见，重玄学强调道不离物、物不离道，道物一体乃在于把修道的理据拉回人的内心，从心性本身去寻找得道成仙、长生久视的根据。正是基于道物一体的认识，成玄英强调"忘心"，李荣注重"息心归本"，王玄览提倡"无心""灭知见"，等等。在修道方面，重玄各家无不在心性上下功夫。道不离物的命题真真切切把人们关注的眼光从形而上的道转向了形而下的心性，将一

---

① 敦煌 P.2395 号，《本际经》卷 2《道性品》，《敦煌宝藏》第 127 册，第 187 页。
② 敦煌 P.3782 号，《本际经》卷 9《秘密藏品》，《敦煌宝藏》第 127 册，第 283 页。
③ 《南华真经注疏·天地第十二》，第 249 页。
④ 《南华真经注疏·盗跖第二十九》，第 570 页。

种向外的宗教追求转化为一种向内的心性修养,把一种彼岸的宗教超越转变成一种此岸的审美人生超越。物道一体,心道合一,修道成仙即明心见性。把心性修炼作为修道的核心,追求精神与灵魂的永恒,正是重玄之道对仙道的超越,也正是道物一体、道物不离不分之美之所在。

综上所述,玄道之美,在非有非无的虚空,在兼忘双遣的重玄,在因缘相生的自然,在道物不离的整一,而这一切的背后则是一种心性之美。

四 心性之美

宋金元之道教内丹以南北二宗最为著名,二者皆祖述钟吕内丹之说。南宗以张伯端为祖,白玉蟾集大成,基本继承唐宋内丹思想,倡导性命双修、先命后性、精神成仙。北宗全真道一方面继承钟吕内丹道,一方面吸纳禅宗心性学,以禅宗心性论诠释内丹道中的精气神,赋予了内丹道新的思想。元中后期,全真道合并南宗,成为道教后期"唯一的一个丹鼎大派"[①]。全真道直面残酷的社会现实,以解决乱世之人安身立命问题为己任,其教理教义表现出明显的现实性。

全真道内丹道修养虽然提倡"性命双修",但以性为主,主张

---

① 石冰川:《道与化——道家道教以"道"化"人"思想研究》,巴蜀书社2012年版,第175页。

以性制命:"根者是性,命者是蒂","宾者是命,主者是性"①。即使是修命,也以清净心为其入手功夫,以明心见性为其鹄的,清净的性功是全真功法之关键,全真道士都强调"修道当以修性为主,修命为次"②,"道本无为,惟其了心而已"③。"家常论金丹,如何即是?答云:本来真性是也。"④金丹即真性,只要心地清净,自然丹结。因此,全真的丹道之美主要体现为心性之美,全真内丹道的核心便是它的内丹心性论。全真内丹心性论,以性命双修、外行内修为主要内容,以"自全性命本真"为目标,追求精神的长存,以此了脱生死,长生成仙。

全真心性之美具体表现在以下几个方面:

(一)"心即是道":凸显心性本体意义

全真道以宇宙本体之道作为天地万物之根本,强调"道生万物"。而性则是道在万物及人中的显现,心是人性之载体。刘处玄言:

> 实者,道也。……实者,性也。……万物生则显其道之实,万化生则显其性之实。⑤

---

① 《重阳真人授丹阳二十四诀》,《道藏》第25册,第807页。
② 任继愈:《道教大辞典》,上海辞书出版社1988年版,第921页。
③ 《清和真人北游语录》,《道藏》第33册,第166页。
④ 《盘山栖云王真人语录》,《道藏》第23册,第731页。
⑤ 《长生真人至真语录》,《道藏》第23册,第710页。

心性了然同一体。①

心本是道，道即是心，心外无道，道外无心也②

道本虚无，但在万物中体现其实有，性乃道的体现，而心又与性一体，因此，心本是道。道即是心，也是性，心性皆道，是道在人中的显现。由此，心性具有了本体论特质，成为生命的本体与根源。因此，全真道士说："根者，性也；性者，根也。"又说："神者，性也；性者，神也。"如此，心、性、神，都成为生命的本根本原，成为生命的本质规定。心、性、神，属于生命的精神层面，全真以心性代替性命作为生命的本体与本根，显示出全真内丹道对人的精神生命的重视。

马丹阳把心分为真心与妄心：真心即人之天然本性，即道性；妄心即人出生以后，被欲望染污之心。修炼即是去妄心而显真心的过程。可见，全真道的心性修炼即是真心对妄心的超越过程，其本质是精神的内在超越过程。

"心本是道，道即是心。"一方面把心性置于生命的本体地位，表现出对生命精神层面的重视；一方面把道落实到心性层面，使生命超越回归生命本身，成为精神生命的自我超越。

---

① 《长生真人至真语录》，《道藏》第 23 册，第 709 页。
② 《重阳真人授丹阳二十四诀》，《道藏》第 25 册，第 808 页。

(二)"心禀道性": 虚空之美

> 虽万类不同,其出于道则一也,既出于道而皆具道性,况人为物灵,则有可复于道之理。①

万物皆禀道性。从前面的论述可见,道性虚空、清净,心性乃人中之道,亦具有虚空、清净的特点。

> (心)又如虚空广大,无有边际,无所不容,无所不包,有识无情,天盖地载。包而不辨。非动非静,不有不无,不即万事,不离万事,有天之清,有地之静,有日月之明,有万物之变化,虚空一如也。②

这段文字道出了心性的"虚空"之美。心性超越时空的无限性,"天盖地载"的无限包容性,"包而不辨"的混沌性,超越有无动静的无分别性,不即不离、非有非无的朦胧性,应感万物而不动的清净性,都体现出其作为本体之道的永恒性、无限性与绝对性。把心性提高到与道同一的本体地位,心性才能够担负起生命本体本原之重担,成为内丹道修炼的核心。

---

① 《清和真人北游语录》,《道藏》第33册,第162页。
② 《盘山栖云王真人语录》,《道藏》第23册,第719页。

(三) 无相无念：心性清净之美

清净是心性本体最根本的特征，全真的心性修炼莫不围绕心性之清净展开。清净既是心性之本质特征，又是一种修炼功夫。因此，心性清净之美既是对心性本体的描述又是对心性体验的描述。

> 心安而虚，便是清静，清静便是道也。[①]
>
> 有内外清净，内清净者，心不起杂念；外清净者，诸尘不染著，为清净也。[②]
>
> 那无心无念，不著一物，澄澄湛湛，似月当空。[③]
>
> 心上自清静，清静生无为，无为自然合于大道矣。[④]
>
> 平常即真常也。心应万变，不为物迁，常应常静，渐入真道，平常是道也。[⑤]

清净之心最显著的特征是：无沾滞，不被外物杂念所浸染。内不滞于心，不住于念，是内清净；外不滞于物，不住于境，即诸尘不染，是外清净。内外清净，万缘不挂，是清净之心的本性所在。这种无染无着的本性使清净之心表现出"安而虚"的特征。因其"虚"，便能应物不动，"澄澄湛湛，似月当空"，表现出澄澈

[①] 《盘山栖云王真人语录》，《道藏》第 23 册，第 719 页。
[②] 《重阳真人授丹阳二十四诀》，《道藏》第 25 册，第 807 页。
[③] 《马丹阳真人直言》，《群仙要语撰集》卷下，《道藏》第 32 册，第 458 页。
[④] 《清和真人北游语录》，《道藏》第 33 册，第 164 页。
[⑤] 《清和真人北游语录》，《道藏》第 33 册，第 166 页。

静定之美；又因其"安"，便能随应随净，而万缘不挂、诸尘不染，表现出纯净无染之美。

"清净生无为"，心性清净便自然无所造作。自然无为是道的基本属性，因此，心性清净便与大道合一，清净心乃道心，是道在人生命中的载体，是生命的本质所在。如此，自然无为乃成为清净之心的又一基本特征，心性的清净之美又表现为一种体现生命本体的自然之美。

作为本体的清净心具体体现在修养者的个体行为中，则表现为"无心"。

> 道人心，处无心，自在逍遥清净心，闲闲云水心。利名心，纵贪心，日夜煎熬劳役心，何时休歇心？①
>
> 无心者，非同猫狗，蠢然无心也。务存心于清净之域，而无邪心也。②
>
> 凡私情邪念，即浮云也。人能常使邪念不生，则心月如天月之明，与天地相始终，而不复昧矣。③

无心，并不是没有心，而是"无邪心"，无利名心、纵贪心，无"私情邪念"。全真心性论认为，人先天禀赋道性，拥有清净

---

① 《水云集》，《道藏》第25册，第862页。
② 《丹阳真人语录》，《道藏》第23册，第704页。
③ 《清和真人北游语录》，《道藏》第33册，第162页。

之心。清净之心纯净无染，如天上的明月，但自出生之后，便被六尘所染，而生出贪心、欲心，全真称之为邪心、妄心、杂念。这些邪心、妄心、杂念是障蔽清净真心的浮云，除去这些浮云，心月便如天月一般朗朗再现了。可见，无心，既是一种修炼功夫，也是一种修炼境界。作为一种功夫，它既体现出与尘世功名利禄诱惑的对峙——外不住于尘，又体现出与自我内心欲念的对峙——内不住于念。作为一种境界，它是去妄显真、无染无着的清净之境，是真心对妄心的超越之境。可见，清净心既是生命之本根，又是道教修炼的指归，而无心则体现了清净心对凡心的超越，对生命本根的真心本性的复归。无心之美正体现在这种对现实人生境遇的超越之中，体现在生命本真的复归之中。

（四）功行即炼心：德善为美

全真道自创教伊始，便兼容儒释道三家思想，"三教由来总一家"[①]。在这样的教义指导之下，全真道兼收并蓄，在吸纳禅宗心性论的同时，又把儒家的伦理道德纳入内丹心性论之中，把道德修养转化为心性修养的一部分。

> 若要真功者，须是澄心定意，打叠神情，无动无作，真清真静，抱元守一，存神固气，乃是真功也。若要真行者，须是修仁蕴德，济贫拔苦，见人患难，常行拯救

---

① 《水云集》，《道藏》第 25 册，第 849 页。

之心，或化诱善人，入道修行。所行之事，先人后己，与万物无私，乃真行也。①

常令一心澄湛，十二时中时时觉悟，性上不昧，心定气和，乃真内日用；修仁蕴德，苦己利他，乃真外日用。②

真功，内日用，乃是"存神固气""心定气和"的性命修养，而真行、外日用，则是"修仁蕴德""苦己利他""济贫拔苦"的德行修养。全真道倡导真功真行并行不悖，不可偏废。"外修功行，内固精神。故知虽有精神，不得功行，终不可成道。"③ 功行是修道的重要内容，不可或缺。那么功行与心性的关系是什么？尹志平认为：功行一方面表现为"损己利人""自卑自损，任物欺凌而不动"④的自胜之道，它是炼心的重要途径；一方面表现为"修仁蕴德""济贫拔苦"的至善之道，而"至善"则是道的内核⑤，是"正念"。除"邪念"而留"正念"是全真道炼心的重要内容，如此便把积累功行的外功作为心性修炼的内容纳入了心性论之中，在"善"成为道内核的同时，善心、正念也自然成为心的重要构成要素，使全真心性论既包含归根复命的真心本性追求，又包含积功

---

① 《重阳全真集》，《道藏》第25册，第748页。
② 《长春丘真人寄西州道友书》，《真仙直指语录》卷上，《道藏》第32册，第437页。
③ 《清和真人北游语录》，《道藏》第33册，第176页。
④ 《清和真人北游语录》，《道藏》第33册，第168页。
⑤ 参见张广保：《金元全真道内丹心性学》，生活·读书·新知三联书店1995年版，第125页。

累德的善心正念追求。由此,心性之美既表现出复归生命本真之"真",又表现出兼济天下之"善",是"真"与"善"的结合。

然而,这种真善之美的结合并不是并行的,而是表现出以善合真、善归于真的特点。

> 先保此平常,其积行累功,皆由乎己,是在我者也。道之显验,圣贤把握,是在天者也。当尽其在我者,而任其在天者,功行既至,道乃自得。若有心以求,则妄矣。①

"真"是万缘不染之清净心,"善"是积功累德的"正念"。积功累德乃是"由乎己"的过程,而不是"有心以求"。当驱恶扬善成为自我内心的自然流露与自然行为时,功行乃成为清净之心的显现。在此层面上,功行即心,功行即道,所以尹志平说:"功行既至,道乃自得。"当功行成为清净之心的自然流露时,则自然与道合一,自然长生成仙——"但能积善行道,胡患不能为仙乎?"②可见,在全真道真善统一的心性之美中,善是归于真,以真为出发点与落脚点的,自然清净之"真"乃全真心性之美最本质的属性。

全真道的心性美与重玄学的玄道之美有相似之处,它们都立足道家自然之道又吸纳佛教性空理论,体现出对道之虚空之美、

---

① 《清和真人北游语录》,《道藏》第33册,第164页。
② 《玄风庆会录》,《道藏》第3册,第388—389页。

自然清净之美的肯定。但是，玄道之美并不局限于探讨人之心性问题，重玄之美的重心在于探究物道关系，探讨体道之法；而全真道之心性论属于内丹道炼养体系，是性命双修的内丹道修养的一部分。如果说重玄学之心性论主要侧重于义理的思辨，全真道之心性论便是一种宗教的实修。

综上所述，道教美学的审美本体是"道"。关于"道"之美，先秦老庄奠定了它虚静、自然、通生的审美特征，道教则立足于老庄之"道"，以其长生久视的神仙信仰为归旨，围绕此三方面推衍和丰富了"道"的审美内蕴，阐释了道教对宇宙本体，尤其是对生命本质的认识和理解。从道美—神美、仙美—玄道之美—内丹心性之美的嬗变中，从形而上的本体之美到形而下的生命之美的转变中，我们可以窥见道教对宇宙本体与生命本体的体认不断深化的过程，以及在这种体认中，不断提升生命质量、促进自我超越的过程。这种追求与超越是一种生命的此岸超越，一种生命自身的内在超越，其实质是一种人生的审美化过程——促进个体生命与道合一的过程。

第三节 佛道审美本体论比较

通过前面两节的讨论，我们不难发现：佛教对宗教审美本体的探索之路为：道佛之美—般若性空之美—法性之美—心性之美，而道教对宗教审美本体的探索之路为：道之美—仙道之美—重玄之美—内丹心性之美。二者皆从对宇宙本体之"道"的探讨出发，皆归于对生命之本体"心性"的探究。这一相似路径进一步表明中国宗教哲学不是以探索宇宙真理与本质为目标，而是以探究人的生命真谛，获得生命解脱为鹄的。对生命潜能的探索，对生命体验的重视，对生命超越的追求，是中国宗教共同的价值追求。这种超越与追求，其实质是对生命本原的回归，对生命本真状态的复现，是人性与天道、法性的合一。这种天人合一的境界，其实质是一种审美的人生境界，而佛道"心性之美"正是实现这一审美人生境界的根本依据。

通过前面两节的分析，我们还发现：中国佛教与道教是在相互的依存、冲突又交流融合中发展起来的。印度佛教传入中国，首先是依附先秦老庄思想与魏晋玄学而立足，在发展中为确保自身的利益与教理教义的传播，又多次与道教进行论争。道教作为中国本土宗教，一方面要确保自身地位，另一方面，在与佛教的论争中又发现自身思想理论的不足，于是吸纳了部分佛教思想以完善自身理论。从南北朝到元朝，佛道之间多次发生冲突、论争，这一方面促进了印度佛教的中国化进程，推动了中国佛教的发展与成熟，另一方面又促进了道教在论争中的自我反思，最终促进了道教自身的发展与完善。在论争冲突中，两教的思想相互交摄、融合，出现了你中有我、我中有你的现象。在本体论方面，佛教立足于般若性空思想与中道的思维方法，吸纳道家道教天人合一的价值追求与体用一如的认知方式，形成了融"性空"与"妙有"于一体的本体论。道教则立足于有无一体的道本体与长生久视的神仙理想，大量吸收佛教般若性空思想、中道思维方法以及佛教心性论，把关注的重心从道体论转向道性论，从众生的本性上寻求得道成仙的依据。隋唐以后，二教皆把宗教本体归于人的心性，心性论成为二教共同的本体论，心性之美成为二教宗教美学思想的核心。

然而，佛教始终以空理为本，其心性的本质仍是非有非无之虚空，明心见性亦即了悟万法皆空，由此而成佛成圣，获得解脱；道教始终坚持道为万物之本原，心性亦是道在人身上的投射，以回归本体之真心，从而回归本体之道，纵生大化，与道冥合而获得永生为目标。二者在致思上的不同，又表现出一定的差异性。下面分别从佛道对宇宙本体、信仰本体、生命本体三个层面比较二教审美本体论的异同。

一 法性美与道美的比较

法性是佛教对宇宙本质的概括，道是道教的宇宙本体。法性美与道美分别表达了佛教与道教对宇宙本体之美的体认。通过对二者的比较可以从宇宙本体角度，窥见佛道审美本体论的异同。

法，是佛教对现象世界的概括，包括一切客观物质世界与主体精神世界，也包括世间与出世间的一切事物。法性，指万法之本性，世界存在之本质，也是宇宙万物之真理。法性与理、佛性、真如、实相、涅槃等概念，义同名异，但法性更倾向于对世界本质的认识，法性美自然流露出佛教对世界本体之美的体认。

佛教对法性有几点认识：（1）法性本"空"。佛教认为万法皆因缘而生，本无实体，亦无自性。"性常自空，故谓之性空。性空故，故曰法性。"[①]"性空"是法性之本，是万法共同的本质。（2）"空"是非有非无、超越有无的中道。僧肇称之为"不真空"，慧远称之为"无性之性"。僧肇以"幻化人"喻"不真空"——"譬如幻化人，非无幻化人，幻化非真人"，认为并非不存在幻化人，幻化之人不是真人。"不真空"也并非指万物不存在，而是指万物不是真实的存在，即是"空"的存在。从存在状态看，"空"是"真空"与"假有"的辩证统一：从俗谛看，万法森然，是"有"；从真谛看，此"有"是幻象，是假有，因而又是"无"。如此，"空"即是非有非无的存在。从缘起看：诸法乃缘起而生，所以法无自性，是"空"；同时，一法又总是缘起他法，成为他法的因，因而又是"有"。因此，不管从存在状态看，还是从缘起相生看，法性都是非有非无的存在，是"真空"与"假有"的统一，此乃"性空"的内涵。（3）"真空"与"假有"不是法性的两种特性，而是法性的一体两面。万法既是"真空"又是"假有"，二者一而二，二而一，圆融无碍地统一于法性之中，体现了现象与本质相即不相离的关系。（4）法性之"空"是万法的共同本质，也是不生不灭的永恒存在。

道，是道教对宇宙人生本体的概括。道家与道教对本体之道有几点认识：（1）道是形而上的终极本体。（2）道是宇宙万物的

---

① 《肇论》，《大正藏》卷45，第150页。

本原与终极依据。(3) 道具有虚无之体与自然清静之性。(4) 道是"无"与"有"的统一体。

就本体而言，道是一种形而上的终极存在，是体用一如的有无统一体。从道体看，道是"无"，表现出虚无的特点，道的虚无包含着道作为本体性存在的自然本真性，不可感知不可言说的神秘性，不可分别的整一性、混沌性，虚空广大的无限包容性，超越时空的永恒性。从道用看，道是"有"，道具有应感万物、化生万物的巨大生命潜能，是万物存在的终极依据。"道生一，一生二，二生三，三生万物"，"道"是天地万物产生的根源，也是天地万物生命的源泉。"人得道则生，失道则死"是道教的共识。

由二教宇宙观的差异，可进一步窥见法性美与道美的不同。下面从三方面进行比较。

（一）从本体言：法性"空"是理本体，道之"无"是实在性本体

佛教的本体是"空"。"空"指一切事物都是因缘和合而生，因此都没有实性，正所谓万有皆空。法性"空"是对万物本质属性的概括，并不是说有一种"空"的本体存在。因此，法性"空"属于一种理本体，即真理实在。道教的本体是"道"。"道"是一种形而上的实实在在的本体性存在，虽表现出不可感知的"虚无"特征，但正是其"虚无"体现出作为宇宙本体的一切特性，蕴含着化生万物的生命潜能。"道"本体属于实在性本体。同时，"道"无为无不为，又是万物运化的规则。从此意义上看，"道"又具理

本体的特点。

　　法性之"空"告诉人们这样一个道理：宇宙万物皆没有自己的实性，世界乃是一个虚幻的存在。道教的"道"告诉人们这样一个事实：宇宙万物有一个共同的本原，即道。道是一种不可感知的神秘存在，具有无限性、永恒性与绝对性，又具有化生万物、运化万物、统摄万物的力量。非有非无的法性"空"是对世界本质的否定，无为无形的道体之"无"则是对道终极实在性的诠释。

　　由此，非有非无的法性"空"表现出一种虚幻的空灵之美，这种美体现在它直接揭示出现象世界的虚幻性，在对非有非无的法性空的思辨中，人们获得一种灵知觉解、般若智慧，从而扫落人世间的一切牵绊与烦恼，获得生命的解脱。性空之美是一种思辨之美、智慧之美。而有无一体的"道"则呈现出虚无之美、生生之美。虚无之美包含了道体的玄妙神秘、朴拙混沌、自然清静之美，揭示出道体的无限性、包容性与永恒性。生生之美则是对"道生万物"功用的描述，揭示出"道"蕴含万物、蓄养万物、化生万物的生命潜能。总之，虚无之美与生生之美皆显现出道作为宇宙终极实体的绝对性、永恒性与无限性。

（二）从生成言：法性讲缘起，道本讲生成

　　佛教认为，诸法皆是因缘和合而生，一物总是以他物为产生的条件，又成为他物产生的条件，万物乃是一个因缘相生的链条，世界乃是一个因缘相生的集合体，世界没有共同的本原与终极的存在。由因缘维系的世界，是一个"空"的世界，同时也是一个

平等的世界。万法皆空,在"空"性上,万法平等一如,无有差别,世界体现出一种平等无差别的整一之美。而道教则一直坚持形下世界有一个共同的本原与形而上的本体存在——道。"道"始终在维系着物质世界的秩序,由道统摄的世界呈现出的是一种秩序之美、系统之美。无论是由无极而太极,由太极而阴阳而八卦的物质世界,还是与宇宙同构的人的生命世界,道教的世界都表现出由虚无之道一步步生成的严密的系统性。

(三) 从道物关系言:佛教侧重本质与现象,道教侧重本体与现象

佛教万法与法性的关系是现象与本质的关系。本质是现象的本质,现象是本质的投射,现象与本质是相即不相离的关系。如此,万法之假有便映现出法性之空,而法性之空又折射出诸法之假有,真空与假有、法性与法便成为一而二、二而一的一体性存在。宇宙万物皆为法性的显现,触事而真,即处皆真。由此自然演绎出一花一世界、一叶一菩提等寓神奇于平凡的美学命题,引导出在现实中追求超越、在平凡中获得升华的人生超越之路。

道教的道物关系是本体与现象的关系。从生成看,道生万物,道是万物产生变化的源头,是万物存在的依据。道蕴含、蓄养、化生万物,体现出生生之美,而道又"生而不有,为而不恃,长而不宰",体现出自然之美。从存在看,道遍万物。道生万物,但道并不脱离万物而存在,"道在蝼蚁""在稊稗""在屎尿"。虚无之道遍在万物之中,体现出一种遍在之美。

道家道教的道物关系同佛教的万法与法性的关系似同而实异。二者虽然都表现出两不相离的特点，但法与法性的关系是现象与本质的关系，而现象与本质是一体性的，任何一物皆是现象与本质的统一。然而，道与物的关系则是本体与现象的关系，本体与现象是相互独立的存在，二者的不离是建立在道物独立基础上的统一。

总之，佛教法性之美，主要表现为非有非无的性空之美。性空之美是"真空"与"妙有"的统一，是非有非无的思辨的结果，折射出佛教对宇宙人生的独特透识，包孕着真理本体的思辨之美、智慧之美。而道教之道美，主要体现为虚无之美与生生之美。在这虚无之美与生生之美中蕴含着作为宇宙终极存在的本然性、无限性、永恒性与绝对性，蕴含着化生万物的巨大生命潜能以及万物运化的共同法则。如果说法性之美以空灵、思辨的智慧之美取胜，道美则以空廓无限、生生不息的生命之美取胜。法性之美与道美的不同折射出佛道二教对宇宙本质认识的差异。

二　佛性美与道性美的比较

成圣成佛，超脱生死轮回，获得人生解脱是中国佛教永恒的追求。长生成仙，证真合道，从而获得生命的永恒则是道教一以贯之的理想。同时，二教又提出了佛性、道性与众生性的一体性，为佛道二教心性论的产生奠定了基础。正是佛性、道性与众生性的接轨，使佛性与道性成为众生宗教实践的依据、出发点与归宿。

(一) 佛性之美

晋以后，涅槃佛性说逐渐取代般若性空学成为中国佛教的主流，佛性也逐渐取代法性成为中国佛教关注的重点。

法性，是万法之本性，是宇宙万物的共同本质；佛性是佛的本性，也是众生成佛的根本、种子、可能性。法性的本质是"空"——万法性空；佛性作为一种精神本体，其本质是"觉"——"佛者其义为觉"。觉的对象是"理"——"佛为悟理之体"，"当理者佛"。理是万法存在之真理，与法性义同名异，其本质是：万法性空。佛性就是佛具有的觉解万法性空的本性。般若性空学认为万法皆空，涅槃佛性说则在万法皆空的基础上承认佛性实有。尽管万法皆空，但"众生皆有佛性"，即众生皆具有觉解万法皆空的本觉真性。此命题的提出使佛性超越了佛所具有的本性的意义，使佛性成为众生成佛的依据、可能性。"众生皆有佛性"的提出标志着从般若性空向涅槃佛性的转变，也意味着佛教本体论从客体世界向精神主体世界的转向，或者更准确地说，从宇宙万物向精神主体世界的聚焦。而"众生皆有佛性"这一命题，还把"佛"置于众生之中，把"佛性"拉回到众生心中，为"佛性"向众生"心性"的转化奠定了基础。由法性至佛性而至心性，由宇宙至佛而至众生，充分显示出佛教探寻生命本质的价值取向，体现出佛教哲学为生命哲学，佛教美学为生命美学的特点。

(二) 道性之美

"道性"本指道的本质属性。隋唐道教重玄学派立足传统道教

"道遍万物"的思想,又吸纳佛教涅槃佛性论的观点,提出"众生皆有道性",由此,道性成为众生性,成为众生合道得道,从而证真成仙的依据、可能性。重玄学用佛教的中道思维方式诠释道性,体现出佛道在思想深层的交融互摄。

重玄学对"道性"有如此描述:

> 道性者,理存真极,义实圆通,虽复冥寂一源,而亦备周万物。烦惑所覆,暂滞凡因,障累若消,还登圣果。
> 道性以清虚自然为体。
> 自然真空,即是道性。[1]
> 言道性者,即真实空。非空不空,亦不不空……为一切诸法之根本。[2]
> 道性众生性,皆与自然同。[3]
> 道性众生性,二性具不见,以其不见故,能与至玄同。[4]
> 究竟诸法正性,不有不无,不因不果,不色不心,无得无失,能了此性,即成正道。
> 道性不色不心,即色而心。[5]

---

[1] 《道教义枢·道性义》,《道藏》第24册,第831—832页。
[2] 敦煌 P.2806 号,《本际经·道性品》,转引自卢国龙:《道教哲学》,华夏出版社2007年版,第230页。
[3] 敦煌 P.3280 号,《本际经·道性品》,转引自卢国龙:《道教哲学》,第230页。
[4] 《玄珠录》,《道藏》第23册,第623页。
[5] 《道教义枢·道性义》,《道藏》第24册,第832页。

以上内容从两方面描述了道性。(1)道性是体用的结合体,道性本体是清净、虚无、空寂、自然的。道性之用则是"备周万物",存在于万物之中的。一方面,道性与众生性皆是冥寂、虚空的存在,是超越见闻的,因此"能与至玄同",具有玄妙之美,这是就其"不色不心",超越色空的本体性而言。另一方面,道性又是即体而用,即色心而在,即色心而显,这是就道性功用而言。总之,道性是"非空不空""不有不无,不因不果"的本体存在。因其空寂、虚无、玄妙,所以是"不有""真实空",又因其"备周万物""即色而心",所以又是"不无"。道性正是在其非有非无、非空不空中呈现出一种思辨之美,一种玄妙朦胧之美。因其"自然""清净",绝无对峙,所以又超越因果,是"不因不果"的存在。超越因果使道性拥有一种存在本体的绝对性、永恒性,具有一种本体存在的崇高美。(2)道性即众生性。重玄学认为道性是"诸法正性",即万物之本性,又是"众生性",即众生得道的可能性。众生有道性,但众生性并不都是道性,因此,道性与众生性是非一非异的关系。此处把道性与众生性统一起来,把对宇宙万物本质的探讨指向了对人生命本质的探究。道性与众生性的一体性使宗教的超越转变为众生对自我本性的回归、对自我生命的超越,指向一种审美的人生建构。

(三)佛性与道性之美

佛教提倡"众生皆有佛性",重玄学主张"众生皆有道性",皆落脚于对众生性的重视。一方面把佛性、道性落实于众生性,把宗教信仰之佛、道与众生结合起来，把对外在神佛的宗教崇拜转化为对内在生命本性的关注，使众生到自我生命中去寻找自我超拔的途径，从而使宗教超越（神对人的超越）转变为一种人的自我超越、一种人生审美超越；另一方面又把众生性提升到本体之道性、法性、佛性的高度，使众生性与宇宙本性同质，具有了本体的意义。如此，众生本性成了众生成佛合道的依据，修心即修道，悟性即成佛。佛性论与道性论使佛道二教实现了从宇宙本体到宗教本体再到生命本体的转化，此乃佛性、道性之美的意义所在，也体现出中国宗教的共同特点与共同价值追求。

尽管道教重玄学的道性论大量吸纳了佛教思想，在对道性的描述上表现出与佛性论的诸多相似之处，但由于出发点不同，二者仍存在一定差异。

佛教从般若性空与涅槃佛性论出发，更多从主体视角，从修养论角度描述佛性为觉解万法皆空之觉性，又称"真如觉性"。天台宗智顗大师把佛性分为三因佛性，"故知法性实相即是正因佛性，般若观照即是了因佛性，五度功德资发般若即是缘因佛性"[①]，从"法性实相""般若观照""五度功德"三方面诠释佛性，也道出了佛性是万法皆空的法性实相与主体般若智慧的统一。佛性既是一种空理，也是一种空慧，正是在对非有非无、非空非不空的思辨性体验中，佛性展现出一种空灵之美、智慧之美。

道性则立足道生万物，从万物本体视角，从存在论角度描述

[①] 《妙法莲华经玄义》，《大正藏》卷33，第802页。

道性为"真实空"。"真实空"是"非空不空,亦不不空",是空寂之"妙无"与应感万物之"妙有"的统一。这里虽用佛教的"真实空""非空不空"来表述,但实则是对传统道家"有无统一"思想的继承。同时,以清净自然来诠释道性"真实空",既体现出对佛性清净(无染无着)的借鉴,也体现出对"道法自然"的承继。然而,"道"始终是一种实体性存在,道性自然打上了实在性的烙印。清净自然是对道本性的描述,道性始终没有佛性主体的"觉性"特质,道性体现出的是存在本体之"道"的清净、虚空、自然特点。由此,道性便呈现出一种本体的虚空、自然、清净之美。佛性与道性之美的不同体现出佛道二教在宇宙本质、宗教本体认识上的差异。

三 佛道心性之美的比较

尽管佛道二教对世界本原的看法不同,其宗教实践的出发点、过程与方式皆有差异,但二教对现实生命境遇的不满,对超越个体生命有限性的强烈愿望,使二教皆把目光转向了生命本身,力图从"心性"中探寻生命的本质,探寻成佛成仙的依据。由此,佛教从对法性、理的探寻转向了对佛性、心性的探寻,道教从宇宙本体之"道"转向了对生命本体之心性的探究。心性论成为佛道二教共同的本体论,心性之美成为佛道美学思想的核心内容。

中国佛教在印度佛教与中国传统文化的交织影响中发展、成熟,中国佛教对本体的探索从法性到佛性到心性的转变,便是两种文化交织影响的结果。心性论的产生体现了中国佛教思想的成熟，心性论的形成是"中国佛教本体论的最高形态"，心性之美也可以说是中国佛教审美本体论的最高形态。

佛教对心性的认识表现在：（1）万法唯心，万法为心现，心是万法之本；（2）色心不二，心体即物而在，色心相即不相离；（3）心理合一，主体精神与客体世界相容不二；（4）心性是真空与妙有的统一；（5）心性具清净、虚空、觉知之美。佛教心性论从心的本体地位、心物关系、心的本质属性（虚空、清净、觉知）、心性的本质内涵（真空与妙有一体）几个方面较为全面地论述了心性本体。

道教心性之学主要体现在重玄学与全真道的心性论中。重玄学代表着隋唐道教对心性本体的认识，全真道则代表着宋元道教对心性本体的思考，尤其是全真道的心性论代表了道教心性论的成熟与最高形态。

重玄学对心性的阐释重在义理方面，其对心性的认识表现在：（1）心性即道性，心性是万物的本性、本体，也是生命的本质，还是元始天尊、太上老君的法身；（2）心性是"妙无"与"妙有"的统一体，是体用的结合体；（3）心性具有清净、虚无的本质属性。重玄学亦从心性本体地位、心性本质内涵、心性本性特质（清净、虚空），尤其是从修心方面论述了心性本体，打上了浓厚的佛教色彩。

全真道心性论侧重于宗教实践的层面，把对长生成仙的追求与心性修炼统一起来，把修身与修心结合起来，心性修炼的过程因此成为"证仙求真"的过程。全真道使心性论不再停留于玄妙的思辨，而落实于宗教实修之中，把对本体的思考与宗教的实践结合起来。全真道对心性本质的认识主要表现在：（1）"心即是道"：心性具有道一样的本体意义；（2）"心禀道性"：心性具有道本体的虚空、清净的本质属性；（3）功行即炼心：吸收儒家思想，把行善纳入心性论中。

重玄学心性论融释道于一体，全真道心性论更是融儒释道为一家，重玄学与全真道对心性本体的认识表现出如下共同点：（1）心本是道，心性即道性，以心性作为宇宙万物之本原、本体，作为生命之本质、本性。（2）立足传统道教本体之"道"，强调心性虚无、自然、通生之本体特征。（3）指向天人合一、与道合一，强调去妄返真的修炼之路。（4）吸纳佛教思想，以非有非无之遮诠表述方式诠释心性本体之虚空、清净本性。同时，重玄学以因缘释自然，以双遣兼忘释清净，全真道倡导平常心等，都体现出佛教对道教的深层次影响。

佛道心性论在相互冲突中交融发展，对心性本体之美的认识也表现出诸多相似之处，然而，由于宇宙观、世界观不同，二教对心性本体的认识又表现出同中有异的特点。下面从心性的本体地位、心性的基本属性展开比较，以探寻佛道二教心性之美的异同。

（一）"万法唯心"与"心本是道"

佛道心性论皆把世界人生的本原归于"心"，以心性为万物之共同本性，生命之本质属性。佛道二教皆把"心"提升到本体的地位，赋予"心"宇宙与人生本体的性质。

佛教心性论的核心便是"万法唯心"，认为一切世间与出世间法皆是心变现的结果——"心作万有，诸法皆空"。正是由于万物乃心所造，是心识的变现，所以万法皆是虚幻不实的存在。佛教心性论把宇宙人生本质之"空"归诸"心"的作用，由此把"心"推至宇宙人生本原的地位，确定了"心"的本体性内涵。道教历来以"道"为宇宙万物的本体、本原，以及人生命的依据与根本。道教心性论提出了"心本是道""心禀道性"的命题，把"心"与"道"相提并论，并把"心"看作"道"的载体，使心性与道性等同，由此，把"心性"推至"道"的高度，使其具有了宇宙人生本体的地位。

由此可见，佛道心性论皆把"心性"作为宇宙人生的本原、本体、本性，把"心性"提升到存在本体的地位。同时，二教在"心性"本体基础上，又提出"众生皆有佛性""众生皆有道性"的命题，把佛性、道性归于心性，使"心性"顺理成章成为众生成佛证道、成仙证真的依据。佛道二教皆把宇宙人生的本原、宗教信仰的依据归于"心性"，体现出共同的价值追求：从生命本身寻求解脱的依据。它让人们把宗教解脱的目光投向自我的心性修养，而不是外在的神或上帝的救赎。中国宗教的超越成为一种内在的生命超越，其实质是对心性本原的了悟与回归，扫落现实对生命的一切桎梏，回归生命的本真状态，即一种审美的生命状态。佛道心性本原论为此超越提供了理论依据，正是基于对"心性"本体地位的确认，神对人的宗教超越变为生命的自我超越，宗教修为成为回归生命本然的人生审美化过程。基于此，"心性"在成为生命本原的同时，也成为美的本原，心性之美成为中国宗教共同的审美追求。

佛教对"万法唯心"的理解主要表现在两个方面：心摄万法、心造万法。心摄万法，指心含摄、包含着万法产生的种子、可能性。心造万法，指心具有造生万法的功用。心之所以有包含万法的可能性，源于心具有"灵知觉性"，正是心的"觉性"，使"心造万法"成为可能。道教的"心本是道"，把"心"与"道"等同，"心"具有"道"的一切特性与功用，因此也具有"道"通生万物的功能。道教倡导"心生万物"，则源于"道乃万物之母"的道本原说。可见，虽然二教都肯定心性乃宇宙本原，但二者的依据则有不同。同时，佛教的"心造万法"，其实质是心现万法，旨在突显万法性空，指出万法存在的虚幻性。因为万法乃空，所以"心造万法"其实无物可造，"心"并没有生出具有实体性的物来，心所变现的万法，不过是虚幻的存在。佛教修为的全部指归，正是引导众生觉悟"万法皆空，唯心所造"之理，从而获得生命的解脱。道教的"道生万物"则旨在说明万物产生之根源，道作为形而上的本体具有化生万物的功能，宇宙万物皆是实体性的存在。道教的"道生万物"说，旨在阐明万物之本原，以指导修道者返本归源，去妄返真，回归生命之本然，与道冥合，使人生如"道"一样永恒长存，从而实现长生久视的神仙理想。但在具体内容与致思方向上的不同，体现出了二教对宇宙人生的不同理解。

(二) 佛道虚空之美比较

"虚空"是佛道二教对心性基本属性的共同描述，而在对心性"虚空"本性的认识中，佛道二教表现出极大的相似性。

佛教这样描述心性的虚空之性：

> 心体如虚空相似，无有相貌，亦无方所。①
>
> 此心无始以来，不曾生，不曾灭……犹如虚空，无有边际，不可测度。②
>
> 心量犹如虚空，无有边畔，亦无方圆大小，亦非青黄赤白，亦无上下长短，亦无嗔无喜，无是无非，无善无恶，无有头尾。③
>
> 心量广大，犹如虚空。……世界虚空，能含日月星辰，大地河山，一切草木、恶人善人、恶法善法、天堂地狱，尽在空中。④

道教如此描写心性的虚空之性：

> （心）又如虚空广大，无有边际，无所不容，无所不包，有识无情，天盖地载，包而不辨。非动非静，不

---

① 《黄檗断际禅师宛陵录》，《大正藏》卷48，第386页
② 《黄檗山断际禅师传心法要》，《大正藏》卷48，第379页
③ 杨曾文校写：《六祖坛经》，第98页。
④ 杨曾文校写：《六祖坛经》，第30页。

有不无，不即万事，不离万事，有天之清，有地之静，有日月之明，有万物之变化，虚空一如也。①

但此妙心具一切德，寂不可见，名为妙无；动时乘迹，同物有体，心色虽妙，物得见之，故名妙有。②

佛道对心性"虚空"本质特征的描述表现出二者对心性本体的共同认识：（1）心性具有超越时空的无限性与永恒性。"无有边际""无有头尾"体现了这一特性。（2）心性具有无限的包容性。"无所不容，无所不包""能含日月星辰，大地河山，一切草木、恶人善人、恶法善法、天堂地狱，尽在空中"便是对此特性的描述。（3）心性具有超越是非善恶判断的无分别性。"无是无非""无善无恶"具体描述了这一特性，这一特性体现出心性的混沌之美。（4）心性具有不可感知与不可认知的神秘性。"无方圆大小""非青黄赤白""无嗔无喜""不可测度"皆是对心性本体超越感知与理性认知性特点的描述，心性因此表现出一种神秘之美。总之，心性的"虚空"可以从"虚空广大"与"虚无不可见"两方面理解：虚空广大，道出了心性的无限性、包容性与永恒性，心性因此表现出一种空廓之美；虚无不可见，则道出了心性的不可感知与不可认知，心性因此具有无分别性，表现出作为存在本体的神秘之美、混沌之美。

---

① 《盘山栖云王真人语录》，《道藏》第23册，第719页。
② 《道教义枢·法身义》，《道藏》第24册，第806页。

佛道在对心性"虚空"特性的描述中还揭示出心性的本质内涵：心性是"不有不无"的存在。"非有非无""不有不无"是佛教对万法本质——"空"的描述，后期道教没有采用传统道教的"有无统一"来描述心性本体的特点，显然是吸收了佛教遮诠的表述方式，以突显本体的无执封、无对峙的绝对性。佛道皆认为心性本体是空无与妙有的统一体。

《大乘起信论》认为"真如心"有二种义：如实空与如实不空。"如实空"指"一切染法不相应"，"如实不空"指"已显法体空无妄"；"如实空"言心性无染无着、万缘不挂之清净本性，"如实不空"指心性本体有显现万法、生起万法的功用。真心本性乃是清净之空性与缘起万法之"不空"的统一。华严宗继承此论，倡导"性起"说，也主张心性是清净之真空与随缘之妙有的统一体；禅宗更是强调"真空为体，妙有为用"："湛然常寂，应用无方。用而常空，空而常用。"禅宗的"真空"是"菩提本无树，明镜亦非台"的"非有""空"，同时"真空"之性又通过"菩提树"与"明镜台"得以显现，是"非无""幻有"。可见，心性的虚空乃是"真空"之体与"妙有"之用的结合体。"虚空"在佛教并非空无一物，而是真空妙有。这里的"空"指心性万缘不挂、处垢不染的清净——心性因不染不着、清净自然，不被万法所染，所以能保持寂静的空灵之态。可见佛教所言之"不有不无"的虚空是心性清净之空与缘起万法之有的统一，此乃佛教心性的本质内蕴。

道教心性论也认为心性是"妙无"与"妙有"的统一。"但此妙心具一切德，寂不可见，名为妙无；动时乘迹，同物有体，心色虽妙，物得见之，故名妙有。"心性之体空寂不可见，是"妙无"，但又"具一切德"，遍在于物，随物所见，是"妙有"。道教从心性本体的"寂不可见"论"妙无"，显然与佛教不同。道教之"妙无"更多指心性本体之无形、无色、无声、无情、不可认知、不可感受的特点，而非指心性主体随缘不染、万缘不挂的清净状态。道教之"妙有"指心性遍物而在、随物显现的功用，有对传统道家"道遍万物"思想的继承，也有对佛教"万法唯心"的吸收。

尽管佛道二教皆认为心性本体是非有非无的存在，是空无与妙有的统一，但其内涵并非完全一致：佛教以"万法唯心"为基点，其"非有非无"的虚空性体现的是心性随缘任运而又万缘不挂的特性；道教以"心禀道性"为起点，其"不有不无"的虚空性则是对有无统一的形而上本体存在的描绘。佛教"非有非无"的虚空性体现出的是一种透悟万法本质之后的智慧之美，常应常净的清净之美；而道教"不有不无"的虚空性则体现出一种"无状之状，无象之象"的朦胧之美。

然而，不管是佛教还是道教都承认：心性是非有非无的存在，是空寂与妙有的统一体。这便是心性的本质内涵。这一本质内涵既有佛教性空与涅槃妙有思想的影响，也有道教"道无为无不为"思想的痕迹。

（三）佛道心性清净之美比较

"清净"是心性本体又一个基本特征，佛道二教皆认为，作为生命本体的心性具有"清净"的特点。佛教这样描述心性之

"清净"：

> 自性清净，清净者，心之原也。①
> 心性不染，本自圆成。②
> 自性清净常住真心者，不待会色归空，不因断惑成净，自心本净，故云自性清净。此性无始来，乃至尽未来际，有佛无佛，常不灭坏，故云常住心也。③
> 虽复随缘成于染净，而恒不失自性清净，只由不失自性清净，故能随缘成染净也。④
> 非直不动性净，成于染净，亦乃由成染净，方显性净。⑤
> 自性常清净，日月常明，只为云覆盖，上明下暗，不能了见日月星辰。⑥

佛教对"清净"的基本认识为：（1）自性清净。"清净"是心的本原、本性、自性，"清净"是心性本自具有，非后天修养而得。（2）"清净"即万缘不染、处染不垢、随应随净。心性清净指心性具有随缘生起染净诸法而自身保持纯净不染的特性。（3）随缘而

---

① 《最上乘论》，《大正藏》卷47，第377页。
② 《古尊宿语录》卷1，第8页。
③ 《圆觉经大疏抄》，《续藏经》第3册，第257页。
④ 《华严一乘教义分齐章》，《大正藏》卷45，第499页。
⑤ 《华严一乘教义分齐章》，《大正藏》卷45，第487页。
⑥ 杨曾文校写：《六祖坛经》，第27页。

净。自性清净并非寂然不动，而是在随缘生起染净中保持自性的无染无着。心性之净在万法之染中得以显现，万法之染也因心性之净而成染成净。万法之染与心性之净是体用一如、非一非异的。自性清净与随缘染净正体现了心性之非有非无、非空非不空的本质内涵。（4）心性清净如日月常明。清净又使心性具有了光明的特征。光明便能普照万物，使宇宙生命之本然得以敞现。

道教这样描述心性之"清净"：

> 心安而虚，便是清静，清静便是道也。①
> 有内外清净，内清净者，心不起杂念；外清净者，诸尘不染著，为清净也。②
> 那无心无念，不著一物，澄澄湛湛，似月当空。③
> 心上自清静，清静生无为，无为自然合于大道矣。④

道教对"清净"的基本认识为：（1）"清净"的含义：万缘不染，无念无相，内外不著。（2）"清净"的特点："澄澄湛湛，似月当空。"即澄明湛然，纯净无垢，具有光明、纯净的特点。（3）"清净"是心性本自具有，是心性的自然本性，因此，"清净"又与"自然无为"的道性同一。可见，后期道教对心性"清净"

---

① 《盘山栖云王真人语录》，《道藏》第23册，第719页。
② 《重阳真人授丹阳二十四诀》，《道藏》第25册，第807页。
③ 《马丹阳真人直言》，《群仙要语撰集》卷下，《道藏》第32册，第458页。
④ 《清和真人北游语录》，《道藏》第33册，第164页。

的认识既有佛教的"万缘不染"之义,又有传统道教"自然无为"之义。无念无相,万缘不染的"清净"是心性的自然本性,或者说心性的自然本性乃是"清净",如此便把传统道教的自然无为与佛教的"清净"结合起来。自然无为的结果是"无为而无不为","清净"的心性也拥有随缘化生万物的功用,所以道教言"无为自然合于大道"。清净的心性体现了道自然无为而无不为的本性。

综上所述,佛道二教心性论皆把人之"心性"置于宇宙人生本体的地位。同时,皆从"真空"与"妙有"阐释其本质内涵,从"虚空"与"清净"描述其本体特征。尽管在具体的内涵方面二教有一定差异,但在对心性本体的总体认识上却呈现出更多的相似性与一致性。这种相似与一致,体现出的是中国宗教哲学的共同性,以及中国宗教美学追求的一致性。二教皆把世界的本原归于"心性",体现出中国宗教对生命本质的重视,以及从生命本身寻求超越与解脱的价值追求。二教对心性之美的共同追求体现出中国宗教对生命之美的共同追求。这种美,不管是般若性空的智慧之美,还是清净无为的自然之美,不管是廓大永恒的虚空之美,还是非有非无的玄妙之美,不管是纯净澄明的清净之美,还是明净湛然的光明之美,都是生命之美不同侧面、不同层面的具体展现。正是在心性之美上,生命展现出其无限的丰富性。而在佛道二教对心性之美的共同追求中,我们可以窥见中国宗教显著的人生审美化特征。

第二章 悲智双运与性命双修
——佛道审美修养论

宗教不同于哲学之处在于：宗教不是悬置一个崇高的理念并在认知的思辨中理解这一理念，宗教更为重视的是用身心去体证所信仰的对象，在与信仰对象的一体化体验中，获得生命的超越与升华。因此，宗教修为活动历来是各种宗教中最为重要的一部分，也是内容最为庞杂的一部分。

中国古代美学是生命美学，中国宗教美学也不例外。中国佛道二教最后皆以"心性"为宇宙生命之本原、宗教信仰之鹄的。佛道的宗教实践活动同时也是一种人生的修养活动，宗教超越成为人的一种内在生命超越，即人对自我感官欲求、实用功利的现实生命境遇的超越。佛道二教的宗教修为活动以回归生命本真、寻求安身立命、获得生命意义、实现生命的解脱为指归，其实质乃是一种人生的审美化过程。如此，宗教修养与人生修养融为一体，宗教修养的途径与方法同时也是审美人生修养的途径与方法，佛道宗教实践活动的内容同时也是佛道人生审美修养论的内容。

第一节　悲智双运：佛教审美修养论

佛教的实践活动是以众生超越生死轮回，获得生命解脱为指归的宗教修行活动。佛教的修行概括起来有三个层面：戒、定、慧。方立天认为："戒、定、慧是佛教实践的三大纲领"，"佛教的一切法门都是戒定慧的具体展开，都摄于戒定慧范畴之内"。[①] 可见，佛教的所有修行活动皆可以戒定慧概括之。

戒，禁止，是对佛教信徒身口意三业的戒条，即对丑恶的言行意的禁止。戒，在很大程度上，是对人本能欲望的禁止与控制，如对舒适物质生活享受的否定，对感官欲求的否定，对行居坐卧华丽环境的否定，对声色的否定，等等。在对世俗之美的否定中，佛教展现出其独特的审美价值观。同时，在佛教的整个修养系统中，戒又是一切修行的基础。如果说佛教修养的过程也是人生的审美化过程，那么，戒则是佛教审美修养的起点，其对人的生物本能欲望的超越，正是审美人生的开始。

定，息心凝虑，心注一境。在中国佛教中，定常与禅连用，称禅定，禅定既是一种宁静专注、毫无杂念的精神状态，又是一种收敛思虑、止息杂念的修行功夫。就人生审美修养而言，"定"指一种静定、纯净的审美心境、审美心胸。审美心境是审美活动的前提，审美心胸是审美人生的重要组成部分。

[①] 方立天：《中国佛教哲学要义》（下），第 675 页。

慧，智慧，这里指佛的智慧，称般若智慧，即能透识真如实相的智慧。就人生审美修养而言，指一种能直透生命本质的智慧。它既指修养主体具有的一种认知能力，又指佛教特有的一种透识万物真理的认知方式。

律宗创始人道宣言："戒本防非，谅符身口；定惟静乱，诚约心源；慧取闲邪，信明殄惑。"①可见，戒，防非止恶，重在治身；定，凝虑除乱，重在静心；慧，消除妄惑，重在证真。在佛教的整个修行实践中，戒定慧各有侧重，但三者又有机结合，互为因果。慧资于定，定资于戒，慧以定为条件，定以戒为基础。由戒生定，由定生慧，修行从治身开始，禁止丑恶言行，戒除杂念妄念，才能促使心灵安宁，至于静定，而在静定的心境中，才能产生般若智慧，证悟真如实相。可见，治身才能治心，治心才能开慧，从而心道冥合，进入涅槃，获得解脱。戒、定、慧各自有各自修养的内容与方法、价值与功用，而三者又步步相因、层层递进，构成了系统的佛教修行体系。在这个修行体系中，定慧是佛教不同于其他宗教的独特的修行方式，是佛教修行体系的主要内容。戒，是为定慧服务、为定慧做准备的，定慧是中国佛教修行的主要内容。在中国佛教中，常常是定慧双修，定慧并提。定慧虽然是修行的两个层级，然而在实际的修行中则往往难以分辨。定慧皆属于心理认知范畴，以定慧为主体的佛教修养论表明：中国佛教修养论更多是一种体验论。因此有学者指出，中国佛教哲

---

① 《明律篇·总论》，《续高僧传》卷22，《大正藏》卷50，第620页。

学是体验哲学,佛教美学是体验美学。下面我们将从戒、定、慧三个方面论述佛教的审美修养论,而以定慧作为论述的重点,以突出佛教审美修养论的特色。

戒、定、慧三学构成了佛教修养论,也构成了佛教审美修养论。戒学,止恶扬善,重在功德,重在宗教践行,构成了佛教审美道德论;定慧之学,息心照慧,重在圣智,重在宗教觉知,构成了佛教审美认识论。中国佛教的审美修养,是功德修养与智慧修养的结合,是功行与智慧的统一。佛教审美修养论是功德之学与智慧之学的统一。

一 戒:生命的超越

戒,重在止恶行善。"诸恶莫作,诸善奉行,自净其意,是诸佛教。"① 此乃戒学的主要内容与宗旨。方立天认为戒学属于佛教伦理学。戒学正是通过止恶行善的功德修行来获得生命解脱的。

美,有两个层面的内涵。一为形式之美,指源于纯粹形式的感官与精神的愉悦感,如艺术之美、自然之美,等等。一为道德之美。"美也是一种善,其所以引起快感正因为它是善。"② "美是道德观念的象征。"③ 可见,由善引起的愉悦感,也是一种美感。

---

① 《法句经》,《大正藏》卷4,第567页。
② 北京大学哲学系美学教研室编:《西方美学家论美和美感》,商务印书馆1982年版,第41页。
③ 朱光潜:《西方美学史》(下),人民出版社1984年版,第375页。

钱穆先生曾说:"中国人论美在德不在色"①,以善为美,以德为美,是中国古典美学的重要特征。佛教美学也不例外,作为佛教伦理学的戒学,正是在这个意义上,成为佛教美学的重要内容。"持戒恒端严,破戒常丑陋"②,佛教以持戒为美,破戒为丑。"救拔一切苦恼众生,令得涅槃第一义乐!"③帮助众生拔出苦恼的慈悲是最高意义上的快乐,也是最高层面的美。可见,中国佛教认为,止恶行善乃是人生的大快乐,也是人生之大美。正是在美即善、美即德的意义上,止恶扬善的"戒"成为一种美。

(一) 戒的内涵

我们把"戒"放到整个佛教修行体系之中观察,由戒、定、慧构成的佛教修行体系,乃是以"戒"为修行的基础。而这一修行体系又以众生超越人生之苦而获得生命的解脱、生命的自由愉悦为宗旨。修行的过程,也是自我生命不断超越的过程,这种超越既是宗教的超越——因为它以涅槃境界为目的,又是审美的超越——因为,在空寂的涅槃境界背后,是自由、欢娱的人生境界,这是一种审美的人生境界。而戒,则是通向这一审美人生境界的第一步,因此慧皎说:"入道即以戒律为本。"④

佛教常见的戒法有五戒、八戒、十善,皆是针对人之身、口、

---

① 钱穆:《现代中国学术论衡》,生活·读书·新知三联书店2012年版,第272页。
② 《天请问经》,《大正藏》卷15,第124页。
③ 《大乘起信论》,《大正藏》卷32,第582页。
④ 《释僧祐十三》,《高僧传》卷11,《大正藏》卷50,第403页。

意三业所造之恶而提出的戒条。五戒、八戒重在身戒,重在祛除行为所造之恶。十善,在五戒基础上,丰富了口戒与意戒的内容,是对身、口、意三业之恶的全面禁止。基于善恶不二的原则,中国佛教更是强调止恶与行善并行不悖,把"戒"看成"止恶"与"行善"的统一体。隋代,天台宗创始人智𫖮把"戒"分为"止善"与"行善":"十善有二种:一止,二行。止则但止前恶,不恼于他。行则修行胜德,利安一切。"① "止善"义为止恶之善,佛教认为停止以前之恶也是一种善;"行善"义为修德利安。唐代,律宗创始人道宣把戒归纳为两类:止持与作持。止持,指禁止作恶的戒法,目的是"禁防身口,不造诸恶";作持,指随所受之戒而行持之善法,目的在于"造作众善"②。止持与止善同,作持与行善同。《法句经》把戒法总结为:"诸恶莫作,诸善奉行。"③ 此乃"戒"的根本法则。止持、止善乃是要"诸恶莫作",作持、行善乃是要"诸善奉行"。并且佛教认为,止恶与行善是一体两面的——善恶不二,止恶即是行善,行善自然能够止恶。因此天台宗把"止恶"称为"止善"(止恶之善),认为止善与行善其实皆是"善",二者是相即不相离的。在《法界次第初门》中,智𫖮这样诠释"十善":

　　一不杀生,即是止善。止前杀生之恶行。善者当行

---

① 《法界次第初门》,《大正藏》卷46,第669页。
② 《四分律删繁补阙行事钞》,《大正藏》卷40,第91页。
③ 《法句经》,《大正藏》卷4,第567页。

放生之善也。

二不偷盗,即是止善。止前盗他财物之恶行。善者当行布施之善。

三不邪淫,即是止善。止前于非妻妾淫欲之恶行。善者当行恭敬之善。

四不妄语,即是止善。止前虚言诳他之恶行。善者当行实语之善也。

五不两舌,即是止善。止前构斗两边之恶行。善者当行和合之善。

六不恶口,即是止善。止前恶言加人之恶行。善者当行软语之善。

七不绮语,即是止善。止前绮侧乖理之恶语行。善者当行有义语饶益之善。

八不贪欲,即是止善。止前引取无厌之恶行。善者当行不净观。观诸六尘皆欺诳不净之观行善。

九不嗔恚,即是止善。止前忿怒之恶行。善者当行慈忍之善。

十不邪见,即是止善。止前拨正因果僻信邪心之恶行。善者当行正信归心正道生智慧之善心。①

智𫖮从止善与行善两方面来谈戒法。止杀生与行放生,止偷

---

① 《法界次第初门》,《大正藏》卷46,第670页。

盗与行布施，止邪淫与行恭敬，止妄语与行实语，等等，皆并行不悖，并且戒法中的行善，皆是随所受之戒而行相应的善业。而这正是中国佛教善恶不二、是非一体的无分别、无差异平等原则的体现。同时，从智𫖮的止善与行善一体说中，我们还看到："戒"的实质是"善"，"止"与"行"皆是修善的法门，戒是止恶与行善的统一。由此，我们也认识到：佛教戒法体现出的是佛教以善为美、以德为美的审美观。

（二）戒的美学意义

佛教以善为美的戒法在审美修养论上的意义体现在：

1. 止恶行善，开启审美人生

佛教认为，恶不外乎身口意三业所造，表现在人的言行与思想之中，而言行的恶又由贪欲、邪见所造。因此，破贪欲、嗔恚、邪见乃是戒法的根本。偷盗、邪淫、饮酒、皆是贪欲的结果，嗔恚则是妄语、两舌、恶口、绮语之源头，归根结底，戒的根本在戒除人的欲望。这里的欲望指人作为生物的本能欲求，包括情爱之欲、声色之欲、占有之欲等，佛教称之为恶，认为它们是造成人生痛苦的原因，因此也是丑。对这些生物本能欲望的克服，便是戒之本，也是善之源。对欲望的破除，是戒除丑恶言行的根本，也是走向善美人生的开始。审美人生的特征之一便是对人的生物性的超越，包括对人的生物本能欲求、生理快感的超越。尽管生理快感是审美快感的基础与前提，但真正的审美必须超越生理快感，融入理性的内容。止恶行善的"戒"以超越人的生物欲求为本，自然开启了人生的审美化进程，为进一步的人生修养打下了基础。

2. 慈悲为怀，博爱中的修行

前面已经论述，戒是止恶与行善的统一。止恶侧重修己，行善侧重度人，而佛教戒法讲究止恶与行善并行不悖——止杀与放生、止盗与布施、止构斗与行和合、止忿怒与行慈忍皆是并行不悖的。在止杀、放生、布施、和合、慈忍中隐藏着的是佛教对生命的尊重与爱护，对他者的关怀与同情。这便是佛教戒法中的慈悲之情。佛教戒法的本质是善，而善则具体表现为行为的慈悲原则。《大智度论》言："大慈与一切众生乐，大悲拔一切众生苦。"① 给予众生快乐，帮助众生脱离痛苦，是佛教的根本原则。"慈悲是佛道之根本"，"一切佛法中慈悲为大"②，在佛教的功德修行中慈悲处于核心地位。慈悲乃是一种博爱的人文情怀，也是善的集中体现。尽管佛教的大慈大悲以"早入涅槃"的宗教境界为指归，但是其对一切生命的关爱与同情、尊重与珍爱，为佛教修行活动打上了浓厚的人道主义烙印。以善为美，也是以爱为美，以生命为美。爱与生命始终是美的核心内容，这种以一切苍生苦乐为己任的爱，这种尊重与珍视一切生命的爱，乃是一种崇高而博大的爱，也是一种至高的善美、崇高的德美。

3. 自净其身，善中有慧

前面反复强调，佛教把戒法分为止恶与行善两种，在此基础

---

① 《大智度论》，《大正藏》卷25，第256页。
② 《大智度论》，《大正藏》卷25，第256页。

上，佛教又从修行的层次，把戒法分为两种：有漏善与无漏善。"诸恶莫作，诸善奉行"的止恶行善法属于有漏善。漏，即烦恼。有漏善，即还留有烦恼的善。行此种善时，修行之人有是非之分、善恶之别，如此便会有执取之心，有执取便会有烦恼，因此有漏善是不能做到彻底清净的。所以，佛教又提出"自净其意"的"无漏善"，以消除内心的无明烦恼。佛教认为恶念、欲望产生的根本乃是心的无明，即内心不能看清事物的真相、本质。因此，除去内心的无明、妄念，消除善恶分别，达到物我一体才能从根本上消除烦恼。"无漏善"，是没有烦恼的善，也是最根本的善，是戒追求的最高境界。无漏善不是靠功行，而是靠智慧获取的。可见，佛教戒法中仍然包含着慧法，功行中包含着智慧。以善为美的戒法内含着对智慧之美的追求。这体现了佛教人生审美修养论的特点：德中有慧，善中有智；德慧双修，悲智双运。

总之，佛教的"戒"作为宗教修行的起点，也是审美人生修养的起点。佛教的戒法以止恶行善为主要内容和宗旨，以慈悲为最高原则，以止恶——破除自我的丑恶言行与思想为基础，以慈悲——救助众生、施德行善为主体，体现出以德为美、以善为美的宗教伦理美学的特点。同时，有漏善与无漏善的划分，又使慧学渗入以功德修行为主的戒学，体现出佛教美学德慧双修的特点。

二 定：生命的沉静

戒是佛教修行的起点，也是佛教审美人生修养的开始；定则是佛教修行的核心,也是佛教审美人生修养的关键。戒生定,戒对人的言行意的规范,对人欲望的消除正是为了息除妄念,收拾散乱之心,专注一境,进入禅定的心境。定,是由外在行为规范进入内在心性修炼的关键,定然后才能生慧,定是由戒到慧的中间环节,也是必经环节。

中国佛教从一开始便主张定慧双修,但相对而言,早期佛教比较关注定学,隋唐之后,慧学成为重点,直至禅宗兴盛,更有以慧学替代定学之倾向。以鸠摩罗什所译《坐禅三昧经》为代表的早期佛教,提出了止邪心息妄念的五种禅定之法,称为"五停心观",包括:不净观、慈心观、因缘观、数息观、念佛观。五停心观主张以不净观止贪欲,以慈心观息嗔恚,以因缘观离愚痴,以数息观治乱心,以念佛观对治恶障。可见,五停心观重点在探究治乱心、止邪念的禅定功夫。佛陀跋陀罗所译《修行方便禅经》把禅修分为四个阶段——退、住、升进、决定,前两阶段偏重于修止得定,后两阶段偏重于修观得慧。虽然如此,该书三分之二的内容都在介绍数息观与不净观,可见其对止息乱心、息心静虑的定功的重视。东晋后期佛教领袖慧远认为定慧是修行之根本,二者相辅相成、不即不离,不可偏废;同时也指出"若乃将入其门,机在摄会"[①],强调摄心凝虑的定功乃是禅修的入门功夫。天台宗修行以止观为核心,主张止观双行、定慧双修,从慧文的"一心三观"至智𫖮"一念三千""三谛圆融",皆强调心观与观心,

---

① 《庐山出修行方便禅经统序》,《出三藏记集》卷9,《大正藏》第55卷,第65页。

强调从假、空、中三观来观照万法之本性,在止观、定慧双修之中,更偏向于慧学。至于禅宗,禅宗初祖菩提达摩提倡"以壁观教人安心"①的安心法门,重视禅修中的定法。四祖道信也十分重视坐禅、念佛与守心的入定功夫,强调"念佛即是念心"②,主张坐禅观心、"守一不移"的禅定之法。五祖弘忍提倡"守心第一"③,偏重慧功。弘忍之后形成南北二宗,二者虽然都以"悟"为指归,但相比较而言,北宗神秀主张渐修渐悟,强调"息心看净""息想""摄心"的禅定修养,南宗慧能主张顿悟渐修,偏重"若识本心即是解脱"④的慧功。慧能提出"若欲修行,在家亦得,不由在寺",提倡在生活中修行,不必拘泥于念佛、坐禅等禅定形式,只要心不散乱,行住坐卧皆是修行。对固定的禅定方式的消解,其实在一定程度上也是对定功的消解。定功融入慧功,凸显出"以定代慧"的禅修倾向,而后期禅宗的发展,在慧能"以慧代定"基础上越走越远,慧学几乎成为整个禅修的中心。

由以上分析可知,中国佛教很难有严格意义上的定学,定往往与慧并论。宗密把定慧通称为禅。⑤ 禅,义为思维修,主要方式是静虑、冥想,主要指心理精神方面的修行。禅修往往是定慧

---

① 《禅源诸诠集都序》,《大正藏》卷48,第402页。
② 《楞伽师资记》,《大正藏》卷85,第1286页。
③ 《最上乘论》,《大正藏》卷48,第377页。
④ 《南宗顿教最上大乘摩诃般若波罗蜜经六祖惠能大师于韶州大梵寺施法坛经》,《大正藏》卷48,第338页。
⑤ 《禅源诸诠集都序》:"禅是天竺之语,具云禅那,中华翻为思维修,亦名静虑,皆定慧之通称也。"《大正藏》卷48,第399页。

修行的统一。这里为了对开慧之前的禅定功夫有个比较详细的了解，特此分开论述。此节重在论定慧之"定"，下节重在论定慧之"慧"。

（一）定的内涵及其发展

定，梵语为 Samādhi，音译为三摩地、三昧。定，指心凝神聚的心理状态。定常常与禅连用，合称禅定。禅定，指通过静虑冥想、静坐默念等方法使散乱的心专注一境，进入静定状态。禅是修行方法，定是修禅的结果。禅定既指一种凝神静虑的修行过程与方法，又指一种息心静虑的心理状态。禅定之意义与目的乃在开慧，由定生慧，是禅定的价值所在。以下从定的心境与定的功夫两个层面分析禅定的意义，重点分析作为修行功夫的禅定。

其一，定是一种空寂静定的心境。智𫖮提出"法性寂然名止，寂而常照名观"①，其中的止观与定慧相同。止，即定，是"法性寂然"，即万法本性的空寂状态，也指心性之空寂。这里从本体论角度，把"止"（定）界定为一种空寂的本性，也就是说，真心本性原本空寂、静定。从修养论角度看，"止"（定）则为禅修过程中心的一种静定、空寂状态。"心不乱为定。""若见诸境心不乱者，是真定也。"②"定"是一种不被外境所动的静定的心理状态。当心修行至静定状态时，攀缘之心、驰骛之心、情欲之心、是非之心

---

① 《摩诃止观》，《大正藏》卷46，第1页。
② 《六祖大师法宝坛经》，《大正藏》卷48，第353页。

皆被息灭，也就是妄念除尽。而妄念邪心除尽之时，也是真心本性显现之时，正如道信所言："如其寂灭，则圣心显矣。"此时，所修之心与能修之心，空寂之性与静定之心，在"定"中得以冥合。定，是一种修行主体与本觉真性冥合一体的心灵状态。

其二，定是一种修行功夫。作为修行功夫的定总是与慧密切相连，构成禅修不可分割的两个部分。佛教经典对此多有论述：

> 夫三业之兴，以禅智为宗。……禅非智无以穷其寂，智非禅无以深其照。……是故洗心静乱者，以之研虑，悟微（彻）入微者，以之穷神也；若乃将入其门，机在摄会。①

慧远指出禅智是修行的根本，在修行之中，禅定与智慧是相互推动的，智慧使禅定至于空寂，禅定又使智慧的观照更为深远，二者相辅相成，不即不离。但二者在整个禅修过程中的功用则不同：定功侧重于洗心，使散乱的心宁静专注，以磨炼思虑；慧功重在领悟，而至于精神的最高境界。然而慧远认为，对于入门者，紧要的还是摄心凝虑的定功。

> 若夫泥洹之法，入乃多途，论其急要，不出止观二法。所以然者，止乃伏结之初门，观是断惑之正要。止则爱养心识之善资，观则策发神解之妙术。止是禅定之

---

① 《庐山出修行方便禅经统序》，《出三藏记集》卷9，《大正藏》第55卷，第65页。

胜因，观是智慧之由藉。若人成就定慧二法，斯乃自利利，人法皆具足。①

智𫖮认为止观是入涅槃之要法。止观即定慧二法，止在定心，观在生慧。止是消除烦恼、远离邪心、滋养心识的修行方法，观是断灭妄念、激发智解的修行妙术。止是禅定的缘由，观是开启智慧的凭借。智𫖮的论述从另一个侧面也指出了定慧在修行中的不同功能：定重在静心、专心，使心远离妄念邪心，消除烦恼，回归本性；慧重在开悟，使修行者拥有一双洞察万法本质的慧眼。

宗密对禅定的重要作用做了更为详细的阐述：

禅是天竺之语，具云禅那，中华翻为思维修，亦名静虑，皆定慧之通称也。源者，是一切众生本觉真性，亦名佛性，亦名心地。悟之名慧，修之名定，定慧通称为禅那。此性是禅之本源，故云禅源，亦名禅那。……今时有但目真性为禅者，是不达理行之旨，又不辨华竺之音也。然亦非离真性别有禅体。但众生迷真合尘，即名散乱；背尘合真，方名禅定。……然禅定一行最为神妙，能引发性上无漏智慧，一切妙用，万德万行，乃至神通光明，皆从定发。②

---

① 《修习止观坐禅法要》，《大正藏》卷46，第462页。
② 《禅源诸诠集都序》，《大正藏》卷48，第399页。

宗密此段话，对定与慧的关系以及各自的侧重点，做了比较明确的说明。定与慧是修心的两种功夫，都指向对本性真心的冥合与契入。"悟之名慧，修之名定。"慧侧重于"悟"，注重从直觉认知角度，体会本觉真性；定则侧重于"修"，从修行功夫契入本觉真性。宗密认为众生本有真性，但由于众生迷失于幻象而失去了真理，心处于散乱状态，只有脱离尘俗、远离妄念，方能与真理冥合。这种指向真理、远离妄念、静心息虑的修行功夫就叫"禅定"。禅定具有神妙的作用，它能够开启般若智慧。可见，禅定在禅修中具有奠基作用。

作为修养功夫的定功主要有哪些功法？

魏晋时期，比较流行数息法与念佛观，鸠摩罗什与佛陀跋陀罗都非常重视这两种定法，鸠摩罗什把它们列入了五停心观，佛陀跋陀罗所译《修行方便禅经》花了大量的篇幅介绍这两种定法。数息法主要是通过细数呼吸的次数来收拾乱心、宁心息虑；念佛观主要是通过口念佛的名字，或观想佛的相好、功德来对治身口意三业所造之恶障，从而获得身心的安宁与安乐。

天台宗提出观心法：

> 但自观己心则为易……上定者谓佛性也，能观心性名为上定。①

---

① 《妙法莲华经玄义》，《大正藏》卷33，第696页。

智颉把"观心"作为最高的定法。观心即通过观照自我的真心本性，洞察真心之空寂本觉之性，使空寂本觉的心性得以显现，此时，所观之心与能观之心冥合为一。通过观心而入定，智颉认为此乃"上定"之法。当然，此定法中融入了慧法，因为，观心需要有洞悉法性本质的慧眼。定慧之法在禅修中常常互摄互融、相互渗透。这里，智颉把融入慧法的禅定认为是"上定"，表明其止观双行、定慧双修的一贯主张。

禅宗初祖菩提达摩提出壁观：

> 达摩以壁观教人安心，外止诸缘，内心无喘，心如墙壁。可以入道，岂不正是坐禅之法？①

壁观是一种坐禅的定法，把心练得如墙壁般坚固，以制止外缘进入内心，扰乱心境。

禅宗四祖道信在《入道安心要方便法门》中详细描述了坐禅观心的修炼过程：

> 初学坐禅看心，独坐一处，先端身正坐，宽衣解带，放身纵体，自按摩七八翻，令腹中嗌气出尽，即滔然得性，清虚恬静。身心调适，能安心神，则窈窈冥冥，气息清冷，徐徐敛心，神道清利，心地明净。观察分明，

---

① 《禅源诸诠集都序》，《大正藏》卷48，第403页。

内外空净，即心性寂灭；如其寂灭，则圣心显矣。①

这里详细地描述了调适身心、安定心神以至心地明净，从而观照心空寂本性的过程。这一过程便是由定生慧、与道冥合的过程。在这段描述中道信尤其突出了禅定功夫安心宁神、清净的特点。

除此之外，道信还提出"守一不移"的定功法则：

> 守一不移者，以此空净眼注意看一物，无问昼夜时，专精常不动。其心欲驰散，急手还摄来。如绳系鸟足，欲飞还掣取。终日看不已，泯然心自定。②

心性修炼不是一朝一夕的事，而是长期专注守心的结果。它需要修行者长期不懈的努力，用空净慧眼关注一物，不舍昼夜，不使心有半点飞驰散乱。长此以往，心自然会静定下来，这便是"守一不移"的定功。这段话重点描述了如何摄心，使驰骛、散乱的心专注一境的修炼过程，强调"守一不移"的禅定功夫的不易，需要有强烈的意志力才能修成。此处侧重于描述定功，却以"空净眼"观物，意味着禅定功夫以慧眼为前提，有慧眼才能观心之空寂，促成定的完成。正如慧远所言，"禅非智无以穷其寂"，没有般若智慧，禅定无法抵达空寂之境。

---

① 《楞伽师资记》，《大正藏》卷85，第1286页。
② 《楞伽师资记》，《大正藏》卷85，第1287页。

北宗神秀一系重视"拂尘看净"的禅定功夫:

> 尔其开法大略,则慧念以息想,极力以摄心,其入也品均凡圣,其到也行无前后。趣定之前,万缘尽闭;发慧之后,一切皆如。①

拂尘者,即彼本偈云"时时须拂拭,莫遣有尘埃"是也。神秀主张定慧双修,但与南宗相比,他非常注重息想、摄心、拂尘、息灭妄念等禅定功夫。他主张发慧念以息心禅定为目的,换句话说,他把"慧念"作为修习禅定的方法。又说"息灭妄念,念尽即本性圆明",认为妄念息灭、浮尘除尽,圆明之本性才能敞现,而息心灭妄的禅定功夫是圆明真性显现的前提条件。可见,神秀在定慧双修中,对禅定功夫十分重视。

而南宗慧能则这样看待禅定:

> 何名禅定?外离相为禅,内不乱为定。外若着相,内心即乱。外若离相,心即不乱。本性自净自定,只为见境思境即乱,若见诸境心不乱者,是真定也。②

慧能认为,真正的定就是"见诸境心不乱"的静定境界,而

---

① 张说:《唐玉泉寺大通禅师碑铭并序》,《全唐文》第 3 部,第 131 页。
② 《六祖大师法宝坛经》,《大正藏》卷 48,第 353 页。

要达到这一境界,则需要"离相","外于一切善恶境界,心念不起",不为纷繁的外相所迷惑而生分别执取之心。而这一切必须建立在智慧之上,所以定中有慧,无慧便不能定。方立天认为,慧能主张"定慧等"①,"实质上,这是否定了由定发慧,是以慧代定,突出了智慧在修持中的决定作用"②。传统佛教讲究以定生慧,禅宗则主张定慧无先后,二者互融互摄,定中有慧,慧中有定。慧能还认为:"外于一切善恶境界,心念不起,名为坐。内见自性不动,名为禅"③,反对固定的修禅方式,强调坐禅的静定结果,只要能入定,即于"一切善恶境界","心念不起","自性不动",行住坐卧皆是修行。

纵观禅定作为一种修行功夫在中国佛教中的发展,我们发现:(1)"定"表现出两个特点:安静与专一。静与动相对,专一与纷乱相对,因此禅定的功夫就表现在两方面:一方面对治驰骛之心,使心安宁、静定;一方面对治散乱之心,使之专注一境。因此,息心止念、摄心敛心成为禅定的主要法门,统称为息心凝虑,壁观、坐禅、念佛、数息皆是息心凝虑的具体方法。当然,二者又相辅相成,息心静心能为专心、凝虑提供条件,而专心凝虑又能促进心的安宁、静定。(2)定功有一个内涵变化:从"极力以摄心"到"任运随缘"。中国早期佛教不管是数息、念佛还是壁观、坐禅,

---

① 《六祖大师法宝坛经》:"定慧一体,不是二。定是慧体,慧是定用,即慧之时定在慧,即定之时慧在定。若识此义,即是定慧等学。"《大正藏》卷48,第353页。
② 方立天:《中国佛教哲学要义》(下),第770页。
③ 《六祖大师法宝坛经》,《大正藏》卷48,第353页。

都非常讲究用功,强调宗教修行中人的意志力的作用。而慧能提倡行住坐卧皆是修行,则把宗教修行融入日常生活,或者说把日常生活纳入宗教修行。"随缘任运"的修行法则,强调修行的关键在于破除执着。(3)中国佛教修行总是强调定慧双修、定慧不离。而在定慧关系中,早期佛教强调先修定再开慧的修行程序。但中后期佛教则认为定慧一体,并且定中有慧,慧中有定,定慧互融互摄,互为因果,因此,定慧的修行便没有先后之分。"智非禅无以深其照"是以定助慧;"慧念以息想""禅非智无以穷其寂"是以慧助定;"观心者为上定""见诸境心不乱"则是以慧释定,定慧等同。

(二)禅定的美学意义

禅定是一种禅修的心境,也是一种修行的过程与途径。如果从佛教的宗教修行与人生审美化修养的一体化视角看,禅定也是一种审美的心境,一种人生审美化的过程与途径。禅定的人生审美意义如下:

1. 审美化的人生境界

从前面论述可知,中国佛教认为,定既是修行者经过禅修而达到的一种静定的心灵状态,又是真心空寂本性的显现。道信言"如其寂灭,则圣心显矣"[①],心入定之时也是空寂之心性显现之时。在定中,心性本体与修行主体契合为一,所修之心与能修之

---

① 《楞伽师资记》,《大正藏》卷85,第1286页。

心冥合为一。因此,作为心灵状态的定其实质是一种与道合一、能所俱冥的境界,这一人生境界是无目的而合目的的,因此也是一种审美化的人生境界。

2. 审美化的人生修养过程

禅定的过程乃是息心凝虑的过程,息心即是息灭攀缘之心、驰骛之心、情欲之心、是非之心,这一过程也是修行者对人的本能欲求、功利追求、分别意识的自我超越过程。而摄心凝虑则使心专注一境,以便开启智慧,透视宇宙及生命本质。息心凝虑的禅定功夫表现出的是对人的生物本能、实用功利、理性生命的超越,这种超越是一种生命的去蔽,同时也是生命本然的敞现与回归。这种去蔽与敞现、超越与回归,即是一种审美化的人生过程。

与此同时,中国佛教的禅定修行方式还表现出从严格固定的修行方式向自由修行方式的转化。早期中国佛教非常注重具体的修行方式,如数息、坐禅、念佛、壁观等,都有严格的内容与程序,佛教希望借助这些具体的方式帮助众生进入禅定境界。中国佛教发展到后期,尤其是慧能提倡行住坐卧皆是修行之后,宗教独特的修行方式逐渐被消解,宗教修行逐渐转变成为一种随缘任运的生活方式。这种转变一方面意味着"修行即生活":禅修不在生活之外,它就在生活之中,是一种无目的而合目的的生活态度与生活方式。另一方面又意味着"生活即修行":日常生活不再是无意义的活动,而是一种体证本真、证悟佛性的修行活动,从而使日常生活意义化、审美化。因此,有人认为,禅修是一种生活方式,一种自然而自由的审美化的人生方式。这种禅定方式的转变增强了中国佛教人生审美化的特质。

3. 一切禅定功夫都指向静定的心境

不管是摄心凝虑,还是息邪止妄,不管是坐禅、念佛,还是壁观,禅定的功夫都指向心的安宁、静定,指向空寂、清净的本心。由此可见,禅定的过程其实是一种回归本心真性的过程,一种迷途返本的过程,也是一种无限接近真理的过程。因此,禅定的过程也是人生的审美化过程。

三 慧:生命本真的敞现

定慧为佛教修行之主要内容,定慧之学构成了佛教禅修的全部内容,禅修即思维修,关注精神修行是佛教修行的主要特点。尽管中国佛教一贯主张禅修要定慧双修,止观双行,不能偏废,但入定乃是为了开慧,定的修持皆指向发慧,只有开启般若智慧,才能使空寂圆明的本觉真性得以敞现。佛者,觉也。佛的世界即觉悟的世界,亦即智慧的世界。慧,是通向涅槃佛界的关键。禅宗五祖弘忍曰:"此守心者,乃是涅槃之根本,入道之要门。"这里的"守心"指"识身心本来清净,不生不灭,无有分别"[①]的慧功。可见,开慧乃是修行者入涅槃而得解脱的根本,是修行者与佛道冥合为一的紧要法门。那么什么是慧,又如何能开慧?

慧,即般若智慧。从本体论看,慧是本体之心所具有的灵知

---

① 《最上乘论》,《大正藏》卷48,第377页。

觉性。从修养论看,慧是一种修养境界,也是一种修行功夫。就修养功夫言,慧是指洞察、透识真如实相的能力和认知方式,僧肇称之为"无知之知",又称真智、圣智。

> 夫有所知则有所不知,以圣心无知,故无所不知。不知之知,乃曰一切知。①

因为纷繁复杂的现象是不可穷尽的,对现象做分别认知,则必然有所知有所不知。圣人"无知",不对现象做分别认识,所以无所不知,这便是不知之知,是一切知,即把握一切现象本质的智慧。僧肇之言,道出了慧的内涵:慧是"无知"与"知"的统一。

无知,指在表现形态上,慧并不表现出对种种现象做分别认知,无知中的"知",指分别智,是针对个别现象的理性认识。僧肇称之为"惑取之知",即执取妄惑的智慧,僧肇认为:这样的认识执着于虚妄的现象,无法体认本质,不是真正的智慧;同时,分别智不能穷尽一切现象,有局限、有执封,因此不能透识一切现象的共同本质。"无知"是对分别智的否定,也是对分别智的超越。这种对理性分别智的超越,也是对个体性、特殊性认识的超越,对现象认知的超越,这种超越直接指向对一切现象本质的透识。因此,从本质上看,"无知"乃是无所不知,是一切知,是真正的大智慧。"无知"乃是一种大知,这便是"无知之知",

---

① 《肇论》,《大正藏》卷45,第153页。

是表面无知，实质上无所不知的统一。"无知之知"道出了慧的本质属性。

慧学中最核心的两个范畴：观与悟。由观得悟，观悟结合，便能与道冥合，获得解脱。观与悟，作为心学的两个概念，又与佛教的修行内容结合，形成了复杂的观学与悟学，它们一起构成了中国佛教慧学的主要内容。中国佛教前期重"观"，慧能禅以后，"悟"则成为慧学中的核心概念。学者王海林在其《佛教美学》中提出：中国佛教审美心学可分为三大系统：审美观学、审美识学、审美禅学。[①] 而审美禅学则以"悟"为核心。这里主要就审美观学与审美禅学进行分析论述。

（一）观：慧之根本

观，乃是慧之根本法门。智𫖮有言："观是断惑之正要"，"观是智慧之由藉"。观是断灭无明妄惑的关键，获取智慧的缘由。又言"一切种智以观为根本"[②]，进一步强调"观"是获得最高智慧的根本法门。

早期佛教讲究修"四禅"：数息、相随、止、观。其中以"观"为落脚点，数息、相随、止皆是为"观"做准备。慧远提倡"念佛三昧"[③]，尤其强调"观想念佛"，注重"观"的功夫。僧肇提倡

---

① 参见王海林：《佛教美学》，安徽文艺出版社1992年版，第156页。
② 《摩诃止观》，《大正藏》卷46，第55页。
③ 指通过念佛来进行修行的禅修方法，包括三种念佛修习方式：称名念佛、观想念佛、实相念佛。

以"不知之知"的般若智慧对治分别智,直抵"真谛",体认万物共同本质,并提出"内外相与以成其照功"①的观照方法。天台宗以"一心三观"为理论基础,非常注重心观与观心的统一,从本体论与修养论两个层面论"观",既把"观"作为心性本体之用(寂而常照曰观),又把"观"作为通向心性本体的主要法门,提出了"四念处""十乘观",对智慧的类型以及慧观的对象、方法做了详细的论述。华严宗立足其"四法界"的宇宙观,从能观的智慧层面,提出"法界三观"(真空观、事理无碍观、周遍含容观),表达其对宇宙万法及本质的基本看法。禅宗初祖达摩强调"壁观",二祖慧可主张"无得正观"②,三祖僧璨提倡"万法齐观"③。可见,禅宗早期也非常注重观心。

观,在整个中国前期佛教中乃慧学的核心。围绕"观",从观的对象言,有内观、外观、观心、观法、观境、观空等;从观的过程与方法言,有观想、观念、观悟、观慧;从观的结果言,有观果等。中国佛教以"观"为核心,汇聚定、慧、证、悟、照等心性修炼范畴,构成了复杂丰富的观学。下面撇开对"观"复杂意义的探究,仅从宗教修行活动的角度,探讨"观"的过程及其富含的美学价值。

观,心之思。《解深密经》释为"相续作意,唯思维心相"④。

---

① 《肇论》,《大正藏》卷45,第154页。
② 《续高僧传》4,《大正藏》卷50,第666页。
③ 《三祖僧璨大师信心铭》,《景德传灯录》卷3,《大正藏》卷51,第457页。
④ 《解深密经》,《大正藏》卷16,第698页。

《大乘义章》曰:"粗思名觉,细思名观。"①《大智度论》亦言:"细心分别是名为观。"② 佛教皆从思维角度论"观",可见,在佛教中,观乃指一种心理思维活动。而这种思维活动是作为一种宗教修行而存在的。观,又是怎样通过思维活动而实现宗教修行的呢?

在佛教中,观的对象有两种:一种是观法,一种是观心。观法,即用般若智慧观照现象世界,使主体心灵契入观照对象,从而使主客冥合为一,主体心灵直透对象本质。观心,以"寂而常照"之心(能观心)反观本心(所观心),祛除妄念邪惑,体认清净真心本性,使能观之心与所观之心冥合一体,从而使心得到解脱。这一观心的过程,便是回归本性的过程,也是使遮蔽的真心本性得以敞现的过程。尽管有观法、观心之别,但中国佛教本体论认为,万法唯心,诸法唯心造。因此,观法,实为观心。因为,诸法皆是心的外现,在中国佛教中,不存在独立于心外的客观世界,一切境皆为心境,一切法皆为心法。因此,观法,最终落脚点仍在观心。天台宗智颛有言:"以心观心,由能观心,有所观境,以观契境故,从心得解脱故。"③ 观心,则是以能观之心观所观之心;观境,则是由能观之心契入所观之境,观心观境皆从心而得解脱。因此,慧远有"一教之门,以观心为要"之说,观心乃是

---

① 《大乘义章》,《大正藏》卷44,第492页。
② 《大智度论》,《大正藏》卷25,第186页。
③ 智颛:《法华玄义》,《中国佛教资料选编》卷2第1册,第57页。

"观"的核心。

从上面的论述可见,"观"是一种宗教心理活动:以般若智慧之心观照外境(内心),契入外境或冥合本心,从而能所冥灭,主客一体,领悟境(心)的本质,在刹那间获得心理上的愉悦。可见,"观"是以般若智慧为前提条件,以直觉的思维方式为途径,以主客一体、能所俱冥证会真理本性为指归的精神修行活动。这一修行活动与审美观照表现出诸多相似相通之处,"审美观照是由积淀着丰厚理性内容的审美感受经过知觉、想象,不由自主地受美的对象的感染,在刹那间领悟到感情上的满足与喜悦"[①]。二者皆以智慧、理性为前提,通过直觉、想象,达到心境合一、能所俱冥的境界,并因此获得精神的愉悦。《大方广佛华严经》言"观一切法,心恒快乐,自在游戏"[②],《大智度论》亦有"璎珞庄严镜中自观心生欢喜"[③],皆言慧观所产生的精神愉悦。因此,从人生修养与生命体验而言,"观"可看作一种以理性认识为基础,又超越感性与理性认识的审美观照活动,其中包含着审美想象、审美意象、审美直觉、审美愉悦等多种审美要素,蕴含着丰富的审美意义。下面以"净土十六观"[④]之第一观"日观"为例,具体展现"观"的过程,再进一步分析其内蕴的美学意义。

---

① 皮朝纲:《论观——佛教美学范畴研究札记》,《中国古典美学思辨录》,第 111 页。
② 《大方广佛华严经》,《大正藏》卷 10,第 4 页。
③ 《大智度论》,《大正藏》卷 25,第 414 页。
④ 《佛说观无量寿佛经》里提出的十六种观想修行的方便法门。从观佛国净土的庄严华美到观佛、菩萨的相好、功德,以引起修行者的向往敬仰之情,领悟佛法之本质。

《佛说观无量寿佛经》这样叙说"日观":

> 一切众生,自非生盲,有目之徒,皆见日没。当起正念,正坐西向,谛观于日欲没之处,令心坚住,专想不移。见日欲没,状如悬鼓。既见日已,闭目开目,皆令明了。是为日想,名曰初观。①

明代禅僧妙叶从三谛圆融角度对"日观"佛理进行阐释:

> 十六观者,初观落日,所以先标送想向彼佛也。初心行人,虽了根尘皆是法界。而心想羸劣,胜境难现。是故如来设异方便,即以落日为境。想之令起观中之日。圆人妙解,知能想心,本具一切依正之法。今以具日之心,缘于即心之日。令本性日,显现其前。斯乃以法界心,缘法界境,起法界日。既皆法界,岂不即空假中。……日观既成,则三观同在一心。非一非三,而一而三,不可思议。②

十六观主要是针对刚开始修行而想象力羸弱,难以直接观想佛土胜境的修行者所设的方便法门。初观以落日为境,面向西方,

---

① 《佛说观无量寿佛经》,《大正藏》卷12,第341页。
② 《宝王三昧念佛直指》,《大正藏》卷47,第359页。

仔细观想落日情景,形成"观中之日"(观想中的落日),妙解之人知道能想之心本具一切法(当起正念),今以具足落日之心(具日之心)随缘想象心中之落日(即心之日),令本性具足的落日显现于自心之前。这就是以法界心,随缘应对法界境,从而生起法界日。三者皆是法界,法界为心识所生,本性乃是空;随缘生起法界境,又是假有,法界日乃是法界之空与法界境之假有的中道。因此,法界当体即空即假即中。体悟至此,日观完成,则空假中同在一心之中,非一非三,而一而三。此乃日观之目的与结果。

这便是佛教所谓"托境想成,发明心目"[①]的观想修行。"观"的修行是通过对境的观想而了悟心性,打开无明之眼,使真心本性得以敞现。这一观想修行也是一种审美观照活动。下面具体展现佛教观想与审美观照活动的对应关系:

佛教日观:落日—观中之日—法界日(本性日)。

审美观照:境(象)—意象(心象)—本然生活世界。

佛教日观从观自然落日到形成观中之日再到生起本性日的过程,与审美观照从观外象、外境到形成心象、意象再到体认生命意义、生命本然的过程是一致的。佛教的日观体现出了审美观照的诸多特点:

1. 整体直观的心理活动

审美观照强调对本质的体认不是靠理性认知、逻辑推理获得的,而是主体直接契入对象,在对对象的直观感知中获得的。日

---

① 《宝王三昧念佛直指》,《大正藏》卷47,第359页。

观活动是融感知、想象、直觉于一体的心理活动，这一心理活动有别于理解、分析、综合的理性认知活动，是一种整体直观的思维活动。日观先通过对落日的反复感知、想象，把独立于心外的"日"拉回到内心，形成"观中之日"，再通过整体直观透识"日"之本质，形成本性日。本性日具有主客一体、能所冥合的特点，从观落日到本性日的形成过程，实现了主客从分离到融合，而这种主客融合、能所俱冥的境界乃是一种直觉认知的结果。

2. 以生命本然为指归的价值取向

审美观照以生命本然之敞现、生命意义的获得为指归。佛教日观是从观落日到"观中之日"再到观本性日、法界日的过程。自然落日乃是心外之境与象，体现主客二元之分别世界；"观中之日"虽然有与心的融合，但仍迷失于纷繁的心象、心境而未能了悟日之本性；法界日、本性日虽然仍是日，但又不同于自然之落日与"观中之日"，它是了悟万法本性、生命本体之后所观之日，是自然落日与心性本然的自然融合体。因此，佛教的日观表现出从外部世界回归内心世界，从现象世界体悟本质世界的审美观照过程。日观指向对法性的体悟、对生命本然的透识，因此，日观的过程乃是返本归源、回归真心本性的过程。这一过程既是主体体认生命本质的过程，也是本然生命得以敞现的过程，正是在体认与敞现中，主客冥合为一，达成了天人合一的境界。

3. 始终伴随形象

审美观照与理性认知的显著区别还在于：审美观照对生命本然的认知始终伴随着形象，是在形象之中理解生命本然、体认生命本质；并且，观照的结果不是一个抽象的概念，而是一个具体的意象。在佛教的日观中，"日"伴随其整个过程，不管是落日的外象，"观中之日"的心象、意象，还是法界日、本性日的本然之象，"日"作为一个形象贯穿日观的每一个环节。日观的结果，不是形成对现象本质的理性认识，而是形成一个形象——本性日、法界日。本性日是蕴含着生命本性之"日"，是生命本质的形象显现。

总之，中国佛教的"观"以"境"（象）为依托、媒介，指向对万法本性、生命本然的领悟，对现实感性与理性生命的超脱。这一生命的超越过程也是一种向生命本然回归的过程，即人生的审美化过程。同时，佛教的"观"是一种对生命本然的观照，是能观之心与所观之境的冥然契合。此外，佛教的"观"始终伴随着形象。因为色不离心，心不离色，佛教对现实生命的超越，向生命本然的回归，总是即色而在的，即始终以"所缘之境"为依托，在现实生活中实现生命的超越，通过智慧实现精神生命的解脱，不脱离现实生活又超越现实生活，与生命本然契合。这种超越更多体现出一种审美的而非宗教的超越。正是由于富含审美意味，所以"观"常被引入艺术审美领域。宗炳提出绘画须要"澄怀观道""妙观"，释慧洪提出作诗须要"妙观逸想"，观自然山水须要"游观"，等等，即把佛教之"观"应用于艺术审美，使"观"从一个宗教学概念转化为一个文艺美学范畴。

（二）悟：慧之核心

悟与观皆是佛教慧学的核心范畴，方立天认为：从认知方式看，"观"更富有"直观动态色彩"，"悟"则更多"客观直觉意义"，"佛教的直观与直觉二者是一而二，二而一的，可统称为直觉思维方式"。[1] 可见，观与悟皆以直觉的方式契入对象，并指向对真如本性的体认，在认知方式与结果方面二者是一致的。

从历史发展看，佛教的教门重"观"，佛教的宗门禅宗则重"悟"，中国佛教有一个从重"观"到重"悟"的相对过程。[2] 禅宗以外的中国佛教更重"观"：天台宗的"止观双修""一念三观"，华严宗的"法界三观"，净土的"十六观"，皆把"观"作为修行的核心内容。甚至禅宗在慧能禅以前，也非常重"观"：初祖菩提达摩强调"壁观"，二祖慧可主张"无得正观"，三祖僧璨提倡"万法齐观"。然而，慧能禅以后，"悟"则代替"观"成为佛教慧功的核心。"悟之名慧"[3]，慧学的关键便在开悟，"观"最后也落实到"悟"上，以了悟万法本性、生命本质为落脚点。

佛教论"悟"，依悟之方式分，有解悟、证悟；依悟之的深浅分，有小悟、大悟；依悟之快慢分，有顿悟、渐悟。解悟指通过学习知识而对理有所智解、领会；证悟指通过修行获得对理的体证、体验。小悟指悟入一部分，是浅层次的悟；大悟指全部开

---

[1] 方立天：《中国佛教哲学要义》（下），第824页。
[2] 方立天：《中国佛教哲学要义》（下），第825页。
[3] 《禅源诸诠集都序》，《大正藏》卷48，第399页。

悟，是深层次的悟。中国佛教从东晋以后便有顿悟与渐悟之争：顿悟指不言阶进，直接契合真理的顿然觉悟；渐悟指经过长期修行，逐步证入真理的渐次觉悟。此争论至禅宗南能北秀达到高潮，后随着南禅成为禅宗的主流，成为中国佛教的代表，顿悟也成为"悟"的主流学说。但后期禅宗也吸收了渐悟的合理因素，神会、宗密都提出了"顿悟渐修"之说，以弥补顿悟说的不足。

《说文解字》曰："悟，觉也。""觉，寤也。"又云："寐觉而有信曰寤。"可见"悟"的本义乃是从迷梦中觉醒，可引申为对人生真理的领会、觉解。佛教中的"悟"指生命由迷失而觉醒。

中国早期佛教论"悟"，以竺道生的顿悟说最为有名：

> 夫真理自然，悟亦冥符。真则无差，悟岂容易？不易之体，为湛然常照，但从迷乖之，事未在我耳。[1]
>
> 夫称顿者，明理不可分，悟语照极。以不二之悟，符不分之理。理智恚释，谓之顿悟。[2]
>
> 一念无不知者，始乎大悟时也。[3]
>
> 夫象以尽意，得意则象忘；言以诠理，入理则言息。[4]
>
> 见解名悟，闻解名信，信解非真，悟发信谢。[5]

---

[1] 《大般涅槃经集解》，《大正藏》卷37，第377页。
[2] 《肇论疏》，《续藏经》第4册，第425页。
[3] 《注维摩诘经》，《大正藏》卷38，第365页上。
[4] 《竺道生传》，《高僧传》卷7，《大正藏》卷50，第366页。
[5] 《肇论疏》，《续藏经》第4册，第425页。

苟若不知，焉能有信？然则由教而信，非不知也。但资彼之知，理在我表。资彼可以至我，庸得无功于日进？未是我知，何由有分于入照？岂不以见理于外，非复全昧。知不自中，未为能照耶。①

竺道生的"顿悟"说，对悟的对象、本质、特点以及方法与目的等皆做了较为全面的阐释，奠定了中国佛教对"悟"的基本认识。

悟的对象：真如本体。真如本体在宇宙则称真理，在众生则称佛性，竺道生认为，"因理不可分，故说顿；因佛性在我，故说悟，两说结合而立顿悟"②。可见，悟的对象既是万法本体之真理，又是生命本体之佛性，竺道生认为，二者是一致的。

悟的本质：冥符真理，返见佛性。悟既是与宇宙真理的冥符，又是对自我本性（佛性）的体证。这里有两层含义：（1）悟是一种与真理（佛性）相融无间的心灵状态。引文的"冥符""照极""理智恚释"，皆描述这种心灵状态。竺道生认为，真理是"湛然常照"、永恒遍在的"不易之体"。凡夫俗子"从迷乖之"，违背真理，迷失了自我本性，而悟则拨开浮云见真理，使人从迷失的生命困境中觉醒。因此，从主体而言，悟是一种透识真理之后"一念无不知"的生命觉醒状态。在悟境中，真理之光"寂然常照"，

---

① 《广弘明集》，《大正藏》卷52，第228页。
② 方立天：《中国佛教哲学要义》（下），第829页。

人之本性得以敞现。(2)从认知方式看,"冥符""照极"皆是不同于理性认知的直觉认知方式。

悟的特点：整体性与直接性。这是由悟的直觉思维方式决定的，整体性与直接性是直觉思维的基本特点。整体性，是从空间上强调悟是对真理的整体契合，以不二之悟，契合不分之理。直接性，是从时间上言对真理的悟入是不言阶进、不分阶段的，是直入实相，冥符真理。

悟的方法：忘象息言，悟发信谢。忘象息言，指对真理的领悟需要借象明意、借言明理，同时又不执着于象与言，必须打破言象对意理的障蔽，才能彻悟真理。道生把知识分为信解与悟解，信解指从见闻言教获取的知识，悟解指经过自己内化后的知识。悟发信谢，指由信解转化为悟解，将从见闻言教获得的知识转化为自我知见，才能获得对自我生命本质的觉解。忘象息言与悟发信谢既是悟的方法，也道出了作为直觉思维的悟对外象、理性的超越。

悟的目的：获得生命解脱，而不是获得知识。竺道生认为由见闻、教化获得的知识是外在的、表面的没经过自身体验、领悟的知识，"未是我知"，并非真知。并进一步强调"知不自中，未为能照"，知识不是来自自我觉解与体验，就不能照鉴真理。真正的知识是一种经过自身内化之后的体验，正是在这种与真如本体的一体化体验中，个体生命与宇宙真理合二为一，个体生命得以升华，从而获得一种生命的永恒感与满足感，最终获得生命的解脱。

中国佛教中最重视"悟"的是禅宗。"'道由心悟'是禅宗哲学和美学的纲骨"[①],禅宗的全部修养功夫皆集中在一个"悟"字上。

禅宗"世尊拈花,迦叶微笑"的开宗传说,就奠定了禅宗"不立文字,教外别传"的以悟传教、心心相印的传统。慧能言悟:

> 不悟,即佛是众生;一念悟时,众生是佛。故知万法尽在自心,何不从心中顿见真如本性?
> 顿悟菩提,各自观心,自见本性。
> 迷闻经累劫,悟则刹那间。[②]
> 不识本心,学法无益;若识自本心,见自本性。[③]

慧能的话道出了作为成佛标志的"悟"其实就是"识心见性",是自心顿见真如,是自心的自我观照,也是自心本性的敞现。如果说竺道生的"悟"更强调与万法本质的契合,禅宗则更强调"悟"对自我心性的观照。同时,二者都强调悟的"瞬间性"。

> 问:此悟门以何为之宗?以何为之旨?以何为之体?以何为之用?
> 答:无念为宗,妄心不起为旨,以清净为体,以智

---

① 皮朝纲:《禅宗美学思想的嬗变轨迹》,电子科技大学出版社2003年版,第7页。
② 《六祖大师法宝坛经》,《大正藏》卷48,第351页。
③ 《六祖大师法宝坛经》,《大正藏》卷48,第349页。

为用。

无念者,无邪念,非无正念。

念有念无,即名邪念;不念有无,即名正念。

念善念恶,名为邪念;不念善恶名为正念。乃至苦乐生灭,取舍怨亲憎爱,并名邪念;不念苦乐等,即名正念。

无所念者,即一切处无心,是无所念。①

慧海禅师的话,道出了"悟"的宗旨:无念。"无念"就是"妄心不起""无邪念"。妄心邪念,就是执着是非善恶的分别念。有分别便会有取舍,便会有亲疏爱憎,便会产生烦恼。无念,并非没有念头,而是没有是非善恶的分别念。无分别念便无所念之物,面对一切便没有执取之心——"无所念者,即一切处无心"。这里的"无心"指不执着于外物之心。可见,悟的宗旨在于无念无心,即无分别念、无执着心。无分别念是针对主体的心智而言,无执着心是针对主体对待世界的态度而言。无分别念也是般若智,是心的灵知觉性。以无分别的般若智慧观照世界,便不会执着于外物,从而沉溺于现象世界而迷失自我,也可使真心的清净本性(不沾不滞)得以敞现。也就是说,以无念为宗旨的"悟",以心之清净为本体,以心之般若智为功用,是自我心性的自观自照。

综上所述,悟是一种觉醒的生命状态,这种觉醒源于修行主

---

① 《顿悟入道要门论》,《续藏经》第63册,第18—19页。

体与万法本体、生命本性的契合与冥符;悟是一种直觉的认知方式,对生命本体的体证是直觉的,具有整体直观性、非逻辑性、离相而即相性;悟是一种不执着的人生态度。悟的这种生命状态、认知方式、人生态度都体现出浓厚的人生美学的特点。

觉悟是一种审美的生命状态。体现在两个方面:

1. 觉悟是一种本真的生命状态

审美的生命状态是一种本真的生命状态,本真的生命状态是克服了主客二元对立,复归于物我一体的生命状态。张世英在其《哲学导论》中写道:"人本来或者说原初地就生活于万物之中,与万物息息相通。"[①] 后来由于人的理性认识的产生,世界成为外在于人的对象,成为人认识、利用的对象,由此人与世界形成了相互独立而又相互对立的关系,这种对立关系是对原初物我一体生命本真状态的遮蔽。审美活动以意象为中介,克服了主客二元对立,在更高层面上实现了主客二元的统一,复归于物我一体的本真生命状态。而佛教的觉悟状态,正是克服了由分别智(理性认识)造成的生命的迷失和烦恼,而冥符真理、回归本性的物我一体的生命状态。在这种生命状态中,生命本体"寂而常照""本性自见",本真生命得以敞现。因此我们说,觉悟的生命状态是一种本真的生命状态,也是一种审美的生命状态。

2. 觉悟是一种充满生机活力的生命状态

铃木大拙在他的《悟:禅的存在价值》一文中说:"禅悟使生

---

① 张世英:《哲学导论》,第67页。

命活力苏醒,春天的花朵更加可爱,溪流更加清冽。"悟是"一种从未经历过的满足、平和与喜悦的境界"①。

不执着是一种审美的人生态度。佛教开悟之后所表现出来的人生态度便是不执着。不执着具体表现在三个方面:无相、无念、无住。

> 何名无相?无相,于相而离相。无念者,于念而不念。无住者,人之本性。……念念之中,不思前境。若前念、今念、后念,念念相续不断,名为系缚。于诸法上,念念不住,即无缚也。此是以无住为本。②

不执着的人生态度表现在对待外在现象方面,"于相而离相","于一切境上无染",不为外在的虚幻现象所蒙蔽,因此不为外物动心,此是"无相"。表现在内在思想方面,"于念而不念",不执着于某个念头,而是"念念不住""念念相续",任生命之河流淌,这便是"无念""无住"。不管是无相还是无念、无住,皆要于"一切处无心",不管是外境,还是内念,皆要以"无心"处之,不于境上动心,不于念上住心。如此,心便既不受外境的限制,也不受自我心念的约束,任运随缘,自在逍遥。

人类对待世界的态度有三种:感性的、理性的与审美的。席

---

① 吴平编:《名家说禅》,上海社会科学出版社2003年版,第171页。
② 《六祖大师法宝坛经》,《大正藏》卷48,第353页。

勒认为：人的感性需要占有、享受，感性态度的目的是世界为我所用；理性需要规则、秩序，理性态度的目的是为世界建立规则与秩序。而感性要受制于人的欲望，为官能所控制，理性则要受制于外在规则，为秩序所控制，因此二者皆是不自由的。审美的态度则是对纯粹感性与理性的超越，这种超越体现为对世界的实用功利的超越，对理性认知的超越，因此它是自由的，同时又是合目的性的。①"于一切处无心"的不执着便是这样一种审美的人生态度。不执着于外境，不为外境所迷，表现在不为外在的功名利禄所困，置身于名利场，仍能保持内心的静定，这是对感性现象的超越，也是对物质功利的超越。不执着于心念，不于念上动心，既包括对内在理性认识的超越，也包括对原有感性经验的超越。这种对感性与理性的双重超越使修行者既摆脱了外在世界对心的桎梏，又摆脱了内在理性对心的约束，从而呈现出自由自在的生命状态。正是"不执着"使心灵摆脱了内外的限制与约束，使心灵自由而欢快！

悟与审美皆是对生命的直觉体验，而不是理性认识。克罗齐在其《美学原理》中把"知识"分为两种：直觉的和逻辑的。并认为艺术的、审美的心理活动是直觉。而直觉对世界的把握方式是非逻辑的、非理性的，其结果不是以概念、命题的形式形成某

---

① 参见席勒：《审美教育书简》，冯至、范大灿译，北京大学出版社1985年版，第61—75页。

种理性的认识,而是形成一种整体的体验。^① 悟对世界本体、生命本质的觉解也是直觉的。佛教反复强调悟在"言语道断"处,悟在"忘象息言"后,主张"悟发信谢",反对于知识、言教、经典教理中明理见性。"知不自中,未为能照。"佛教认为,理性知识并非来自心中的体验,因此是不能照鉴真理的,也就不能促成"悟"的发生。悟是修行主体契合真如本性,与生命本体相融无间的一体性体验。这种生命体验具有两个特点:第一,表现出因个体生命与生命本体契合兼容而产生的满足感与永恒感。第二,作为一种体验而非理性认识,悟离相而又即相。离相指悟所体现出的对"相"(现象)的超越,对"相"背后的生命本性的透识,然而这种超越与透识又是不离相的,换句话说,这种对真理的透识与领悟始终伴随着"相",依附"相"而存在。而从本质上说,审美也是生命的体验活动。叶朗在其《美学原理》中说:"审美活动的本性也是一种人生体验,一种生命体验,一种存在本身的喜悦体验。"[2] 审美体验也始终伴随着意象,依附意象而获得对生命存在意义的领会。从对生命本体的直觉体验、生命意义的形象把握看,悟也可以说是一种审美体验。

悟与审美皆以整体直观的认知方式体认生命本体。从前面对"悟"的分析可见,悟具有整体直观把握生命本体的特点。从空间上看,悟主张主体契入生命本体的整体性与不可分割性,强调直

---

① 克罗齐:《美学原理》,朱光潜等译,外国文学出版社1983年版,第7、47页。
② 叶朗:《美学原理》,北京大学出版社2009年版,第19页。

觉体验的完整性。从时间上看，悟主张不言阶进，直接悟入，从而表现出瞬间性。"迷则经累劫，悟则刹那间。"个体生命与生命本体的契合是一刹那的瞬间，然而正是在那样的一个瞬间，生命却获得了一种永恒，这便是"顿悟成佛"。瞬间而永恒，是悟的重要特点。正是体认生命的方式上与审美上的一致性，使悟具有了审美的意义与价值。

第二节　性命双修：道教审美修养论

　　与佛教相比，道教以得道成仙为其信仰追求。作为土生土长的本土宗教，民间的神仙信仰与黄老之道的"全生""贵生"思想共同构成了道教的神仙信仰。而驳杂的民间养生术、巫术、方仙术，甚至道家的养生全性之术，都为神仙信仰提供了可资借鉴的途径，导引术、房中术、药饵仙丹、服气炼形术、草木医药术、心斋坐忘等，统统被纳入道教修为之中，构成了道教丰富而驳杂的修养体系。同时，道教在长期的发展中，又不断吸纳佛教与儒家思想，把佛教的戒定慧、儒家的积善累德融入其修养论中，使其修养论得以不断丰富和发展。

　　纵观道教的发展，道教得道成仙的修养论大致可分为三个阶段：第一阶段，仙道修养论。东汉至魏晋南北朝，早期神仙道教阶段，重心在修身成仙。第二阶段，重玄学修养论。隋唐鼎盛期，重玄学阶段，重在体道修性；盛唐以后，从体道修性向合道修仙转化，开始重新关注养命修仙，开启唐宋内丹道之风气。第三阶段，内丹道修养论。唐宋内丹道成熟期，主张性命双修。下面分别略作阐述。

1. 仙道修养论

道家的贵生、保身、养生、全生思想，与方仙术结合，形成了早期道教独特的养生成仙的修养理论。最早的道教经典《太平经》提出"形神不离"的"守一"①之法与"食气服饵"的长生之道；《老子道德经河上公章句》认为善养精气神乃是长生久视之道，把养生与成仙的宗教信仰结合起来。作为神仙道教集大成者的葛洪更是肯定：神仙可信，仙可学致。在神仙修养方面，他提出"内修形神""外攘邪恶"②，将炼命与修性结合，追求形神的长生不老，进而达到得道成仙的目的。南北朝灵宝派的陆修静提出"内以修身，外以救过"③的修养观，提倡形神双修、气心双养的修身之道。上清派的陶弘景在其《养生延命录》里提出"游心虚静，息虑无为"的养神之法与"饮食有节，起居有度"④的养身之法，强调把养神炼形与服饵炼丹结合起来，人便能长生成仙。可见，早期道教修养，主要以养生为主，追求形神合一的肉身长生不老和羽化成仙，因而早期道教有神仙道教之称。

---

① 王明编：《太平经合校》，中华书局1979年版，第726页。
② 王明：《抱朴子内篇校释》，第124页。
③ 《洞玄灵宝五感文》，《道藏》第32册，第619页。
④ 《云笈七签》，《道藏》第22册，第228页。

2．重玄学修养论

道教重玄学产生于南北朝，兴盛于隋唐。重玄学修养论的发展可分为两个阶段：盛唐以前，以道性心性论为依据，关注体道修性的精神修养；盛唐后，养气与修性结合，修养从体道修性向合道修仙转化。前期重玄学家立足老庄之"道"而融摄佛教心性论，心性回归、精神超越成为前期重玄学修养论的主要内容，其代表是成玄英、李荣。他们提倡修性体道，重视精神上的复归真性，合于虚无寂静之道，从而与道同存，超越生死。而精神的复归则在于能所双遣的智慧超越，而非形神俱化的身体超越。正是在这个意义上，我们说重玄学修养论相对于魏晋神仙道教而言是一种进步，因为它真正体现了宗教文化意义上的超越。然而，只关注心性超越的重玄学修养论并不能真正满足道教修行者的需求，传统道教的神仙信仰始终渗透于宗教修为之中，道教在心性修养基础上，又开始致力于寻找身体超越之道。盛唐以后，道教从重玄学修养开始转向合道修仙，其代表是司马承祯与吴筠，他们主张修道成仙是养气与修性统一的结果。总之，隋唐重玄学摄佛入道，大量吸收了佛教心性理论，把关注的目光从道本体转向了心性本体，其修养论也从从外修道合道转向从内修心修性，从追求健体强身、延年益寿转向精神意识的升华，这无疑是对传统神仙道教重丹鼎药饵、服气炼形等外丹的扬弃与提升。后期重玄学又把养气与修心结合起来，摆脱了早期重玄之道重清谈而无修行践履的弊端，使重玄学修养论在更高层面复归于道教的仙道追求，开启了唐宋内丹道之先河。

3. 内丹道修养论

兴盛于唐宋之际的内丹道把重玄学心性修养与炼神养气的神仙修养结合起来，建立起一套系统的道术合一的修养理论。道教内丹道修养理论的发展可分为两个阶段：唐宋内丹道修养论与金元全真内丹道修养论。唐宋内丹道随着魏伯阳《周易参同契》的重新发掘和诠释而蓬勃兴起。唐宋内丹道以"天人一体"为出发点，把对自然造化之理的探索转向对人生命之道的探索。"炼精化气，炼气成神，炼神还虚"是唐宋内丹道修养的基本思路。以元气为根基，以有形生命之体为炉鼎，以生命之精气为药物，炼精化气，合阴阳二气为真一之元气，然后"神融于精气也，精气神合而为一"①，神气相报，性命互持，最终归于虚无永恒之道，这便是内丹道的性命双修。宋元全真道吸纳佛教禅宗与儒家思想入道，倡导三教合一，立足道教而融摄儒释，形成了内容丰富的宗教修养论。与唐宋内丹道相比，全真道更为重视内丹道修炼中的性功——"三分命功，七分性功"，以性功为主，以命功为辅，注重精神生命层面的超拔，注重精神生命的升华，超越传统道教肉体成仙，追求精神生命的与道合一、永恒长存。这无疑是一种进步。同时，与佛教相比，全真道的修养论又体现出道教一以贯之的长生久视、得道成仙的信仰追求，体现出道教对生命的独特看法，以及对命与性、物质生命与精神生命双重超越的价值追求。

综上所述，以得道成仙为信仰的道教，其修养论始终体现出

---

① 《玉清金笥青华秘文金宝内炼丹诀》，《道藏》第 4 册，第 365 页。

性命双修、形神俱化的特点。早期的神仙道教虽然以养生延年、长生不死、肉体成仙为目标，关注金丹药饵、导引房中之术，注重命功，但是，他们从不把无形虚空之"神"排除于生命之外，而将之作为生命的构成要素之一，与精、气并列，共同构成人的生命系统。不管是早期的《太平经》《老子河上公章句》《老子想尔注》，还是魏晋的葛洪，南北朝的灵宝、上清派，他们在宗教的修为方面，都认为"形神不离"，倡导养气炼形与息心养神结合，形神双修以至于形神合一，以达长生不老、肉体升仙。隋唐重玄学虽然强调心性修养之性功，曾有以性功代替命功之趋势，但最后仍回归于修性与养气结合的性命双修，从修性得道转化为性命双全的合道修仙，回归道教的仙道信仰。唐宋内丹道更是发展与完善了性命双修、性命双全的修养理论，对精、气、神、性、心各生命要素之间密不可分的内在关系做了详细的论述，对宗教修为中命功与性功之间的相融互摄、互助互进做了详细的描述，形成了一套包含性命双修而至"形神俱妙，与道合真"，有着严密逻辑的修养理论体系，并以"证道合真"替代传统道教的神仙信仰，从而在更高层面复归道教的仙道传统。

性命双修、形神俱化的修养特点体现了道教对生命的独特认识（生命是精气与神性的统一体），同时性命双修体现出道教在物质与精神生命两方面实现双重超越的努力。基于天人一体、人道合一的世界观与生命观，对真心本性的回归也是与道合一、证道合真的过程。因此，道教性命双修的过程也是修道者不断克服个体生命局限、超越感性与理性自我、复归生命本真的过程，带着点人生解放性质,有一定的审美人生的意味。正是在这个意义上,我们说,性命双修的宗教修养有一定的人生美学价值。

下面我们将从道教修养论中拈出几个重要的范畴进行探究,具体展示道教挖掘生命潜能、探索生命价值、追求生命超越的人生美学意义,同时结合中国文学与艺术中的相关审美范畴,探究道教修养之术对文艺创作与鉴赏的影响。

一 养气:生命之充盈

(一)养气之基础:道教元气论

道教神仙修养之基础便是养气,养气说贯穿了道教修养论的始终,不管是早期的神仙道教,隋唐的重玄学,还是唐宋的内丹道,无不以养气作为其修养的基础。

道教养气说来源于道家的元气说。老子的"道生一,一生二,二生三,三生万物,万物抱阴而负阳,冲气以为和"①,开道家元气论之先河。庄子进一步把老子的天地之气转化为人的生命之气,提出"人之生,气之聚也。聚则为生,散则为死……通天下一气耳"②,认为人与天下万物相通于一气,气是人生命之本原,人的生死乃气之聚散。在此基础上,庄子提出"养气"说:"壹其性,养其气,合其德,以通乎物之所造"③,强调人要专一本性、涵养

---

① 陈鼓应:《老子今注今译》,第56页。
② 《庄子·知北游》,王先谦:《庄子集解》,第185页。
③ 《庄子·达生》,王先谦:《庄子集解》,第157页。

精气、融合德性,才能与本元之气相通。

道教秉承道家元气论,以"气"为万物之本、生命之源,从而发展出修养论中的养气说。

《太平经》有"元气行道,以生万物"①之说,《老子道德经河上公章句》有"始者道本也,吐气布化,出于虚无,为天地本始"②之论。《西升经》注言:"万物莫不由天地氤氲之气而生。"③成玄英曰:"一,元气也;二,阴阳也;三,天地人也。万物,一切有识无情也。言至道妙本,体绝形名,从本降迹,肇生元气。"④唐玄宗言:"阴阳交泰,冲气化醇,则遍生庶汇也。"⑤吴筠说:"自一气之所育,播万殊而种分,既涉化机,迁变罔穷。然则生天地人物之形者,元气也。"⑥内丹道认为:"天地与人元同一根,天地万物皆禀其一气而成形,以五行为主,用之本也。"⑦

总之,万物皆禀元气而生,气是万物产生的源头,同时,万物皆依气而存,气是万物生命的依据。这便是道教元气论的基本观点。

(二)道教养气说

道教认为:人乃万物之一,且为万物之灵,"在物之形,唯人

---

① 王明编:《太平经合校》,第 16 页。
② 《老子道德经河上公章句》,第 2 页。
③ 《西升经集注》,《道藏》第 14 册,第 568 页。
④ 《道德真经玄德纂疏》,《道藏》第 13 册,第 457 页。
⑤ 《道德真经玄德纂疏》,《道藏》第 13 册,第 457 页。
⑥ 《宗玄先生玄纲论·元气章第二》,《道藏》第 23 册,第 674 页。
⑦ 《太上化道度世仙经》,《道藏》第 11 册,第 405 页。

为正；在象之精，唯人为灵"①；作为万物之灵的人，也是禀气而生，"夫气者，胎之元也，形之本也"②；气也是人生命之本原，"夫人在气中，气在人中，自天地至于万物，无不须气以生者也"③。人与气不相分离，气乃天地万物以及人生命的根本，"气全则生存"④，气尽则消亡，人之生死存亡乃气之聚散运化。由此，道教提出："是故须纳气以凝精，保气以炼形，精满而神全，形休而命延，元本既实，可以固存耳。"⑤纳气、保气便能精满、神全，便能固本养元，使生命之根更为坚固，这便是道教纳气凝精、保气炼形，从而固本培元的养气论。葛洪又有"善行气者，内以养身，外以却恶"⑥之说。行气，对内可以滋养生命，对外可以防止邪恶之气对身体的侵害，使生命之气更为稳固、旺盛。在此基础上，道教又进一步提出：

> 神仙之道以长生为本，长生之道以养气为先。夫气受之于天地，和之于阴阳……如此人之身，大率不远乎神仙之道。⑦

---

① 《服气精义论·序》，《道藏》第18册，第447页。
② 《服气精义论·服气论第二》，《道藏》第18册，第448页。
③ 王明：《抱朴子内篇校释》，第114页。
④ 《服气精义论·序》，《道藏》第18册，第447页。
⑤ 《服气精义论·服气论第二》，《道藏》第18册，第448页。
⑥ 王明：《抱朴子内篇校释》，第114页。
⑦ 《天隐子·序》，《道藏》第21册，第699页。

> 欲求神仙，唯当得其至要，至要者在于宝精行炁。①

长生久视、成仙得道是道教的最高追求。人之生命受之于天地自然之气，乃是天地阴阳之气和合而成，养人身中之气，使阴阳平衡，便能与天地冲和之气交合，从而达到长生久视，成就神仙之道。道教把固本养生的养气论与得道成仙的宗教信仰结合起来，使养气成为通向神仙理想的修养途径。

从上面之论观之，气在道教哲学中有三层含义：（1）本原之气，（2）自然之气，（3）生命之气。此三种气是互助相通的。本原之气是道的显现，自然万物之气与人的生命之气是本原之气在万物与人身上的投射，世界因气而一体相通。道教元气论关注的便是人的生命之气与本原之气的一体互通，强调人的生命之气是本原之气的化生，也正是这种一体性使得通过养人身中之气从而抵达永恒之道成为可能。

前面讲了养气之道，下面考察养气之术。道教养气之术杂而多端，但总结起来，大致有两方面：

1. 外食风气

风气乃自然之气，指流行于天地万物之中的气。《太平经》曰："夫人，天而使其和调气，必先食气；故上士将入道，先不食有形而食气，是且与元气合。"② 食气乃是养气调气之法，所食之

---

① 王明：《抱朴子内篇校释》，第149页。

② 王明编：《太平经合校》，第90页。

气乃天地自然之气，人正是通过食天地自然之气达到与本原之气合一，从而得道的。此论体现了道教道与气合，食气以合道的理论主张，同时也有庄子神仙思想的影响。因为庄子所描述的神人、至人、圣人多是如此："（神人）不食五谷，吸风饮露。乘云气，御飞龙，而游乎四海之外"；"龙，合而成体，散而成章，乘云气而养乎阴阳"；"（至人）乘云气骑日月，而游乎四海之外，生死无变乎己"。因此，早期道教非常重视外食风气。《太平经》有"天之远而无方，不食风气，安能疾行，周流天之道哉？又当与神吏通功，共为朋，故食风气"①之说。食风气既能御风而行，又能与神人为友，如庄子之神人、至人一般，乘云气、御飞龙、骑日月，翱翔于天地之间，畅游于四海之外，何等自由，何等美好！由此，养气成为羽化登仙、摆脱现实生命桎梏、获得人生自由解放的途径。在这个意义上，养气本身便具有获得生命升华、获得人生解放的人生美学意义。

2. 内养胎气

道教认为，生命之本是阴阳未分之前的元气，潜藏于人生前的胎气之中。《太平经》如此描述人的生命元气：

请问胞中之子，不食而取气。在腹中，自然之气。已生，呼吸阴阳之气。守道力学，反自然之气。反自然

---

① 王明编：《太平经合校》，第717页。

之气，心若婴儿，即生矣。随呼吸阴阳之气，即死矣。①

故夫得真道者，乃能内炁，外不炁也。以是内炁养其性，然后能反婴儿，复其命也。故当习内炁以内养其形体。②

道教认为，天道之气有两种形态：一是自然之气（元气），一是阴阳之气。阴阳之气由自然元气生化而成，阴阳之气交合而生万物，万物由生到死，是阴阳之气运化消长的结果。人在胞中所得气乃自然元气；及其出生，便呼吸阴阳之气。前者为内气，后者为外气。人如能返自然之气，则生；如顺随阴阳消长之气，则死。得真道者，乃如婴儿，能够靠呼吸胎气而生存。呼吸胎气可以养其本性，复归天命，因此，道教要求修道者养内气以滋养其身体。内气，即胎气，养内气的方法便是胎息法。葛洪言："（养气）其大要者，胎息而已。得胎息者，能不以鼻口嘘吸，如在胞胎之中，则道成矣。"③ 胎息的方法就如腹中婴儿一样，不用口鼻呼吸，而用脐呼吸，即用丹田呼吸。内呼吸的是自然之气，即元气，人能守住元气则与道合一，自然长生成仙。

食风气强调吸纳天地自然之气以充盈人的生命之气，纳外气以养内气；养内气则强调归根复命，守住生命的纯元之气。然而，

---

① 王明编：《太平经合校》，第699页。
② 《道典论·胎息》卷4引《太平经》，《道藏》第24册，第854页。
③ 王明：《抱朴子内篇校释》，第149页。

不管是食风气还是养内气,皆指向与本原之气的合一:食风气是通过自然之气以实现与本原之气的融合;养内气则通过复归阴阳消长之气为纯元之气以实现与本体之道的相通。与本原之气合一,生命则能长生不死,此乃道教养气的最终目的。

(三)养气说对文艺美学的影响

中国古代美学中的"生气""神气""气象"等美学范畴,文艺创作中的保气论、畅气论、调气论等,虽不能说直接源于道家或道教,但却与道教的元气、养气理论异曲同工、一脉相承。中国古代美学理论认为,文艺创作不是一种机心与技巧,而是作者整体生命的外化、情智的外宣。创作者的生命之气一方面决定着创作的顺畅性,一方面决定着作品的生气——神疲气衰之人无法创作出元气淋漓的作品。

1. 作为创作源泉之气

刘勰《文心雕龙·体性篇》有"才力居中,肇自血气,气以实志,志以定言"[①]之说,认为文学创作乃是由气到志,由志到言的过程。这里刘勰主张:文学的创作力源于人的血气,生命之气乃是艺术创作的根本,艺术是生命志气的外现。另外,《文心雕龙》专设《养气篇》,论述文艺创作中创作者生命之气的重要性,主张作文须"理融而情畅",不可"钻砺过分",致神疲而气衰。刘勰由此提出"畅气""卫气"说:

---

① 范文澜:《文心雕龙注》,人民文学出版社1962年版,第506页。

> 沥辞镌思，于是精气内销，有似尾闾之波；神志外伤，同乎牛山之木，是以吐纳文艺，务在节宣，清和其心，调畅其气；……使刃发如新，凑理无滞，虽非胎息之迈术，斯亦卫气之一方也。①

文艺创作不能苦思冥想而至精气内销，要养心调气，心清气顺方能凑理无滞、文思泉涌。文中"刃发如新"取自《庄子·养生主》，"凑理"源于《黄帝内经·素问·举痛论》（"寒则腠理闭，气不行，故气收矣"②），"胎息"源自《抱朴子内篇·释滞》。由此可见道家道教养气说对文艺理论的直接影响。养气说被用于文艺创作，成为文艺创作的生命源泉，而畅气卫气说也转化成了文艺美学的理论主张。

章学诚在《文史通义·文德》中提出"摄气"论：

> 夫识生于心也，才出于气也。学也者，凝心以养气，炼识而成其才者也。心虚难恃，气浮易弛。主敬者，随时检摄于心气之间，而谨防其一往不收之流弊也。③

---

① 范文澜：《文心雕龙注》，第 646—647 页。
② 张志聪：《黄帝内经素问集注》，浙江古籍出版社 2002 年版，第 156 页。
③ 叶瑛校注：《文史通义校注》，中华书局 1988 年版，第 279 页。

此段重在讲创作时如何调气。创作时，气不可外溢，不可驰放，不可浮躁，凝心以摄气，使气检放适度，才有利于创作。凝心养气，炼识成才，养气摄气是创作必备的心态。

清人王昱在其《东庄论画》中指出："理正气清，胸中自发浩荡之思，腕底乃生奇逸之趣，然后可称名作。""未动笔前须兴高意远，已动笔后要气静神凝，无论工致与写意皆然。"[①] 前句言创作前要"理正气清"，后句言创作中要"气静神凝"——气是丹青创作之根本，养气须贯穿丹青创作之始终。气动笔发，胸次浩荡，自然而成的作品方能有神气，方能成为名作。

2．作为作品生命之气

曹丕在《典论·论文》中提出"文以气为主，气之清浊有体，不可力强而致"[②]，认为文乃作者生命之气灌注而成，文之清浊乃是由为文者气之清浊所决定，不可强力而为，强调了气在文艺创作中的重要作用。谢赫在《古画品录》中提出"气韵生动"之命题，强调绘画须洋溢蓬勃生气。气是绘画之生命，是否有生气成为艺术作品美丑的判断标准。此命题后来成了中国画甚至整个中国艺术的审美追求。

古人常以"气"品诗论画。清代画家方薰认为：画之极境，"笔

---

① 王昱：《东庄论画》，俞剑华编：《中国画论类编》，人民美术出版社1986年版，第189—190页。

② 郭绍虞：《中国历代文论选》，上海古籍出版社1986年版，第60页。

力圆稳,墨气深厚,真有元气淋漓之观"①。郑板桥曰:"古之善画者,大都以造化为师,天之所生,即吾之所画,总需一块元气团结而已。"②清人王原祁评董、巨的画:"全体浑沦,元气磅礴。"③叶燮称赞李白诗歌:"李白天才自然,出类拔萃;……非以才得之,乃以气得之也。"④气,是文艺作品的生命,也是评价文艺作品的重要标准。

二 坐忘:个体生命之超越

(一)庄子坐忘论

坐忘,取自《庄子》的心斋、坐忘之论,道教用以作为修行之术。坐忘,是一种"忘"的智慧,也是一种"忘"的方法。

> 颜回曰:"回益矣。"仲尼曰:"何谓也?"曰:"回忘礼乐矣。"曰:"可矣,犹未也。"他日复见,曰:"回益矣。"曰:"何谓也?"曰:"回忘仁义矣!"曰:"可矣,犹未也。"他日复见,曰:"回益矣!"曰:"何谓也?"曰:"回坐忘矣。"仲尼蹴然曰:"何谓坐忘?"颜回曰:

---

① 方薰:《山静居论画》,潘耀昌:《中国历代绘画理论评注·清代卷》(下),湖北美术出版社2010年版,第179页。
② 《郑板桥集·补遗》,上海古籍出版社1979年版,第46页。
③ 温肇桐:《王原祁》,上海人民美术出版社1980年版,第14页。
④ 叶燮:《原诗》,霍松林校注,人民文学出版社1979年版,第64页。

"堕肢体，黜聪明，离形去知，同于大通，此谓坐忘。"①

庄子的坐忘是一种不断遗忘的智慧，先是忘礼乐，再是忘仁义，最后是忘身心。礼乐是对人言行的社会规范，仁义则是对人品德的规范，总体而言，仁义礼乐皆是对人的外在规范。"忘"，则是人对外在规范约束的解脱。"堕肢体""离形"是对人的生理欲望的克服，"黜聪明""去知"是对人的理性认知的摆脱。"身心俱忘"是人对自我欲望与理性分别智的超越。外忘于仁义礼乐，内忘于身心，物我俱忘，便能与道冥一，"同于大通"。坐忘既是一种境界，也是一种功夫。作为一种境界，坐忘指物我两忘、同于大通的境界；作为一种功夫，坐忘则指离形去知的修养。徐复观认为，在离形去知、身心两忘的功夫中，"'忘知'最为枢要，忘知是忘掉分解性的、概念性的知识活动，剩下的便是虚而待物的纯知觉活动，这种纯知觉活动，便是美的观照"②。因为它不是把知觉作为求知的前提和实践的指导，而是关注知觉活动本身，"洞察到事物内部，直观其本质，而通向自然之心，因而使自己得到扩大，以解放向无限之境"③。庄子正是通过外忘于物，内忘于我，不断地遣除身心的束缚，从而走向生命的自由。从生命的自由解放而言，坐忘是不断遣除困扰身心的桎梏，使生命走向无待

---

① 《庄子·大宗师》，《二十二子》，第 31 页。
② 徐复观：《中国艺术精神》，华东师范大学出版社 2001 年版，第 43 页。
③ 徐复观：《中国艺术精神》，第 43 页。

自由的功夫。

(二) 道教坐忘论

道教吸纳庄子的"坐忘"作为自己宗教修性的重要功夫。如《玄门大义》，便把"心斋坐忘"列为道教五类炼养术的第二类。①唐宋重玄学立足庄子的"物我两忘"，又吸纳佛教能所双遣，丰富了坐忘的内容。成玄英关于坐忘的观点：

> 既知形质虚假，无可欣爱，故能内则忘于脏腑，外则忘其根窍故也。②
>
> 凡天下难忘者，己也。而己尚能忘，则天下有何物足存哉！是知物我兼忘者，故冥会自然之道也。③
>
> 圣人能所两忘，境智双遣，玄鉴洞照，御气乘云，本迹虚夷，有何病累也？④

在成玄英看来，坐忘乃是物我兼忘、境智双遣，这既是一种"能所两忘""冥会自然之道"的境界，又是一种"忘""遣"的功

---

① 参见《洞玄灵宝玄门大义·释众术》："无所不通，大而论之，略有五事：一者思神存真，二者心斋坐忘，三者步虚飞空，四者餐吸元气，五者导引三光。此皆心气相使，而神道冥通。"(《道藏》第24册，第739页) 前面三类功夫重在修性，后面两类重在修命，显示出道教性命双修、与道合一的仙道追求。
② 《南华真经注疏·大宗师第六》，第156页。
③ 《南华真经注疏·天地第十二》，第245页。
④ 《老子道德经义疏》，《中华道藏》第9册，华夏出版社2004年版，第287页

夫。如何"忘""遗"呢?成玄英的药方是:"委蛇任性,故顺万物而无心,所谓隳体黜聪,离形去知者也。"① 坐忘之术乃在"顺物无心",顺应万物之本性而又心无染着。从中可见老子和光同尘的影子,又有佛教禅学无相无念的意味。

李荣认为:"修身之理,必先忘于形……然后息心归本,居于万物之始也。"② 忘形息心乃修养之理,具体方法是:息贪竞之心与除小见、俗见。此与庄子"离形去知"的坐忘功夫一脉相承。王玄览强调:"一切众生欲求道,当灭知见,知见灭尽,乃得道也。"③ 除灭知见是修道合道之要。可见,不管是道家还是道教都非常强调灭知见,即除灭理性分别知——此乃克服主客二元对立的关键。唯有除灭知见,方能物我一体,物我合一,也才能进入"美的观照"。

唐玄宗时期的著名道士司马承祯作《坐忘论》,对坐忘之道与术做了详尽论述。尤其是其对坐忘之术的系统阐述,使"坐忘"转化为一种具体可行的宗教践履功夫。

　　内不觉其一身,外不知乎宇宙,与道冥一,万虑皆遗,庄云:同于大通。④

---

① 《南华真经注疏·天运第十四》,第 293 页。
② 《西升经集注》,《道藏》第 14 册,第 599 页。
③ 《玄珠录》,《道藏》第 23 册,第 620 页。
④ 《坐忘论·敬信》,《道藏》第 22 册,第 892 页。

司马承祯认为"坐忘"是物我两忘、内外双遣、万虑俱灭、与道合一的境界,是修道者努力达成的境界。为了实现这一宗教理想,司马承祯进一步提出了具体的坐忘之法:敬信—断缘—收心—简事—真观—泰定—得道。他在《坐忘论序》里说,此七条乃"修道阶次",是"归道之要"。

敬信——"夫信者道之根,敬者德之蒂。根深则道可长,蒂固则德可茂"①,言坚定的修炼信念。断缘——"断有为俗事之缘"②,使身逸心安,"若事有不可废者,不得已而行之,勿遂生爱,系心为业"③。断缘最重要的是对镜不生攀缘之心,心不被外物所累。收心——"安坐收心,离境住无,所谓不著一物,自入虚无,心乃合道"④,强调对镜安坐,不著一物以入虚无之本心。简事——"知生之有分,不务分之所无,识事之有当,不任非当之事"⑤,强调对于外在事物,须量力而行,安分守性,切勿贪求,以免劳神伤身。真观——"虽有营求之事,莫生得失之心,则有事无事,心常安泰"⑥,主张宅心物外,不以物喜,不以己悲。泰定——"夫定者,尽俗之极地,致道之初基,习静之成功,持安之毕事,形如槁木,心若死灰,无感无求,寂泊之至,无心于定,而无所不定,故曰泰定"⑦。

---

① 《坐忘论·敬信》,《道藏》第22册,第892页。
② 《坐忘论·断缘》,《道藏》第22册,第892页。
③ 《坐忘论·断缘》,《道藏》第22册,第892页。
④ 《坐忘论·收心》,《道藏》第22册,第893页。
⑤ 《坐忘论·简事》,《道藏》第22册,第894页。
⑥ 《坐忘论·真观》,《道藏》第22册,第895页。
⑦ 《坐忘论·泰定》,《道藏》第22册,第896页。

司马承祯的"坐忘"功夫从敬信至真观重在"脱俗",从泰定开始乃在"致道"。"致道"的第一步乃是身心俱死,无感无知、无心修定、无所不定。最后一个阶次是得道——"是故大人含光藏晖,以期全备,凝神宝气,学道无心,神与道合,谓之得道"[①]。神气凝聚,无心于道,而神与道自合,此乃坐忘之最高境界。

司马承祯把坐忘的修道功夫分为两个层次:脱俗与致道。"脱俗"重在摆脱俗事对身心的缠绕与束缚,因此必须断缘、简事,莫做分外之事,莫生攀缘之心,息静持安,收心安泰。此一层面的修为乃是对实用"我"和功利"我"的超越。每一次的超越皆是一次解脱,同时又是向道的进一步靠近。"致道"重在与道合一,关注修为向合道的一步步逼近。初步合道需身心俱亡——形如槁木、心若死灰、无感无求;其次合道之心需要"忘"——学道无心而神道自合。可见,司马承祯"坐忘"功夫的关键便是"无心"——"有营求之事,莫生得失之心","勿遂生爱,系心为业","无心于定","学道无心"皆是此意。"无心"贯穿"坐忘"功夫的每个阶次,是司马承祯"坐忘"的核心。

从上面的论述可见,道教的"坐忘"作为一种修养的功夫,其关键乃在"无心"。无心,第一层次是无心于物,不被外在事物所粘附,从而摆脱外部世界的限制。第二层次是无心于定,无心学道,摆脱对修行本身的执着,使修行成为一种本心的自发行为,无为而无不为。如此,外遣于物,内遣于心,内外双遣,能所两忘,

---

① 《坐忘论·得道》,《道藏》第 22 册,第 897 页。

从而获得身心的彻底解放与自由。

(三)"坐忘"的美学意义

道家与道教的忘的过程,其实是一种不断去蔽的过程。徐复观认为,人的欲望与心知乃是对生命本性的遮蔽[①],而坐忘则是外忘于物、内忘于身心。外忘于物,既是对物质占有欲望的超越,也是对外在道德规范约束的摆脱;内忘于身心,则是离形去知,对自我感性与理性的双重超越。"忘"的过程是忘物、忘己到忘"忘"的不断遣除的过程,其实质是不断摆脱功利自我、实用自我、感性自我、理性自我、道德自我的过程,这种遣除与摆脱乃是一种去蔽与解构。因为功利、物质、知识与道德在道家及道教看来皆是对本真生命之道的障蔽,对物质的占有欲望,对功利的强烈追求,对知识的欲求与对仁义道德的追逐,都是与虚静自然之道背道而驰的,因此必须"忘""遣""无",摆脱这些生命的重负。从人的精神旅程看,这样的过程也是个体生命不断走向自由与自觉的过程。对附加在生命之上的重负的遣除与忘却,也是使人凝神于生命本身,去发现生命本质与意义的过程,正如伽达默尔所言:"一个人只有失去自身才能发现自身。"[②]"坐忘"的智慧便在于此:生命在"忘"中觉醒,生命的意义在"忘"中生成。正是在

---

① 徐复观:《中国艺术精神》,第54页。
② 贤·霍希曼:《庄子与伽达默尔:忘己与体道》,《安徽师范大学学报(人文社会科学版)》2002年第5期。

这个意义上，我们说"坐忘"也是一种人生审美化的方式与途径。

坐忘论对中国古典美学的重要启迪在于审美心胸论。叶朗认为，老子的"涤除玄览"是中国审美心胸的理论发端，而庄子的"心斋""坐忘"则是审美心胸的真正发现。[①] 坐忘论强调对功利自我、理性自我的超脱，主张一种非功利、非认知的生命态度——此乃是一种审美的人生态度。唯有以一种超功利、非理性的审美态度观照世界，遣欲忘知，才能虚以待物、静以观妙，才能发现万物之美。后来宗炳的"澄怀观道"，郭熙的"临泉之心"，苏轼的"欲令诗语妙，无厌空且静。静故了群动，空故纳万境"[②] 的诗学主张，等等，皆有对坐忘论的承继。

三 守一：生命本真之复归

修道成仙是道教的宗教理想，得道合道是道教修养的一贯追求，"守一"自然成为道教修养论的核心范畴。"一"乃"道""元气"之别名，守一即守道、守元气。道家与道教皆认为，"一"具有化生万物的功能，是万物之本原。

> 一布名于天下，天得一以清，地得一以宁，侯王得一以为正平，入为心，出为行，布施为德，总名为一。

[①] 参见叶朗：《中国美学史大纲》，上海人民出版社1985年版，第119页。
[②] 苏轼：《送参寥师》，转引自《中国美学史资料选编》，中华书局1981年版，第35页。

> 一之为言，志一无二也。①
>
> 夫一者，乃道之根也，气之始也，命之所系属，众心之主也。②
>
> 道起于一，其贵无偶，各居一处，以象天地人，故曰三一也。天得一以清，地得一以宁，人得一以生，神得一以灵。③

在道教看来，一是本根之道、元和之气，世界因道、气而天清地宁，人因道、气而有生命与灵魂。因此，一又是万物之本根，人生命之主宰。

以此本体论为基础，道家及道教都非常关注"抱一""守一"之法，先秦道家便有"抱一"之说，道教发展为"守一"之论，皆强调从形神、性命两个方面去发掘得道合道之术，以复归于生命之本原。

（一）老子"抱一"说

道教的"守一"之法源于道家老子的"抱一"说，《老子》十章有言：

---

① 《老子道德经河上公章句》，第34页。
② 王明编：《太平经合校》，第12—13页。
③ 王明：《抱朴子内篇校释》，第323页。

> 载营魄抱一,能无离乎。专气致柔,能如婴儿乎?
> 涤除玄览,能无疵乎?①

老子这里讲了养生的三种功夫:形神相抱、精气聚合、洗心观道。这里的"抱一",指魂魄、形神不相分离的修身功夫。通过魂魄和谐相抱,专精凝气的修身功夫与遣除欲望、摒除杂念的修心功夫,以达到如婴儿般精充气和、清虚明静的境界,这便是得道合道的状态。老子的这段话,奠定了"抱一"说的基本思想:"抱一"作为一种修养的功夫,既包含形神合一、养气凝精的命功,也包括洗心观道、宁静清虚的性功。道教的"守一"论在此基础上建立起来,其功夫也不外乎性命两个方面,只是又加入了长生久视之神仙信仰。河上公注此句:"言人能抱一,使不离于身,则长存"②,《太平经》有"守一明法,长寿之根也"③,皆把"抱一""守一"与长生成仙结合起来,"守一"又成为长生成仙之途径。

(二)道教"守一"论

道教的"守一"承继老子之"抱一"说,也兼具性命两方面功夫。命功方面,"守一"主张形神相守,精气神相合,共为一道。

---

① 《老子道德经》,《二十二子》,第1页。
② 《老子道德经河上公章句》,第34页。
③ 王明编:《太平经合校》,第16页。

> 圣人教其守一，言当守一身也。念而不休，精神自来，莫不相应，百病自除，此即长生久视之符也。
>
> 守一者，真真合为一也。人生精神，悉皆具足，而守之不散，乃至度世。①

在修身方面，守一，指"守一身"，即守住人身中之"一"，也就是人身中之道，又称元和之气、精和之气。"一者，道始所生，太和之精气也。"② 道教常以三一原则来思考世界：

> 道起于一，其贵无偶，各居一处，以象天地人，故曰三一也。
>
> 三气共一，为神根也。一为精，一为神，一为气。此三者，共一位也，本天地人之气。神者受之于天，精者受之于地，气者受之于中和，相与共为一道。故神者乘气而行，精者居其中也。三者相助为治。故人欲寿者乃当爱气尊神重精也。③

"一"是独立无依之道，道在宇宙中，显现为天地人，在人

---

① 王明编：《太平经合校》，第726页。
② 《老子道德经河上公章句》，第34页。
③ 王明编：《太平经合校》，第728页。

身中，则体现为精神气。精神气相分则为阴、阳、中和三气，相合则为一道、一气。"守一"之功就是要使人之精神气"悉皆具足""守之不散"，精与神合、神与气通，从而精神气和谐相通，平和相助，合为一道。如此则精壮神凝气足，百病自除，身体自然长生久视，所以道教认为："神成气来，载营人身，欲全此功无离一。"① 此乃道教"守一"之一义。

在性功方面，"守一"之法主张恬淡清虚、凝神静虑的"守性"功夫。道教认为，天地自然之道，在人身中体现为"胎气"（阴阳未分之元气），在人心中则体现为人的本性、真心。因此，"守一"之法体现在修身养性方面，则是回归人之本性真心。

河上公提出："不与俗人相随，守一不移，如愚人之心也。"②《西升经》主张："恬淡思道，臻志守一。极虚本无，剖析乙密，觑缕妙言，内意不出。"③ 早期道教一直强调修道需要"守一不移""臻志守一"。守一的性功，需要的首先是"不与俗人相随"，即不与世迁、不为物扰的静定态度，其次是"恬淡"，即虚静的心境与专精凝神的精神状态。而最关键的是"思道"，即对道的观照与体验。

葛洪在养生成仙方面，非常强调服丹与守一的结合。"夫长生仙方，则唯有金丹；守形却恶，则独有真一。"④ 长生靠金丹，去恶

---

① 饶宗颐：《老子想尔注校证》，第12页。
② 《老子道德经河上公章句》，第80页。
③ 《西升经·慎行章第四》，《道藏》第11册，第492页。
④ 王明：《抱朴子内篇校释》，第324页。

须守一。前者重在修命,后者重在修性。"守一"之法是葛洪思存之术中最为重要的一项。他说:

> 道术诸经,所思存念作,可以却恶防身者,乃有数千法。如含影藏形,及守形无生,九变十二化二十四生等,思见身中诸神,而内视令见之法,不可胜计,亦各有效也。然或乃思作数千物以自卫,率多烦难,足以大劳人意。若知守一之道,则一切除弃此辈,故曰能知一则万事毕者也。①

葛洪认为,思存内视之法不可胜数,虽各有效,但大多烦难劳神,唯有守一之法,摒弃纷繁思虑,清心静虑,专注于"一",修此一法,即了知万事之本,其他诸法皆不必逐一而修。可见,在葛洪看来,守一之法,能举本统末、禀本执要,是思存修性的根本之法。同时也道出了"守一"之法的基本特点:凝神静虑,专注于"一"。

唐代重玄学者李荣针对当时"丧身以成名,忘己以徇利"的社会现实,也提出了返璞归真的"守一"之法:"顺俗求道,失之于真。反俗修德,入之于妙。"②具体有四个步骤:除嗜欲一绝是

---

① 王明:《抱朴子内篇校释》,第324页。
② 李荣:《老子注》卷4,转引自任继愈:《中国道教史》,中国社会科学出版社2001年版,第338页。

非一遗万虑—守真一。守一之法必须从遣欲望、绝是非开始,最后连思虑之心也一同摒除,如此方能契合于真一之道。唐玄宗提出:"前损忘迹,后损忘心,心迹俱忘,可谓造极,则以至于无为矣。"①"心迹俱忘",即境智双忘;能所双遣,旨在"造极"——是归本,也是守一。此论与庄子"离形去知,同于大通"的坐忘论旨趣相同。可见,离形去知的坐忘功夫也是一种守一之法。

唐宋内丹道在吸纳前人"守一"思想基础之上,形成了一套系统的"抱元守一"修养理论。在内丹道看来,"抱元守一"并非只是一种性命炼养之术,而是具有深厚理论基础的修养之道,是内丹道修养之核心与指归。

> 夫真一者,纯而无杂谓之真,浩劫长存谓之一。
> 真乃人之神,一者人之气,长以神抱于气,气抱于神,神气相抱,固于气海……二气相吞,贯通一气,流行上下,无所不通,真抱元守一之道也。②
> 天地以炁而升降,人身以炁而呼吸。能知守一之道,静则金丹,动则霹雳。③
> 气和体寂,守一神闲,灵芝在身,不在名山。反一

---

① 《唐玄宗御制道德真经疏》疏《老子》"损之又损,以至于无为",《道藏》第11册,第786页。
② 《太上九要心印妙经》,《道藏》第4册,第311页。
③ 《道法会元》,《道藏》第29册,第235页。

守和,理合重玄。①

真一,乃"道"的别名,是纯净无染、永恒长存的。内丹家认为,天地阴阳之气的升降与人身中气的呼吸一体同化,真一又是人的元神元气,炼养人身中之神气,使神气长久相抱,阴阳二气流行畅通。"气和体寂,守一神闲","反一守和,理合重玄",便是"抱元守一","知守一之道",即与真一之道的合一,也便能如真一之道一般永恒长存,在道教而言便是成仙。内丹家有言:"以阳化阴,以阴育阳,即可成仙成佛。"又言:"内丹就则长存,阳神显则升仙矣。"②这里的"守一"便有神气相通以合于道之意,与早期道教相同。

"气者命也""性乃神也"③,神气即性命,乃是人生命之本根,也是内丹道修炼之根本。内丹道之核心乃在炼神养气:"假一神调气,藉一气定神。……神气不相离,道本自然也。"④神气相守,便可抵自然之道。神与气、性与命从物质与精神两个层面构成了完整的生命体,内丹道以神气、性命为炼养核心,旨在破除生命之局限。内丹道认为:"夫阴阳者,为万物之主宰,看之无形,摸之不着,隐显不测,顺行生人生物。"⑤阴阳二气是万物及人生命

---

① 《真气还元铭》,《道藏》第4册,第879页。
② 《吕祖指玄篇秘注》,《道藏精华》第13集之三,台湾自由出版社1989年版,第131页。
③ 《太上九要心印妙经》,《道藏》第4册,第311页。
④ 《太上九要心印妙经》,《道藏》第4册,第311页。
⑤ 《吕祖指玄篇秘注》,《道藏精华》第13集之三,第131页。

的本原，二气交合而生物生人。"惟人也，受形于父母，形中生形，去道愈远。自胎完气足之后，六欲七情，耗散元阳，走失真气。"①人受形于父母，是形中生形，本已离道很远，且自出生开始，由于六欲七情，又致元阳散失，真气流逝，生命耗尽，堕入生死轮回，不能成仙。修道即要逆而行之，引导分散之气归于一元真气，回归无象无质无位无数的虚无之道。这便是内丹道"抱元守一"的真正内涵，也是内丹道对"守一"之法的发展。内丹道的"守一"是通过"炼精化气，炼气成神，炼神还虚"的实践活动，力图在性与命两个层面实现生命的整体回归。复归生命的真元之气，从而超越生命的死生轮回，这是内丹道独特的"抱元守一"之路，也是内丹修养之鹄的与归旨。

综上所述，道教的"守一"包含命与性两个层面的修养功夫。修命重在精气神的融通合一；修性重在凝神静虑、存思体道。然而，不管是命功还是性功，返本归元、契道合道是"守一"之法的共同特征。

(三)"守一"的美学意义

"守一"之法揭示出道教修养的本质：回归生命的本原。道家及道教认为，人自出生之后，由于气的分化，心智、欲望的产生，与本原之道渐行渐远，生命在无穷无尽的是非得失、利害冲突、名利追逐中消耗殆尽，走向死亡。而"守一"之法则是从命与性

---

① 《秘传正阳真人灵宝毕法》，《道藏》第28册，第351页。

两个方面，使生命回归本原之道，即回归生命的本然状态，使分裂的生命、迷失的生命、物化的生命重新回到生命的源头，在物我一体的生命体验中，复归虚静混沌的生命本真。刘小枫在他的《拯救与逍遥》一书中说："把生命的意义转换为生命本然，以生命本然取代生命的意义，审美精神便诞生了。"[1]正是在这个意义上，我们说"守一"乃是一种人生的审美修养，因为对生命本然之追求，便是一种审美人生的追求，是一种超越功利、理性的审美人生的实现。同时，"守一"所体现的物我合一、物我两忘的境界，亦是一种克服主客二元对立的审美人生境界。

清代画家石涛的"一画"论中有"守一"的影子。"一画者，众有之本，万象之根。"石涛认为，"一"是绘画的根本法则，把握了此法则，描绘山川人物、鸟兽虫鱼、亭台楼阁，便能"深入其理，曲尽其态"[2]。绘画之根本在于守此"一画"，守"一"便能穷尽万千物态，此与道教"知一则万事毕"的主张一致，强调从绘画之道而非术的层面把握艺术之美，可以说是道家及道教守一论在绘画美学上的应用。

道教养气论重在命功，坐忘论重在性功，而守一之法则性命双修。养气论关注物质生命力的提升，坐忘论重视精神生命的超越，然而它们都指向"一"，指向"道"。道教的一切修行活动，都指向与道合一、证道合真。因此，在这个意义上，可以说"守一"

---

[1] 刘小枫：《拯救与逍遥》，上海三联书店2001年版，第66页。
[2] 石涛：《苦瓜和尚语录》，中州古籍出版社2013年版，第8页。

是道教修养论的总法则,"守一"之法涵盖了养气与坐忘的性命功夫。养气乃是要逆转阴阳二气而回归元和之气,坐忘乃是要超越主客二分而复归主客一体的虚静浑沦之道,从最终归宿而言,都属于"守一"之法。"守"强调从物质与精神生命两个层面,复归于生命之本然,体现了道家及道教对世界与生命的独特理解,也体现了道家生命美学的独特内涵。

四 真行:以善合真

在道教修养体系中,行善积德一直都是不可或缺的有机组成部分。早期道教经典《太平经》便主张养生与积德并重;《老子想尔注》则提倡内守积精,外行积善;南朝陆修静也主张"内以修身,外以救过",尤其强调"学道者须以忠孝为先",把祈福禳灾、普度众生作为修行的重要内容;至宋元,净明道、全真道更是主张功行双备,修身与积德并行,并且把忠孝人伦、济世度人的功行修养与养生修道融为一体,把积功累德纳入修身养性体系之中。"人道是仙道之阶,仙道是人道之极"[①],自人道而至天道,体现出道教以善合真的特点。

早期神仙道教往往主张修仙与积善并行。《老子想尔注》非常重视"道诫":"奉道诫,积善成功,积精成神,神成仙寿,以

---

① 《傅金铨·道海津梁》,《藏外道书》第 11 册,巴蜀书社 1992 年版,第 366 页。

此为身宝矣。"① 道诫的基本内容便是积善与积精,二者并行方能仙寿。"人当积善功,其精神与天通"②,行善也是成仙的途径之一。《太平经》更是提出修行乃要"忠君、敬师、事亲",并强调"此三者道德之门户也"③,"不孝而为道者,乃无一人得上天者也"④。行人伦乃是得道成仙的必要条件,是道教修行不可或缺的重要内容。

南朝陆修静整理前朝道教的斋醮科仪,制定"九斋十二法"以加强道士的教戒,其中的内容包括修身养神、修德度人两方面内容。自然斋"普济之法,内以修身,外以救过,为百姓祈福消灾",涂太斋"拯济忧苦,济人危厄",皆是济世度人之法。并且陆修静还注意把斋醮科仪与思神行气的养生术结合起来。

> 是故太上天尊……出灵宝斋,以人三关躁扰,不能闲停,身为杀盗淫动,故役之以礼拜;口有恶言,绮妄两舌,故课之以诵经;心有贪欲嗔恚之念,故使之以思神,用此三法,洗心静行。心行精至,斋之义也。
>
> 礼诵役身口,乘动以反静也;思神役心念,御有以归虚也。能静能动,则与道合。⑤

---

① 饶宗颐:《老子想尔注校证》,第16页。
② 饶宗颐:《老子想尔注校证》,第8页。
③ 王明编:《太平经合校》,第311页。
④ 王明编:《太平经合校》,第656页。
⑤ 《洞玄灵宝斋说光烛戒罚灯祝愿仪》,《道藏》第9册,第824页。

陆修静认为，人之身口心三业不停地困扰着人，身口作恶，心生贪嗔，必须通过礼拜、诵经、思神等科仪以戒人之贪嗔痴，洗心静行，使人反静归虚，以实现与道合一之理想。可见，道教的戒恶也是养生，也是修道。

宋元净明道更是推崇忠孝之道："盖其说以本心净明为要，而制行必以忠孝为贵而已。""其法以忠孝为本，敬天崇道、济生度死为事。"①忠孝、济生度死乃宗教修行之本——"忠孝，大道之本也，是以君子务本，本立而道生。"②把忠孝提高到"道"的高度，并与修炼心性的宗教修养结合起来，使忠孝具有了浓厚的宗教意味。

> 父母之身，天尊之身；能事父母，天尊降灵。欲拜星辰，友恭弟兄；兄弟之身，诸天真人。③

这里，净明道把人世中的父母兄弟比作天尊、真人，对父母兄弟的孝悌自然转化成为对天尊、真人的尊敬，尊父母敬兄弟则成为一种成就天尊、真人的修炼功夫。如此，人伦被纳入了天道修仙体系。

刘玉曾在《玉真先生语录内集》中说，净明道的"真忠至孝

---

① 《净明忠孝全书》，《道藏》第 24 册，第 629—630 页。
② 《净明忠孝全书》，《道藏》第 24 册，第 633 页。
③ 《太上灵宝净明洞神上品经》，《道藏》第 24 册，第 602 页。

之道"乃在"惩忿窒欲,明理不昧心天"①。徐慧又言:

> 惩忿则心火下降,窒欲则肾水上升,明理不昧心天则元神日壮、福德日增。水上火下,精神既济,中有真土为之主宰,只此便是正心修身之学、真忠至孝之道。修持久久,复其本净元明之性,道在是矣。②

自此,真忠至孝之道便与修身养性之术融为一体。忠孝之对象从外在的父母君王,移植于内在的心天、心君,人伦之道转化为心性修养之道,如此,人伦修养转化为心性的宗教修行。"明理只是不昧心天,心中有天者,理即是也,谓如人能敬爱父母,便是不昧此道理。"③徐慧认为,孝敬父母正是明理的表现,理是心中之天,即心中之道,也即人的本性真心,由此,孝敬父母也成为人真心本性的显现。真忠至孝向内是对自我本性真心的忠诚,向外是对父母兄弟的敬爱,二者是一致的,是一个问题的两面。如此,人伦日用与心性修养完全融为一体,人伦日用即身心修养,身心修养也离不开人伦日用。

金元时期的全真道也是如此,强调真功与真行双行不悖。"真功"指修性修命的功夫;"真行"指积功累行、行善积德的修行。

---

① 《净明忠孝全书》,《道藏》第 24 册,第 635 页。
② 《净明忠孝全书》,《道藏》第 24 册,第 635 页。
③ 《净明忠孝全书》,《道藏》第 24 册,第 635 页。

全真道把人伦道德的"真行"纳入宗教修养,使之成为宗教修道不可或缺的一部分。"积行累功,道在其中。""今之学者,不积功行,直欲造道,必无此理。"①但同样,全真道的"真行"乃其宗教修行之一部分,必须遵守其宗教修行之总原则——无为,并符合"与道合一"的宗教理想。因此,全真道要求行善积德"有经营之迹,而无经营之心","终日经营而无着于经营","积累功行"又"功成不居"②。同时,行善积德乃是修道的一种途径,其目的乃在得道合道,因此,全真之"真行"并非目的而是手段,行善旨在合真。"功行皆备则福至,福至则心开,一点光明透入,即天地之根,二物自然合而为一,方用绵绵之道以存养之,使之充实,则永劫不死矣。"③功行兼备,修身与行善并行不悖,则福至心开,自然合道。

总而言之,道教以得道成仙、证道合真为其宗教信仰,以性命双修的生命修养为主,辅之以兼善济世的道德修为,并逐渐发展到把道德修为纳入生命修养之中,使之成为修身养性之一部分,从而成为证道成仙的重要内容,体现出以善合真、以善为美的特点。

---

① 《清和真人北游语录》,《道藏》第33册,第158页。
② 《清和真人北游语录》,《道藏》第33册,第169页。
③ 《清和真人北游语录》,《道藏》第33册,第170页。

第三节　佛道审美修养论比较

中国美学是人生美学，人生美学侧重于人生修养，关注通过各种实践活动以实现人生的审美化转变。这种审美化转变表现为：从物质的、实用的、功利的人生转向审美的人生。其标志则是：对生命意义的追求、物我一体的生命境界，以及由此而形成的不为外物所拘、不为自我欲望所缚的自由而愉悦的人生。中国佛道二教所进行的宗教修养活动，乃是不断摆脱生命桎梏，摆脱外物与自我约束，追求人道合一、物我一体生命境界的活动。正是在这个意义上，我们说，中国佛道二教的修养过程也是一种人生的审美化过程，也正是在这个意义上，我们认为中国佛道的修养与人生的审美修养是一致的，由此提出佛道审美修养论。佛道审美修养论主要是从人生审美化的视角，研究佛道修养活动，探索佛道修行者在修养活动中的人生审美化过程，即修行者如何在修养活动中，不断摆脱生命的重负而走向自由人生的过程。

前面我们已经对佛道二教的审美修养论分别做了论述，下面我们将进一步比较佛道审美修养论的异同。

如前两节所言，佛教审美修养论以"悲智双运"为基本特点，尤其强调定慧双修的慧功，关注生命智慧修养在人生审美转化过程中的关键作用。道教审美修养论则以性命双修为主要特征，强调通过物质与精神生命的双重超越，实现人生的审美化转变。在人生的审美化过程中，佛道二教既表现出诸多的差异性，又表现出本质上的一致性。

佛道二教审美修养论的差异，既表现在修养内容方面，又表现在修养方式方面。在修养内容方面，悲智双运的佛教修养集中在戒定慧三方面，而以定慧的生命智慧修养为主。道教修养论虽然主张"养生"与"积善"、"真功"与"真行"的统一，但是性命双修的养生功夫才是道教修养论的核心。由于二教修养目的与内容不同，因此二教在修养方式上表现出很大的差异性。佛教以体认生命本质之空，开启生命的灵知觉性为目的，以定慧等认识能力为修养的主要内容。因此，佛教的修养注重"定""观""悟"等认识活动，强调在认知体验活动中体认生命之本质；道教以整体生命的合道成仙为目的，以形与神、性与命为修养的内容，修养方式重炼、养、修等实践活动，强调在实践活动中提升生命的质量。

佛道在人生审美修养的某些内容与方式上，又体现出一定程度的一致性，如二者皆以善为美，把行善纳入其人生修养体系，形成了审美人生道德论。佛教的"禅定"与道教的"坐忘"等修养功夫，都强调对自我欲望与理性的超越；佛教的"慧"功与道教的"守一"则致力于物我两忘、境智双遣，致力于向生命本真的回归。

一　定慧双修与性命双修

中国佛教在修养方面最大的特点便是止观双行、定慧双修。定慧的修养功夫指凝神静虑的定功与透悟万法及生命本质的慧功的统一。定慧皆属于静虑修或思维修，重在心理精神方面的修行。

中国佛教以摆脱生死轮回、获得生命解脱为修养目的，认为获得生命解脱的关键在于对世界空幻本质的觉解与领悟，因此，佛教一切修养皆指向这种觉悟，戒定慧皆围绕这种觉悟展开。除了戒功中对丑恶言行的戒除是属于修身之外，戒功中对恶念妄念的戒除，定功中的凝神静虑，慧功中的觉解与领悟，皆属于心性修养的功夫。并且佛教认为，人的丑恶言行源于人的贪嗔痴，源于人的贪婪、怨愤与执着，总的来说，仍然是心在作怪，心性修炼才是修身的核心。因此，中国佛教修养论关注对人贪嗔痴等妄心邪念的超脱，对虚静心境的追求，尤其是对心的灵知觉解的开发，通过对心性的修炼，从精神层面超越现实生命境遇的束缚，剥落依附在人心灵上的重负，拨开浮云见真理，凸显真心本性，透识生命真谛。这便是中国佛教审美修养的指归。

道教在审美修养论上的最大特点则是"性命双修"，关注身体与精神的双重修炼，以形神俱化、与道合一，从而长生成仙为目的。道教认为生命是形与神的统一体，精、气、神是构成生命的基本要素。万物生命之本在道，道是永恒不灭的，而人的生命之道则在于形与神的相守相抱、精气神的融摄互通。早期神仙道教，虽侧重于生命之"形"的炼养，以自然造化比附人的身体结构，讲究导引、服气、药饵、房中之术，以肉体的长生不老作为其修养的指归。然而，神仙道教并未放弃"神"的炼养，而把养神作为养生的一个有机组成部分，主张养气炼形与息心养神相结合。隋唐之后，重玄学、内丹道、全真道，则侧重于生命之"神"的炼养，注重心性修养，认为长生成仙，并非身体的长生久视，而是神、性的永恒不死。但他们也不放弃对精气的炼养,不只追求从精神认识层面体认道,而且寻求精神向虚静之道的回归。尤其内丹道,更是标举"性命双修""形神俱化",力图通过"炼精化气,炼气化神,炼神还虚"的修炼过程,从身体与精神两方面实现与本体之道的契合。可见,道教修养论的核心乃是对"生"的关注,对生命本身的关注。通过上面的阐述,我们发现在审美修养的内容方面,佛道二教表现出一定的差异性。

1. 对生命的理解有差异

佛教认为"万法皆空",一切的现象世界皆是虚幻不真的,身体作为一种"法"也是虚幻不真的,生命中唯有真心本性乃是涅槃佛性,乃是实有,修心就是要唤醒这种佛性,即心的灵知觉性,获得生命的开悟。因此其修养的全部内容都集中到对这种灵知觉性的唤醒即开悟上。道教认为生命是形与神的统一体,生命源于"气",生命修养就是要养气、守一:一方面充盈生命之精气神,保持生命力的旺盛,使生命阴阳之气聚合而归于元和之气;一方面凝神静虑,炼养精气神,使形神相守不离,从而形神合一,回归永恒不竭的清虚之道。

2. 生命修养的侧重点不同

佛教关注生命智慧,关注精神的心性修养;道教关注生命的整体提升,尤其关注物质生命的质量。同样是重视生命的自我修养、自我提升,佛教更加重视生命智慧和生命的灵知觉性,把它作为生命的本质特征与修养的指归,一切修养皆指向对生命灵知觉性的唤醒,指向般若智慧的开启,开慧、觉悟成为佛教生命修养的焦点。对生死轮回的摆脱,对现实困境的脱离,皆在"悟",戒与定皆是为开悟做准备。

与佛教不同,道教重视生命之气的炼养,关注生命之形与神的相抱合一,即作为性命统一体的生命质量的整体提升,尤其对构成有形生命的要素——精、气——十分重视,积精保气、炼精化气是道教修养的核心内容。

北周释道安《二教论》有言:"佛法以有生为空幻,故忘身以济物;道法以吾我为真实,故服饵以养生。"[1]道出了佛道二教在修养论上的区别:一个主张万法皆空,有形之身亦空,因此强调修养在"忘身"以悟道;一个主张"吾我"的真实,因此,强调养生之道,重视有形生命的炼养。

3. 虚静修养的不同地位

佛道二教同样强调虚静心境的修养。但佛教关注心性修炼,主张通过回归清虚静定的本心,从而开启真心本性的灵知觉性。因此,入定,即进入凝神静虑的心境,并非佛教修养之目的;开悟,由静定而慧生,获得对世界本质、人生真谛的透悟,才是佛教修养的目的。成熟的道教也关心心性修炼,在道教看来,自然之道寄托在人的本心之中,回归清虚明静的本心,即与道合一,便能长生成仙。因此,炼养心性而至虚静,乃是道教修养之目的。由此,在佛教中,虚静之美总是与空灵与睿智相伴,而在道教中,虚静之美总是与自然相随。

---

[1] 《广弘明集》,《大正藏》卷52,第139页。

二 观悟与炼养

修养目的与内容不同，决定了佛道二教审美修养方式的不同。佛教以唤起心性之灵知觉性，体悟万法皆空的生命真谛为目的，属于心理精神方面的修行，因此，其修行方式重观、重悟。观，是集观照、想象、体验为一体的心理活动，作为佛教修养范畴的"观"是以般若智慧为前提，以直觉的思维方式为途径，以主客一体、能所俱冥、证会真理本性为指归的精神修行活动。从人生审美修养与生命体验看，"观"又是以理性认识为基础，超越感性与理性认识，直抵生命本质的审美观照活动。悟作为佛教修养论范畴，指"冥符真理，返见佛性"的心灵状态与直觉的体认方式。从人生审美修养而言，悟乃是一种觉醒的生命状态与一种把握生命本质的直觉方式。总之，不管是观还是悟，皆以物我两忘、冥符真理、返归佛性为指归，皆表现出整体直观的直觉认知特点。

道教以得道成仙、证道合真为目的，与自然本体之道合一，从而使生命长生久视，是道教一以贯之的追求。由此，道教形成了"性命双修""形神双修"的修养体系，也形成了以"炼""养"为主的修行方式。炼形、炼神、炼丹，皆重在"炼"，养气、养神、养身，皆重在"养"。不管是从早期外丹道对丹鼎之法的描述中，还是从后期内丹道对内丹修炼程序的描述中，甚至从司马承祯"坐忘论"对心性修养的描述中，我们都可以看出道教修养的系统性与程序化特征。道教认为，宗教修养是一个长期的过程，要使生命的精气神融通互摄，炼有形之身而至于无形虚空之道，使生命获得质的飞跃、获得永恒，需要身体力行，进行长期炼养。

道教对物质与精神生命的双重提升，对个体生命整体超越的追求，必然重视命与性、形与神的双重炼养。以对有形生命的炼养为生命修炼的起点，关注对身体的炼养，是道教相对于佛教的最大特点，表现了道教对生命修养的独特理解。

佛教的观、悟，强调对生命本质的观照与体悟，重在以直觉的认知方式体认生命本质，直观生命真谛。道教的炼、养，强调身体力行的实践，重视在实践活动中提升生命的质量，在形神两个方面获得生命的实质性提升，而不仅仅是认识层面的冥符真理、体道合真。从人生审美修养而言，佛教重对生命的审美观照与审美体验，并在这种冥符真理、物我两忘的体验中获得精神的愉悦与人生的解放。道教重对生命的实质性提升，力图从身体与精神两个层面超越个体生命的局限，从而摆脱内外的束缚，与道合一，羽化而登仙，获得身心的彻底自由。由此可见，在摆脱现实生命束缚、追求生命的自由与解放上，在克服主客二元对立、回归物我一体的审美人生境界上，佛道二教的致思方向是一致的，但是通向这一目的的方式与途径却不相同：一个重视精神解脱、精神愉悦，一个重视身心的双重解脱与超越；一个重视直觉体验，一个重视身体实践；一个主张由刹那而至永恒，一个提倡由渐修而至永恒。佛道二教不同的生命超越方式，为人生的审美化提供了不同的途径。

三 止恶行善与以善合真

佛道二教皆把行善纳入其审美人生修养的内容,主张功行与修身修性的统一。虽然佛教以定慧双修为其修养的核心,但推崇悲智双运,慈悲行善与心性修养并行不悖;道教以"性命双修"为其特点,但一贯主张真功与真行结合,行善积德与性命修养兼备。可见,佛道二教在人生修养上,虽然主要是以真(慧、道)为美,但并不排斥善,而是把善纳入其人生修养体系,在以真为美的基础上,融入以善为美的内容。然而,尽管二者皆把行善纳入其审美人生修养,但在具体的修行中却又表现出不同的特点。

佛教把慈悲行善纳入其戒功之中。佛教的戒是止恶与行善的统一:"诸恶莫作,诸善奉行"是戒的总原则,其中,"诸恶莫作"是止恶,"诸善奉行"是行善。在佛教看来,止恶与行善是一体之两面。止恶既是戒之本,也是善之源,戒除丑恶言行之时,也是开启善美人生之时。对自我欲望的克制、丑恶言行的制止、贪念的戒除,也是对其他生命的尊重与关爱。佛教审美道德论的特点是:在修身中行善,行善也是修身。

道教一贯强调修身与行善、真功与真行并行。"内守积精,外行积善","内以修身,外以救过","积善成功,积精成神,神成仙寿","积行累功,道在其中",如此等等。从早期神仙道教到后期内丹道,行善一直是道教修养不可或缺的一部分。行善的道德功行在道教修养论中,或作为一种心性的自然生发、本性真心的外化;或作为身心修养的一种入门功夫,最终指向得道成仙的宗教追求。道教把行善的道德功夫纳入生命修养之中，使之成为修身养性之一部分，成为证道成仙的重要内容，体现出"以善合真"的特点。

从上面的比较可见，佛教的行善蕴含在止恶之中，佛教始终把自我欲望的克制、丑恶言行的戒除与行善度人的慈悲情怀并行，体现出自修与度人一体不二的特点。道教的行善积德则被纳入修身养性的神仙修养之中，强调行善必须遵循修身养性的基本原则，符合证道合真的仙道理想，体现出"以善合真"的特点。尽管二教道德修养的特点不同，但是在推崇"行善积德"、主张兼善天下方面，二教的价值取向是一致的。二教皆主张自我修养与兼济天下结合，在关注自我生命超越的同时，尊重与关爱其他生命，而这种关爱最终又落脚于自我生命的修养，成为自我生命修养的一部分。这体现出中国宗教修养共同的价值取向：以宗教信仰为指归的生命修养。佛教的止恶行善乃在于入定生慧，道教的积功累德乃在于合道成仙，外在的行善积德最终落实于内在的身心修养，指向自我生命的超脱。

四　禅定与坐忘

心性修养是佛道二教审美修养论的核心。禅定，是佛教心性修养的关键，佛教修养由戒入，经由定，而至于慧，从而完成整个修养过程，摄心凝虑的定功乃是心性修养的入门功夫。坐忘，是道教心性修养的关键。道教认为要进入寂静虚空的道境，必须从坐忘开始，忘方能入静至虚。禅定与坐忘皆是心性修养的基础功夫，是通达悟境与道境的必经之路。

禅定，指通过静虑冥想、静坐默念等方法使散乱的心专注一境，进入静定状态。中国佛教的禅定是一种息心止妄、凝神静虑的心性修养功夫。禅定又以摄心凝虑、静心安定为指归，摄心与静定是禅定的主要内容。禅定的功夫概括起来分为两步：第一步，摄心，收拾散乱的心，使之能够专注一境；第二步，静心，除邪心、息妄念，心能专注于对万法本质的观照，浮躁的心便自然安静下来。心静定方能生慧，方能开悟，方能领悟生命本质。对于禅定功夫，早期佛教讲究"守一不移""息心看净"，致力于摄心、静心；后期佛教，尤其是禅宗，则讲究"无住""无相""无念"。禅定从一种特定的修行功夫，转变为一种随缘任运的生活态度。

坐忘是道教心性修养的重要功夫。坐忘，端坐而忘，具体内容是"堕肢体，黜聪明，离形去知，同于大通"，即是从形体与心智两方面彻底忘掉自我。因为人有形、有身，生命必然受困于感官、欲望，人有知，生命必然受制于由是非分别导致的患得患失。从身心两方面完全忘却自己，方能摆脱自我欲望、理性的桎梏。道教认为坐忘是物我兼忘、境智双遣，是外忘于物、内忘于我。外忘于物，指人不随物以迁，不为外在的功名利禄、利害得失所困扰；内忘于我，则指离形去知，不被自我的感情欲望、理性分别所牵制。物我双忘、境智双遣，方能遣除内外因素的牵制与困扰，从而纵身大化，与道合一，抵达自由逍遥的人生境界。而在物我双忘中，道教认为，忘己是最根本的。道教有言："凡天下难忘者，己也。而己尚能忘，则天下有何物足存哉！"

从审美人生意义而言，禅定和坐忘作为一种修养功夫，皆体现出对感性与理性生命的超越，这种超越表现为对人的欲望、功利、实用、理性的超越，也是对个体生命局限的超越。超越的实质是一种对生命的去蔽。佛道二教皆认为，生命的本真乃是清虚、明净的，是非、情欲以及由此而生的得失之忧、利害之患、功名利禄之逐、怨愤与痴迷等，皆是对本真生命的障蔽。禅定与坐忘功夫，便是要扫除这些障蔽本真生命的"浮云"，因此，我们说禅定与坐忘的过程也是一种生命的去蔽过程，一种生命不断摆脱负重的过程，也是一种向生命本真回归的过程，或者说是本真生命不断彰显的过程。禅定指向静定的心境，最后达到由定而生慧的觉悟生命境界。坐忘的结果是"同于大通""冥合自然"，指向清虚宁静的道境，从而实现个体生命纵生大化、与道合一的永恒。总之，不管是禅定还是坐忘，都是一种实现生命超越的手段，实现人生审美化的途径。

五　开慧与守一

佛教的全部修养皆指向开慧——发掘心性的灵知觉性，开启般若智慧。道教修行的总法则是"守一"，归根复命，复归于真一之道是道教修养的价值追求。

慧是佛教审美修养论的核心，开慧是佛教修养的根本与紧要法门。佛教修行者入涅槃而得解脱的关键在于开慧。慧是一种般若智慧,即无分别智,佛教又称之为"无知之知",是表面无知,而实际无所不知,是能把握一切现象本质的智慧。与慧相对的是"惑取之知",又叫分别智,指对事物条分缕析的理性认识。佛教认为分别智是一种执取妄惑的智慧,它执着于虚妄的现象而无法体认本质,不是真正的智慧。佛教一切的慧功皆指向"惑取之知"向"般若智慧"的转化,这一转化的过程便是开慧的过程。可见,开慧本身便是对人的理性分别智的超越,指向对"般若智慧"的开启。并且佛教认为,人人皆有佛性,即人人皆具有觉性,即般若智慧。或者换句话说,人本性便具有般若智慧,只是被理性分别智、感性欲望所障蔽,不能显现。开慧,即要拨开心灵的障蔽,使本性的灵知觉性得以显现。由此可见,开慧的过程其实是使真心本性显现的过程,也是"冥符真理,返见佛性"的过程。佛教常常通过"观""悟"等直觉方式来实现这一转化。而观与悟作为一种直觉认知方式,其实质是一种物我俱冥、能所一体的生命体验,指向个体生命与生命本质的契合。

守一是道教修行的总法则,不管是修命还是修性,皆要守一。一是独立无依之道,是阴阳未分前的元和之气。于道教而言,守一既是一种命功,也是一种性功。道教认为元和之气是生命的本原,元和之气分化为阴阳和三种形态,三气在宇宙中,显现为天地人,在人身中,显现为精气神。根据道教的"三一"法则:一生三,三归一。元和之气化为精气神三气,是一生三,是顺化,顺化则道生万物而有生死;精气神合为元和之气,则是三归一,是逆化,逆化则万物复归于元和之气,再归于虚无之道,逆生则与道合一，永恒长存。回归元和之气、虚无之道，这便是守一。因为道教认为元和之气、虚无之道是永恒的，要使个体生命长生久视，必须归一、守一。正是基于这样的认识，道教提倡守一之功，强调形与神、命与性的相守不离，使精气神"悉皆具足""守之不散"便成为道教命功的关键。守一，有时又指一种恬淡清虚、凝神静虑的"守性"功夫，是以清虚之心境、凝神沉思之方式体悟本体之道的修行之法。

佛教的开慧与道教的守一，作为一种修养之法，它们都以与万法本质、生命本体的契合为指归，都呈现出能所俱遣、物我两忘的特点。从人生审美修养看，开慧与守一，都体现出个体生命对自我局限的超越，向生命本真状态的回归，只是佛教的开慧更多是从精神层面复归于真心本性，复现心灵的灵知觉性，从而用般若智慧照亮生命，摆脱人生困境，获得生命的自由；而道教的守一则要求从命与性、物质与精神两个层面复归于元和之气与自然之道，与道合一，从而长生成仙。

第三章　觉悟境界与仙道境界
——佛道审美境界论

宗白华根据人与世界关系的层次不同，把人生分为六种境界：功利境界、伦理境界、政治境界、学术境界、宗教境界和艺术境界，并认为"宗教境界主于神"，"艺术境界主于美"①。佛教追求成佛，道教追求成仙，皆主于神，因而是宗教境界。在其他宗教中，神与人处于完全隔离的两个境界，神的境界是众生永远无法企及的境界。而中国的佛道境界则不同。佛的境界其实质乃是一种觉悟的生命境界，一种智慧的精神境界，它并不外在于人。"人人皆有佛性"，佛的境界乃是人的佛性显现的境界，即人的本然生命境界，佛的境界与人的境界是二而一的。仙道的境界乃是一种与道冥合、人道合一的境界。在道家及道教看来，作为本体存在的"道"并非悬置于人之外，而是深置于人之中，是人的真心本性，是"真我"。人道合一的仙道境界其实质乃是"自我与真我合一"的生命境界。由此可见，佛道境界皆为一种本真的生命境界。宗白华认

---

① 宗白华：《美学散步》，上海人民出版社1983年版，第59页。

为：艺术境界乃是"自我的最深心灵的反映","人类最高的心灵具体化","一切美的光是来自心灵的源泉"[①]。艺术境界乃是一种最深心灵、最高心灵即本然生命的反映与展现,美来自心灵深处,来自生命的源泉,即来自本然生命对现实生命的照亮。正是在此意义上,宗白华先生认为,艺术境界"主于美",艺术境界即审美境界。也正是在生命本然意义上,我们认为佛道境界与"主于美"的艺术境界(审美境界)在本质上是一致的,佛道境界也是一种人生审美境界。

佛的境界乃是一种觉悟的生命境界。觉悟,是佛教修养的核心,也是佛教的宗教理想和追求,一觉万事休,开悟得解脱,觉悟是众生摆脱生死轮回的根本。觉悟最能体现佛的境界的本质。因此,我们把佛教所追求的境界定位为觉悟境界。道教以生命的长生久视为理想,合道成仙是道教一以贯之的追求。从早期追求肉体得道成仙,到成熟期追求性命双化、性命双全,以至全真道的"明心见性"、以性合道,皆体现出这种追求。佛教的觉悟境界与道教的仙道境界皆体现为一种生命的本然状态,在本质上皆是一种审美人生境界,但二者在审美内蕴、审美特质方面又有所不同。下面将对佛教的觉悟境界与道教的仙道境界进行分析比较,以挖掘二者深含的宗教审美精神,比较其在审美特质、风貌上的异同。

---

① 宗白华:《美学散步》,第59页。

第一节　觉悟境界：佛教审美境界论

中国佛教境界，大致可分为两类：一类是偏重现世解脱的涅槃境界，一类是注重往生的佛国净土。方立天在其《中国佛教哲学要义》中说："涅槃作为佛教的人生理想，重在解脱对生命的执迷与贪念。净土则是众生解脱后的一个去处，是一个来生享受幸福安乐的理想空间。"① 由此，佛教境界之美便体现在两个方面：涅槃之美与净土之美。

一　涅槃之美

涅槃境界指断灭人世间烦恼、痛苦后所进入的空寂境界。它是佛教首先追求的"人生理想"：对现世苦难的解脱。寂灭是涅槃境界的本质特征，涅槃境界之美体现为一种寂灭之美。

涅槃境界作为佛教追求的理想境界，在悠久的历史发展中，各家各派多有论述，形成了丰富多彩的涅槃说，因此，要理解涅槃寂灭之美的内涵，首先要了解各种涅槃学说。

（一）涅槃境界论

涅槃在印度佛教中已多有论述，关于涅槃的基本思想在印度佛教中已大致形成，"涅槃"进入中国后，与中国传统文化，尤

---

① 方立天：《中国佛教哲学要义》（上），第 161 页。

其是老庄思想融通互摄,其内涵得以丰富,并打上了中国文化的烙印。

1. 印度佛教涅槃论

印度部派佛教认为:

> 涅槃者,贪欲永尽,嗔恚永尽,愚痴永尽,一切诸烦恼永尽,是名涅槃。①

灭尽人的贪嗔痴,除去一切烦恼,就是涅槃。但是部派佛教认为这还只是"有余涅槃",烦恼虽除,但肉身仍存。虽断灭了此肉身的烦恼,灭尽了此肉身生死流转的因,但肉身作为过去业报的果却仍然残存。因此,部派佛教又提出"无余涅槃":

> 涅槃者,无所依住,但涅槃灭讫,涅槃为最。②

肉体与精神同时灭尽,无所依住,归无所归,这便是"无余涅槃",涅槃的最高境界。此境界并不存在于现世,于此岸,而存在于彼岸,于死后。

印度部派佛教对涅槃的认识,奠定了关于涅槃的两个基本思想:(1)涅槃境界是烦恼断灭的寂灭境界;(2)涅槃境界是"无所

---

① 《杂阿含经》,《大正藏》卷2,第126页。
② 《中阿含经》,《大正藏》卷1,第682页。

依住"的境界。

印度中观学派的涅槃说在灭除烦恼基础上,进一步提出"涅槃不离烦恼"说:

> 涅槃与世间,无有少分别,世间与涅槃,亦无少分别。涅槃之实际,及与世间际,无毫厘差别。①

中观学派认为,涅槃与世间不是两个境界,从性空本质而言,二者是没有差别的。众生体认到这种共同的性空本质,则于世间即入涅槃。"涅槃不离烦恼"说把修行目标转向此岸,聚焦于世间的此岸超越,此乃是对部派佛教死后入涅槃的扬弃。

《大般涅槃经》集印度佛教涅槃说之大成,系统论述了涅槃,形成了成熟的涅槃学说。尤其是它提出的"常乐我净"涅槃四德说,具体详尽地论述了涅槃境界的四种基本属性,奠定了涅槃境界论的基本思想。中国佛教的涅槃境界论基本继承了此经的思想体系。《大般涅槃经》关于涅槃的基本思想如下:

第一,涅槃是寂灭的境界。"空无所有故名涅槃。""离欲寂灭名曰涅槃。""灭诸烦恼名为涅槃。"②"夫涅槃者名为解脱。"③该经认为,涅槃是体认万法皆空,从而灭尽烦恼,获得解脱的境界,

---

① 《中论》,《大正藏》卷30,第36页。
② 《大般涅槃经》,《大正藏》卷12,第387页。
③ 《大般涅槃经》,《大正藏》卷12,第395页。

是脱离欲界的寂灭境界。此乃对前人涅槃说的继承。

第二,涅槃是觉悟的境界。该经在肯定涅槃寂灭基础上,进一步提出:"众生悉有佛性。""若见佛性能断烦恼,是则名为大涅槃也。"① 肯定佛性即众生性——唤醒众生灵知觉性,觉知众生佛性,乃入涅槃。涅槃境界是一种觉悟的智慧境界——"智慧殿者即名涅槃"。②

第三,涅槃具有"常乐我净"四德。此是该经的最大贡献。"涅槃即是常乐我净。"③"常乐我净乃得为大涅槃。"④"解脱涅槃常乐我净,不生不灭。"⑤ 常,指涅槃境界不生不灭、超越因果流转。乐,指无忧无喜的大乐——"入涅槃者无忧无喜"。我,指大我,法性我——"有大我故,名大涅槃"。而"大我"是舍"小我"的结果,因此又说"夫涅槃者舍身舍智"——舍去肉身及小智慧,就能显"大我"。净,指涅槃无挂碍、无执着、清净无染的特性——"涅槃无相","一切法中无挂碍智"。常乐我净四德分别从涅槃的永恒性、快乐性、超越性与清净性四个方面阐释了涅槃的本质,凸显出涅槃境界复归佛性本体的特征,具体诠释了涅槃境界的寂灭之美。

① 《大般涅槃经》,《大正藏》卷12,第398页。
② 《大般涅槃经》,《大正藏》卷12,第415页。
③ 《大般涅槃经》,《大正藏》卷12,第513页。
④ 《大般涅槃经》,《大正藏》卷12,第502页。
⑤ 《大般涅槃经》,《大正藏》卷12,第528页。

2. 中国佛教涅槃论

(1) 汉魏晋南北朝时期的涅槃论

东汉安世高主张肉体彻底消亡，乃能入涅槃。

> 泥洹者，汉曰无为，亦曰灭度。①
> 欲度世，是为尚有余无为未度；已无为竟，命已竟毕，便为苦尽，令后无苦。②

"有余无为"指有余涅槃。有余涅槃还有肉身的存在，未能彻底灭度。"已无为竟"指进入无余涅槃，"命已竟毕"指肉身尽灭。安世高认为，必须断灭肉身，才能真正彻底解除今生及后世的痛苦，才算真正获得了人生的解脱。此观念与印度部派佛教相似，都追求彼岸超越。

慧远从中国传统文化视角诠释涅槃境界，他以"神不灭"观念为基础，从"至极以不变为性，得性以体极为宗"的基本观点出发，阐述了对涅槃的认识：

> 反本求宗者，不以生累其神；超落尘封着，不以情累其生。不以情累其生，则生可灭；不以生累其神，则

---

① 《弘明集》卷13，《大正藏》卷52，第88页。
② 《阴持入经》，《大正藏》卷15，第176页。

神可冥。冥神绝境,故谓之泥洹。①

慧远认为,涅槃便是"反本求宗",回归本然,与不变之至极本体冥然合一。而这一过程是由除情、灭生到冥神,不断摆脱牵累的过程,也是不断超越自我的过程——从情欲到心智的超越,最后至于无情无形无知的超然状态(冥神绝境)。此与庄子"离形去知"的"坐忘"境界十分相似,有着浓厚的道境的特点。

僧肇则始终立足中观学说阐扬佛教,其《涅槃无名论》以不二法门的佛教思想,结合道家的无为无不为来阐释涅槃,丰富了涅槃的内涵。

> (涅盘)秦言无为,亦名灭度。无为者,取乎虚无寂寞,妙绝于有为。灭度者,言其大患永灭,超度四流。斯盖是镜像之所归,绝称之幽宅也。
>
> 夫涅盘之为道也,寂寥虚旷,不可以形名得;微妙无相,不可以有心知。②

僧肇认为,涅槃即无为、灭度。"无为"是"虚无寂寞""寂寥虚旷";灭度是"大患永灭,超度四流"。僧肇道出了涅槃"寂灭"的本质内蕴:寂,就涅槃之体而言,是虚无寂寞、寂寥虚旷

---

① 《高僧传》,《大正藏》卷50,第359页。
② 《涅槃无名论》,《大正藏》卷45,第150页。

的。此言涅槃超越名相,不可从形体感知,也不可以理性认知。灭,就涅槃之用而言。涅槃具有摆脱烦恼束缚、获得解脱的作用。同时,僧肇又以色空不二的思维法则阐释涅槃的寂灭,认为涅槃的寂灭是不离名相而超越名相、不离烦恼而不俱烦恼的。

> 断淫怒痴,声闻也;淫怒痴俱,凡夫也;大士观淫怒痴即是涅槃,故不断不俱。①

涅槃境界乃是不断淫怒痴又不俱淫怒痴的境界,是在观悟淫怒痴本性皆空之中获得解脱的境界,是不断烦恼又不俱烦恼的境界。这里有两层含义:其一,涅槃境界是不即不离的境界,是在尘世之中又不为尘俗所困扰、拖累、牵制的境界;其二,涅槃境界是悟观的境界,即般若智慧境界。在此基础上,僧肇进一步提出:

> 因背涅槃,故名吾我;以舍吾我,故名涅槃。
> 于外无数,于内无心,彼此寂灭,物我冥一,泊尔无朕,乃曰涅槃。②

"吾我"即以吾为我执。僧肇认为,这是与涅槃背道而驰的,只有舍掉这种我执,即放弃物我分别智,才能进入涅槃。涅槃境

---

① 《注维摩诘经》,《大正藏》卷38,第350页。
② 《涅槃无名论》,《大正藏》卷45,第155页。

界是"于内无心""于外无数"的无相、无心的境界,因而也是"彼此寂灭,物我冥一"的境界。

竺道生把般若与涅槃学说结合起来,着重阐发涅槃佛性说。其涅槃境界论包括以下几方面内容:

其一,见本性即入涅槃。道生认为,"一切众生莫不是佛,亦皆泥洹"①。众生皆有佛性,皆可成佛,皆可入涅槃。并进一步主张:"一切众生毕竟寂灭,即涅槃相不复更灭。"②众生本性就是寂灭的涅槃,了见众生本性即入涅槃,不复在众生之外另求寂灭涅槃。因此,他又提出:"夫大乘之悟,本不近舍生死远更求之也。"③涅槃在众生生死之中,涅槃不舍生死。

其二,涅槃是悟迷归本。"涅槃惑灭,得本称性。"④"悟则众迷斯灭。""苟能涉求,便返迷归极,归极得本。"⑤涅槃就是返迷灭惑而得悟,从而复归本性,从迷失的生命状态中回归生命之本原,获得生命之真谛。

其三,涅槃是解粘去缚。

> 既观理得性,便应缚尽泥洹,若必以泥洹为贵而欲取之,即复为泥洹所缚。若不断烦恼即是入泥洹者,是

---

① 《妙法莲华经疏》,《续藏经》第4册,第408页。
② 《注维摩诘经》,《大正藏》卷38,第362页。
③ 《注维摩诘经》,《大正藏》卷38,第392页。
④ 《大般涅槃经集解》,《大正藏》卷37,第532页。
⑤ 《大般涅槃经集解》,《大正藏》卷37,第377页。

则不见泥洹异于烦恼，则无缚矣。①

真正了悟真理、复归本性，应是完全解除烦恼束缚而进入涅槃。若以涅槃为贵而执着于对涅槃的追求，则又被涅槃所缚而产生新的烦恼。只有不把涅槃与烦恼对立起来，视二者为不一不异的东西——涅槃在烦恼中，烦恼在涅槃中，入涅槃而不执着于涅槃，才能真正解粘去缚，得大涅槃。

（2）隋唐涅槃论

隋唐以天台宗的涅槃论最为著名。天台宗认为：涅槃有法身、般若、解脱三种德相，即涅槃具有真理、般若智慧、解脱烦恼三方面含义，并且是不生不灭的。

> 云何为涅槃？性净、圆净、方便净是为三，不生不灭名涅槃。诸法实相不可染不可净，不染即不生，不净即不灭，不生不灭名性净涅槃；修因契理，惑毕竟不生，智毕竟不灭，不生不灭名圆净涅槃；寂而常照，机感即生，此生非生，缘谢即灭，此灭非灭，不生不灭，名方便净涅槃，当知此三涅槃。不生不灭即是常，常故名乐，乐故名我，我故名净。涅槃即常乐我净，即是三德可尊可重故。②

---

① 《注维摩诘经》，《大正藏》卷38，第345页。
② 《金光明经玄义》，《大正藏》卷39，第2页。

天台宗认为涅槃的"不生不灭"体现在三个方面：性净、圆净、方便净。性净：不染不净、不沾不滞，因而不生不灭，言涅槃的清净本性。圆净：由般若智慧而致妄惑尽灭、万缘不染，言涅槃的灵知觉性。方便净：涅槃本性虚寂而又具有观照万法，应感众生的功能，涅槃这种随机示现的假身，是为了度化众生随缘而生的，但此生非生，并非实有，它会随缘尽而灭，但此灭又非灭，还会随机而生。言涅槃所具有的随缘超度众生的特性。此三个基本属性，是不生不灭、永恒不变的。这种不生不灭的属性就是"常"，"常"是无生无灭、无忧无喜之"乐"，"乐"是自在我即法性我的表现，所以"乐故名我"；法性我是明净无染、万缘不挂的结果，所以"我故名净"。天台宗继承了《大般涅槃经》"常乐我净"的四德说，并"从体（理）、相（智）、用（应化）三个方面揭示了涅槃的类别与层次，是对涅槃学理论的重大发展"①。隋唐以后的涅槃说，一般都以常、乐、我、净四德论涅槃，无有新的创见。

综上所述，中国佛教中的涅槃境界是"寂灭"境界，即虚空寂寞、烦恼灭尽的境界，是不离生死出离生死、不断烦恼不俱烦恼的境界。可见，涅槃境界是一种在现实生命中透悟万法皆空的智慧之境，也是一种物我冥一、万物一体的体验境界，常乐我净是其本质特征。

---

① 方立天：《中国佛教哲学要义》（上），第161页。

（二）涅槃境界的寂灭之美

涅槃境界是佛教修行的最高境界。涅槃，寂灭之义，涅槃境界之美是一种寂灭之美。早期印度部派佛教推崇"无余涅槃"，追求以现世的身心双亡换取来世的超度与解脱，寂灭之美体现为向死而生的期盼，带着一种生的悲凉。《大般涅槃经》作为后期大乘佛教的代表性经典，提出"一切众生悉有佛性""佛性即涅槃"以及"常乐我净"等涅槃思想，使涅槃回归现世人生，成为一种现世超越的人生境界。涅槃寂灭之美更多蕴含了人生的净化与超越之美。中国佛教涅槃论多继承此经思想，又结合中国传统文化的道本原论，主张回归众生本性即得涅槃。涅槃因与众生本性的结合而更多展现出一种人性之美，一种复归生命本性的价值追求，包含着丰富的审美意蕴。

如僧肇所言，涅槃是"无为"，是"灭度"，是"虚无寂寞"与"大患永灭，永超四流"的统一，由此，涅槃的寂灭之美乃包含有虚寂之美与灭度之美。而虚寂之美又体现为本体的虚空与寂静之美。虚空之美包含着涅槃无始无终的永恒性、不可认知的神秘性与空无所有的灵知觉性；寂静之美则包含着心无挂碍、万缘不染的清净之美与寂而常动、动而常寂、寂动相生的思辨之美。灭度之美则更多体现为伏迷灭惑的智慧之美，烦恼尽除的自在快乐之美，以及随缘度化众生的慈悲之美。涅槃常乐我净四德所表达的永恒、快乐、自在、清净的审美人生特点皆包含于寂灭之美中。下面将从虚空之美、寂静之美与灭度之美三方面具体剖析涅槃的审美人生特质。

1. 涅槃的虚空之美
(1) 不可认知的神秘性

> 夫涅槃之为道也，寂寥虚旷，不可以形名得；微妙无相，不可以有心知。
>
> 涅槃非有，亦复非无。言语道断，心行处灭。①

中国佛教认为，涅槃境界是无形无名的虚无境界，是非有非无、不可认知、不可言说的神秘境界。

(2) 超越时空的绝对性

> 虚空数缘尽。……数缘尽者，即涅槃也。②

"数"指有无相生的自然生化之数，"数缘"指万法生灭的因缘，"数缘尽"指灭绝万法生灭因缘。佛教认为，数缘尽便是涅槃。涅槃因为不在因缘之中，便没有生灭，也就能超脱生死，成为永恒不灭的存在。这便是涅槃超越生死无常的永恒性。

> 佛如虚空，无去无来，应缘而现，无有方所。③

---

① 《涅槃无名论》，《大正藏》卷45，第150页。
② 《涅槃无名论》，《大正藏》卷45，第153页。
③ 《涅槃无名论》，《大正藏》卷45，第153页。

"无去无来",言涅槃可以超越时间的限制,具有永恒性;"应缘而现,无有方所",言涅槃可以随缘应现,没有空间的限制,具有无限性,体现出涅槃具有本体的绝对性。

(3) 空无所有的灵知觉性

涅槃的虚空还体现在其空无所有的智慧上。"一切诸法性本自空。"[①]"空无所有故名涅槃。""观见诸法犹如虚空,是名正慧。"[②]佛教认为,万法本性皆空,能观万法空性,乃是真正的智慧,有此智慧,则入涅槃。"悟空"即涅槃,可见,涅槃境界实质是一种觉悟的智慧境界。并且,佛教认为,涅槃给人的"乐",也是一种"乐空",是对感官之乐的超越。"若求深般若波罗蜜,乐于空,乐无所有。"[③]"空乐"的实质是一种灵知觉解的智慧之乐。

但佛教的"空"并不是空无一物,而是真空与假有的统一,是非空非有的中道。

> 佛性者名第一义空。第一义空名为智慧。所言空者,不见空与不空。智者见空及与不空,常与无常,苦之与乐,我与无我。
>
> 佛性者即第一义空。第一义空名为中道。中道者即名为佛。佛者名为涅槃。[④]

---

① 《大般涅槃经》,《大正藏》卷 12,第 520 页。
② 《大般涅槃经》,《大正藏》卷 12,第 527 页。
③ 《道行般若经》,《大正藏》卷 8,第 456 页。
④ 《大般涅槃经》,《大正藏》卷 12,第 523 页。

万法本性是空，但法性之空须借万法假有以显现，万法皆是空与不空的统一，唯有领悟此真理，从空与非空的中道观照万法，才能深得空的真谛，从而了见佛性，进入涅槃。所以佛经言"中道者即名为佛。佛者名为涅槃"。

综上所述，涅槃虚空之美的本质乃在于：涅槃是透悟万法皆空的智慧之境。正是这种觉悟，这种直抵本质的智慧，使涅槃能够摆脱因缘，摆脱具象的局限，不生不灭，永恒长存；也正是这种觉悟，使涅槃能够摆脱物我的牵绊，随缘应现，无有方所，获得无限的自在。

以涅槃虚空之眼观世界，万物皆是非有非无的存在。色不离空，空不离色；色即是空，空即是色。色空相依相生，相辅相成，构成了佛教独特的世界观、自然观、生命观。这种虚空观对中国艺术影响很大，唐宋诗画崇尚空灵之美，多与此有关。"落叶满空山，何处寻行迹？""空山无人，水流花开。"空色相依，构筑起虚空而灵动的意境之美。"万古长空，一朝风月。"空色相生，体现出瞬间即永恒的审美追求：永恒不灭之空，在当下风月中得以显现，而眼前风月，则蕴含永恒之空理。蕴含虚空之理的诗画更具有一种空灵的智慧之美，如王维之诗与画。王维之诗，多以"空山"为意象："空山新雨后，天气晚来秋。明月松间照，清泉石上流。""空山不见人，但闻人语响。返景入深林，复照青苔上。""人闲桂花落，夜静春山空。"然而，空山不空，总有人语、明月、清泉相伴，空有相生，虚空之处，多有灵动之美。王维之画，多有奇崛之美，深远难识。"张彦远《画评》言：'王维画物，多不问四时，如画花往往以桃、杏、芙蓉、莲花同画一景。余家所藏摩诘画《袁安卧雪图》，有雪中芭蕉，此乃得心应手，意到便成，故其理入神，迥得天意，此难可与俗人论也。'"[1] 王维常常把不同季节之物同入一画，后人多不理解，然而依佛教虚空观，万法皆空，在本性之空上，万物一如，雪与芭蕉，桃杏、芙蓉与莲花又为何不能一同入画呢？王维正是在这种不合生活常理中书写着他对世界与生命的独特理解与透悟：万法皆空，万物一如。难怪张彦远说王维之画是"其理入神，迥得天意"。

2．涅槃的寂静之美

（1）身心的清净无染

涅槃寂静之美则侧重从涅槃之性言说涅槃。《大般涅槃经》言："涅槃之性是大寂静"，"以大寂故名大涅槃"。[2] 寂静是涅槃的本性。何为寂静？《大般涅槃经》言：

> 寂静有二：一者心静，二者身静。身寂静者，终不造作身三种恶。心寂静者，亦不造作意三种恶，是则名为身心寂静。[3]

涅槃之寂静指在身心两方面远离贪嗔痴三恶，不被贪欲、怨

---

[1] 沈括：《梦溪笔谈·书画》，胡道静校注：《新校正梦溪笔谈》，中华书局1957年版，第169页。
[2] 《大正藏》卷12，第503页。
[3] 《大正藏》卷12，第526页。

愤、痴迷所困扰、所牵累，保持身心的清净无染。涅槃寂静之美便包含这种身心的清净之美。清净的关键在于心的纯净无染。

  以纯净故名大涅槃。云何纯净。净有四种。……名清净……业清净……身清净……心清净。①

清净有四种：无名、无业、身常、心无漏。不为外面的名利、业报所困，也不被自身的生死、烦恼所累，超越功名、生死、烦恼，便得纯净，便能入大涅槃。

  处林则息乱，近水则清净。表明如来寂静，而无累也。②

僧亮法师也认为，涅槃寂静便是无累，心不被外物所牵绊、拖累、困扰。"有余烦恼起作不静。灭之为静"③，灭烦恼得涅槃寂静。

僧肇进一步指出，灭烦恼得寂静的根本在于"无相无心"：

  然则法无有无之相，圣无有无之知。圣无有无之知，

---

① 《大般涅槃经》，《大正藏》卷12，第503页。
② 《大般涅槃经集解》，《大正藏》卷37，第384页。
③ 《大般涅槃经集解》，《大正藏》卷37，第430页。

则无心于内；法无有无之相，则无数于外。于外无数，于内无心，彼此寂灭，物我冥一，泊尔无朕，乃曰涅槃。①

涅槃乃是无相无心、法我寂灭、物我冥一的境界。涅槃的寂静来自无相无心，破除对外相与内念的执着：无数于外，不被外物生化之数所困，摆脱外相的束缚；无心于内，不被内念所扰，摆脱内心的桎梏。进而相与心也寂灭，如此则物我冥一，心境一如，没有了对立与差别，则彻底摆脱了烦恼，证得不生不灭之涅槃。"涅槃无相""一切法中无挂碍智"②，皆言涅槃的不沾不滞、清净无染。

《大乘起信论》亦言："不依气息，不依形色，不依于空……一切诸想，随念皆除，亦遣除想。"③无所依附，方能无所约束，遣除越是彻底，越是自在。禅宗更是强调无相无念："何名无相？无相，于相而离相。无念者，于念而不念。""于一切境上无染，名为勿念。于自念上离境，不于法上生念。"④"于相而离相"，"于念而不念"，破除执着，不执念于外境与内心，"于一切境上无染"，方能获得真正的清净。

涅槃的清净之美最根本还是在于"破执"。破除对外相与内念的执着，破除对物我的执着，破除对烦恼与涅槃的执着，不滞于

---

① 《涅槃无名论》，《大正藏》卷45，第155页。
② 《大般涅槃经》，《大正藏》卷12，第580页。
③ 《大正藏》卷32，第582页。
④ 《六祖大师法宝坛经》，《大正藏》卷48，第353页。

物与我的区别,不滞于烦恼与涅槃的对立,物我冥一,烦恼与涅槃不断不俱,真正做到万缘不挂、不沾不滞,方能实现涅槃清净。此乃涅槃寂静之美的核心意蕴。

(2)动寂的相依相生

涅槃是寂静的,涅槃的寂静是寂而不染、静而无累的,面对着无常的现象世界,涅槃保持着自身的静定不变。然而涅槃的寂静并非静而不动的死寂。寂,又名无为,涅槃的寂静是无为而无不为,是寂而常照、静而有动,是寂与照、静与动的结合。

> 圣人无为,而无所不为。无为,故虽动而常寂;无所不为,故虽寂而常动。虽寂而常动,故物莫能一;虽动而常寂,故物莫能二。物莫能二,故逾动逾寂;物莫能一,故逾寂逾动。所以为即无为,无为即为。动寂虽殊,而莫之可异也。
>
> 所以应化无方,未尝有为;寂然不动,未尝不为。①

此段话可以视为对涅槃寂静内涵的具体阐释。在僧肇看来,涅槃的寂静乃无为而无不为,是动与静的辩证统一。"无为"是"动而常寂","无所不为"是"寂而常动"。动,指涅槃(圣佛)照鉴万物、应化万物、示现万物的功用;寂,指涅槃照鉴万物、应化万物而不为物所扰、所累、所迁、所易的静定本性。涅槃之

---

① 《涅槃无名论》,《大正藏》卷45,第158页。

寂静便是这种动与寂的统一,是清净无染、静定不动之性与照鉴万物、应化无方之用的统一。这种静之性与动之用是一而二,二而一不可割裂的统一体。并且,二者相依相生,"逾动逾寂","逾寂逾动",其照鉴、应化之用越无方,越是显出涅槃本性的寂然不动,涅槃之性越是寂静不动,其照鉴、应化之功越强大。《大般涅槃经》亦言"定无不定乃名涅槃",也道出涅槃静定而动、寂而常照的特点。

涅槃寂静之美正体现在这种静与动的辩证统一上。只静不动是死寂,只动不静是动荡。静中有动,动中有静,动静相依相生,构成了涅槃的寂静之美。此审美人生观对中国艺术的影响是深远的。中国的山水诗多有一种自然静寂之美,而这种静寂中又总是充满自然的勃勃生机,宁静中不乏生动,生动又趋于宁静。王维《清溪》:"声喧乱石中,色静深松里",动静对比,以动衬静,而静逾深。《辛夷坞》:"木末芙蓉花,山中发红萼。涧户寂无人,纷纷开且落。"寂静无人的涧户,反衬出花的繁盛与自由,表现出花的自开自落、自由自在,暗喻万物自适其性无须干涉的禅理。

(3) 寂静之大乐

涅槃寂静乃是一种大乐。佛教把乐分为两种:一种是受乐;一种是寂灭乐。受乐指身体感官感受到的乐;寂灭乐则是无苦无乐的涅槃之乐。因此,佛教言:"涅槃虽乐非是受乐,乃是上妙寂灭之乐。"[①]涅槃之乐不是感官的受乐,乃是寂灭之妙乐。这种寂灭

---

① 《大般涅槃经》,《大正藏》卷12,第513页。

的妙乐表现出两个特征：

其一，超越受乐。

> 以大寂为至乐，五音不能聋其耳矣；以无为为滋味，五味不能爽其口矣。①

涅槃是至乐，此乐是寂静、虚空无为的，是超越五音、五味等感官享受之乐，因此也是不被受乐所牵累、所影响的。此言道出了涅槃寂静之乐超越感官受乐的特点。

> 乐有二种，一者凡夫，二者诸佛。凡夫之乐，无常败坏，是故无乐；诸佛常乐，无有变异，故名大乐。②

在佛教看来，凡夫之乐是受乐，受乐是变化无常、有生有灭的。有乐自然有苦，乐苦无常，人在苦乐转变中备受折磨，因此有乐是无乐。诸佛之乐是恒常不变的，是永恒的快乐，因此是真正的大乐。

其二，淡乎无味。

> 无苦无乐，乃名大乐。槃之性，无苦无乐，是故涅

---

① 《阴持入经序》，《大正藏》卷55，第44页。
② 《大般涅槃经》，《大正藏》卷12，第503页。

槃,名为大乐。

　　无苦之极,假名妙乐。①
　　淡乎无味,乃直道味。②

　　大寂至乐体现出涅槃境界宁静无待、清净无染的审美追求。宁静、自由本身便是一种快乐,这种快乐超越了感官享受,是一种比受乐更高层次的审美快感,因为它摆脱了欲望、意识、目的、外境、生死对人的束缚,获得了身心的最大自由,并且它是永恒不变的快乐。

　　3. 涅槃的灭度之美

　　僧肇曰:"此言灭度,亦曰无为,盖是灭生死度彼岸。"③ 又曰:"灭度者,言其大患永灭,超度四流"。据此,灭度有两方面的含义:灭烦恼与度彼岸。虽然灭烦恼即度彼岸,二者是涅槃的一体两面,但二者又各有侧重:灭烦恼重在对现世人生的否定与超越,度彼岸则重在对彼岸智慧与慈悲境界的描述。因此,灭度之美也可以从两方面理解:

　　(1) 灭:超越之美

　　涅槃之灭重在对现实人生烦恼的除灭,对人生困惑的解脱。因此,灭之美便体现出对现世人生的否定,对现实人生的超越。

---

① 《大般涅槃经集解》,《大正藏》卷37,第394页。
② 《比丘大戒序》,转引自石峻编:《中国佛教思想资料选编》第一卷,中华书局1983年版,第51页。
③ 《大般涅槃经集解》,《大正藏》卷37,第380页。

总体而言，佛教是否定现实的，认为世俗世界是尘世，充满着种种困苦、烦恼、丑恶与肮脏，因而是不美的。纯净无染、自由自在、不生不灭、永恒常驻的涅槃是佛教徒向往的理想世界、美的世界。要修得涅槃，首先便是要超脱生死、烦恼。灭，便成为超脱丑恶现实的途径，也成为摆脱苦难现世人生的手段，从而具有了人生超越的审美价值。灭有哪些内容呢？

> 涅槃者，贪欲永尽，嗔恚永尽，愚痴永尽，一切诸烦恼永尽，是名涅槃。①

佛教认为，人生的烦恼来自贪嗔痴。《大乘义章》说："于外五欲染爱名贪。"②贪，指对感官欲求的贪念执着。《俱舍论》说："于他财物，恶欲名贪。"③贪，又指对外在功名利禄无厌的追求。这种对外物与享乐的无尽追求，必然导致身心陷入生死轮回，受尽三界流转之苦。嗔，指对不利于自己的事物产生恼怒、怨愤。嗔使人心浮气躁，产生仇恨心理。《成唯识论》有言："嗔者，于苦、苦具，憎恚为性，能障无嗔，不安稳性，恶行所依为业。"④嗔既会给自身带来无尽的烦恼与焦躁，还会给他人带来极大的灾祸。痴，愚昧无知，又称无明。《俱舍论》说："痴者，所谓愚痴，

---

① 《杂阿含经》，《大正藏》卷2，第126页。
② 《大乘义章》，《大正藏》卷44，第570页。
③ 《阿毗达磨俱舍论》，《大正藏》卷29，第88页。
④ 《成唯识论》，《大正藏》卷31，第126页。

即是无明。"《唯识论》说："于诸理事迷暗为性，能碍无痴，一切杂染所依为业。"又说："诸烦恼生，必由痴故。"痴指迷失于虚幻的现象世界，执着于物我之分，或我执，或法执，因而不能认识到万法性空的本质，从而产生烦恼。

灭贪嗔侧重对身体感官欲望的超越，摆脱对喜乐与憎恶的执着；灭痴则侧重对愚痴无明的超越，摆脱分别智，摆脱对物我的执着。涅槃论概括为舍身舍智——"夫涅槃者舍身舍智"①，并且认为，其中最为根本的是灭痴，即灭无明。

《大乘起信论》称：

> 以无明灭故心无有起，以无起故境界随灭，以因缘俱灭故心相皆尽，名得涅槃。②

无明是一切烦恼的根源。灭无明便不会有分别心，无分别心，则物我冥一，境随之而灭。境灭，则产生烦恼的因缘灭，烦恼自然不生。

竺道生亦曰："使伏其迷，其迷永伏，然后得悟，悟则众迷斯灭。"③ 无明，产生迷惑。伏迷，即灭无明、除迷惑。开悟则一切迷惑、烦恼悉皆解脱。灭的境界是一种觉悟的智慧境界。"涅槃惑

---

① 《大般涅槃经》，《大正藏》卷12，第373页。
② 《大正藏》卷32，第578页。
③ 《大般涅槃经集解》，《大正藏》卷37，第377页。

灭，得本称性。"① 灭无明迷惑是回归众生本性，灭的境界是回归生命本性的境界，是生命本然的敞现。

（2）度：智慧与慈悲之美

度，即超度彼岸，包括两方面：自度与度人。自度需要由迷转悟的智慧；度人需要济苦拔困的慈悲。与"灭"的超脱现世相比，"度"更侧重于度越彼岸。

> 究竟断有者，今日当涅槃。我度有彼岸已得过诸苦。是故于今者，纯受上妙乐。②

这里的"度"，是断有入空，超越有无分别智，从而摆脱诸苦，度入虚空境界，享受无生无死、永恒自在之妙乐。

竺道生在注解此句时，如是说：

> 夫有有则有灭，有灭则有苦。既已度有，何有灭苦耶？无苦之极，假名妙乐。③

涅槃妙乐乃是度有入空，在智慧上觉悟万法假有、性本虚空。如此，则超越生死，苦自然灭，无苦即是妙乐。

---

① 《大般涅槃经集解》，《大正藏》卷37，第532页。
② 《大般涅槃经》，《大正藏》卷12，第373页。
③ 《大般涅槃经集解》，《大正藏》卷37，第394页。

自度是灭无明、冥物我，是透识万法本性的觉悟境界。自度之美便在于这种觉悟之后的妙乐大自在。这种"大自在"又名"大我"。"有大我故，名大涅槃。涅槃无我，大自在故，名为大我。"① "大我"即"无我"，"无我"之"我"即"以吾为我"。把我从万物中分离出来，执念于我与物的分别，此乃分别智的结果，是迷，是无明。"无我"就是破除我执，物我冥一，此乃透识万法本性皆空的结果，是觉悟，是大智慧。可见，无我、大我的境界乃是一种智慧境界。只有破除了我执，人方能无是非之分、爱憎之别，从而无沾无挂而得大自在。

　　除自度之外，涅槃的境界还是一种他度、度人的境界。

> 度诸众生一切无知无明系闭，皆令解脱，然后乃入于般涅槃。②
>
> 拔济是中苦恼众生，脱未脱者，度未度者，未涅槃者令得涅槃。③
>
> 如来度脱一切众生。④

　　《大般涅槃经》主张，帮助众生从无知无明的系缚中解脱出来，使之入涅槃，进入佛的境界，也是如来境界。僧亮认为："菩

---

① 《大般涅槃经》，《大正藏》卷12，第502页。
② 《大般涅槃经》，《大正藏》卷12，第376页。
③ 《大般涅槃经》，《大正藏》卷12，第380页。
④ 《大般涅槃经》，《大正藏》卷12，第382页。

萨以济物为怀，大乘既是良药，故先明也。随一切者，以法济物，要须曲与物同，仁德广被也。"① 肯定菩萨济物为怀、仁德广被的德行。

涅槃境界是自度也是度人的境界。涅槃超度之美，表现在其自度无明的智慧之美、大自在的妙乐之美，也表现在度无明困苦之人于彼岸的慈悲之美。涅槃境界是悲智双运的境界。

二 净土之美

净土，又称"净刹""净界""净国""佛国""佛土""佛刹"等，指佛居住的地方，或佛教化众生的地方。净土与众生所居住的秽土相对，是远离秽垢、染污、丑恶的世界，是华丽美好、幸福安乐的国土。

涅槃强调对现实人生的解脱，对烦恼迷惑的超脱，重在此岸超越；净土则注重对往生幸福美好理想境界的描绘，重在彼岸建构。超越此岸则入彼岸，进入涅槃则往生净土，因此有学者说："净土思想是涅槃学说的必然发展。"② 从审美境界论看，相对于涅槃境界的寂灭之美，佛国净土凸显出纯净无染、光明华美、自由安乐的审美特质。

---

① 僧亮释"其心皆悉敬重大乘（至）诸未度者当令得度"句。《大般涅槃经集解》，《大正藏》卷37，第377页。
② 方立天：《中国佛教哲学要义》（上），第161页。

（一）净土说

净土是大乘佛教中佛居住或教化众生的地方，因此，净土总是与佛紧密相连的，不同的佛有不同的净土。由于印度大乘佛教中佛的多样化，出现了多种净土，其中著名的有：阿弥陀佛居住的西方极乐净土，弥勒佛居住的弥勒净土，药师佛居住的东方琉璃净土，释迦牟尼佛居住和教化的娑婆世界，毗卢遮那佛居住的华藏世界，三世佛所居住的法性土、受用土、变化土，等等。尽管印度佛教中的净土多种多样，其净土思想也丰富多彩，但净土总体体现出光明、庄严、快乐、美好的特点。

印度佛教传入中国后，发生了两个较为显著的变化：

其一，多佛多净土逐渐演变形成统一的大佛与佛土。中国佛教最早流行的是弥勒信仰，晋代，弥勒即弥勒净土随着印度佛经的传译而传入中国，弥勒净土分为弥勒在天上居住的兜率净土与下生人间成佛的人间净土。弥勒净土光明华美、馨香四溢、安稳长寿、智慧快乐。东晋释道安及其弟子，隋唐天台宗的智𫖮、灌顶，法相唯识宗玄奘、窥基等，皆以弥勒净土为行持依归。后弥陀信仰传入，信奉西方阿弥陀佛的弥陀净土逐渐代替弥勒净土成为中国佛教净土说的主流。自东晋慧远倡导念佛三昧、往生西方极乐世界开始，至隋唐净土宗创立，昙鸾、道绰、善导等一大批佛教高僧崇尚弥陀信仰，五代至宋，禅净独盛，随着净土宗在中国民间的流行，弥陀净土信仰成为中国佛教的主流。至宋代，随着禅净合流，天台、华严、法相和律宗同归净土。

另外，由《华严经》描述的华严境界因为唐代华严宗的兴起而备受关注。华严境界是性相的统一:从相而论,华严境界是总括一切世界的庄严华贵的华藏世界;从性而论,华严境界是事事无碍的一真法界。华严净土以其华美神奇的华藏世界以及此世界丰富的隐喻性而具有较强的审美价值。

其二,唯心净土的兴起,代表着佛教净土观念的中国化转变。唯心净土指以众生心为净土,净土是众生真心本性的示现,为心所变现,因此,净土在心中,不在心外,体悟自心本性即入弥陀净土。"己心弥陀,唯心净土","随其心净,则佛土净"。① 唯心净土的代表是禅宗,禅宗大力倡导即心即佛即净土,反对念佛往生西方极乐世界。慧能言:"迷人念佛生彼,悟者自净其心,所以佛言,随其心净则佛土净。"② 大珠慧海禅师亦曰:"若心清净,所在之处,皆为净土。""净秽在心,不在国土。"③ 其他如天台、华严、净土宗皆有主张唯心净土观念的僧人。天台宗知礼大师认为"心佛同体""心外无佛",强调"约心观佛",是"唯心净土思想的发展"④。

至宋代,禅净大师延寿倡导禅净兼修,一边主张"唯心净土,周边十方"⑤,一边提倡念佛往生西方净土,认为禅悟与念佛并行才能得解脱。从此,禅净双修逐步流行,成为中国佛教修行的主

---

① 《维摩诘所说经》,《大正藏》卷14,第538页。
② 杨曾文校写:《六祖坛经》,第43页。
③ 《大珠禅师语录》卷下,转引自石峻编《中国佛教思想资料选编》第2卷第4册,中华书局1983年版,第201页。
④ 方立天:《中国佛教哲学要义》(上),第171页。
⑤ 《万善同归集》,《大正藏》卷48,第966页。

要方式。明末袾宏大师更是强调心境一体,念佛即是观心,不应该执着于心而排斥境,通过念佛而通心,是往生净土的不二法门,在当时影响很大。学者方立天认为:"自宋代以来,唯心净土、禅净一致的主张,大体上已经成为中国佛教各宗派的共识。"①

综上所述,中国佛教中的净土以华严宗的华严净土、净土宗的弥陀净土与唯心净土最为著名,而尤其以弥陀净土与唯心净土为中国佛教净土之主流。

(二)净土之美

从审美境界论,华严净土与弥陀净土,尽管其具体的审美特征有所差异,但皆以其庄严的境界之美著称。相比较而言,唯心净土则更强调一种思想、一种观念,没有对其净土境界之相的描绘,因此其美的论述更侧重于一种性理之美的剖析。

1. 庄严圆融的华严净土

华严净土是华严宗所追求的理想境界,又称华严境界、华严世界,它是毗卢遮那佛居住和教化众生的地方。华严宗以《华严经》为立教的根本经典,以"法界缘起"与"三界唯心"为其哲学基础,以庄严华美、圆融无碍的华严境界为其信仰追求。有学者认为,与天台宗注重止观双修相比,华严宗"突出地表现了对人生理想境界(成佛境界——终极境界)的追寻……华严宗美学

---

① 方立天:《中国佛教哲学要义》(上),第172页。

乃是境界美学"①。可见，对华严境界之美的追求是华严宗的基本特点。《华严经》及其他华严经典皆花费大量篇幅描绘华严境界，以至于有学者称"华严世界是美的最高境界"②。

华严境界美在何处？从佛教视角论，华严境界之美一在华藏世界庄严绚丽之相；二在华藏世界所蕴含的圆融无碍的深邃之理。华严境界是相与理的统一，是理相融通互摄的境界。从美学角度论，华藏世界作为一个意象世界，其庄严美妙的形象世界中蕴含着丰富而深邃的人生哲理，体现出审美人生境界的诸多特质。

（1）庄严华美的华藏世界

华藏世界是毗卢遮那佛修行菩萨行圆满所成就的净土，也是他居住与教化众生的地方。因其含藏于大莲花之中，又称莲花藏世界，又因为华藏世界主要由香水海构成，也称华藏世界海。《华严经》在其《华藏世界品》中用大量的文字描绘了一个庄严华美的华藏世界：

> 此华藏庄严世界海，有须弥山微尘数风轮所持。其最下风轮，名平等住，能持其上一切宝焰炽然庄严。次上风轮，名出生种种宝庄严，能持其上净光照耀摩尼王幢。……最在上者，名殊胜威光藏，能持普光摩尼庄严

---

① 皮朝纲：《中国古典美学思辨录》，第103页。
② 陈望衡：《〈华严经〉对中华审美意识建构的意义》，《西北师大学报》2016年第3期，第36页。

香水海;此香水海有大莲华,名种种光明蕊香幢。华藏庄严世界海住在其中,四方均平,清净坚固;金刚轮山,周匝围绕;地海众树,各有区别。①

华藏世界由须弥山无数风轮支撑,这些风轮分为二十层,每一层皆被宝珠、宝焰所装饰,最上层风轮支撑着"普光摩尼庄严香水海"。香水海中有大莲花,名光明蕊香幢,华藏世界就在大莲花上。周围由大轮山围绕,山乃金刚所铸成。整个华藏世界坚固、清净、平坦,山、海、树、大地应有尽有,各各不同。一开始,便呈现出一个坚固、光明、纯净的华藏世界。

华藏世界作为一种相,一种形象世界,突出表现出两方面的审美特征:

其一,华藏世界是一个芬芳光明的世界。香水海和莲花是华藏世界的主要构成。华藏世界有无量的香水海,香水海中又有道不尽的香水河。香水海上是清香四溢的大莲花,莲花不仅芳香四溢,而且纯洁无比。无穷无尽的香水海与莲花层层叠叠,构成芬芳、纯洁的美丽世界。正是它们,使华藏世界区别于秽垢的浊世,体现出纯洁、庄严之美。

光明,是华藏世界最突出的特征。总华藏世界名为"普照十方炽然宝光明世界种",住在"种种光明蕊香幢"上,而此香幢大莲花则置于"无边妙华光香水海"中,华藏世界的主人是毗卢遮

---

① 《大方广佛华严经》,《大正藏》卷10,第39页。

那佛,而"毗卢遮那"就是"光明普照"之义。不管从总华藏世界所依持的大莲花、香水海,还是华藏世界自身普照十方的性质以及华藏世界的住持看,华藏世界皆是一个光明普照的世界。

不仅华藏世界的总体,华藏世界中的每一事相,无论是香水海、香水河、莲花还是其中的大地、树、风轮、山、栏杆,无不被金刚、摩尼宝珠所严饰,珠珠相映,光光互摄,影影重叠,构成一个光明普照、绚丽无比、不可思议的神奇境界。并且光明总与馨香交融混杂,光明之美美在其照亮一切暗晦迷惑,芬芳之美美在其除尽一切腥臭污秽、馨香与光明交织互摄,形成了华严境界纯净而华美的审美风貌,这是华严境界给人最为直观的审美享受。

其二,华藏世界是一个纷繁和谐的世界。纷繁,指华藏世界的事相繁多,且形态各异、体性多样;和谐,指华藏世界繁多的事相杂而有序、繁而不乱,体现出一种多样化的统一,一种和谐的美。

> 或有依大莲华海住,或有依无边色宝华海住……或有依菩萨宝庄严冠海住,或有依种种众生身海住,或有依一切佛音声摩尼王海住。
>
> 或有以十方摩尼云为体;或有以众色焰为体;或有以诸光明为体;或有以宝香焰为体……福德海音声为体;或有以一切众生诸业海音声为体;或有以一切佛境界,清净音声为体……或有以一切众生善音声为体;或有以

一切佛功德海清净音声为体。[①]

无量无边的佛刹微尘世界各有依住，因而其体相也千差万别——或以光为体，如火焰、诸光明、宝香焰；或以声音为体，如福德海音声、清净音声、众生善音声。并且，其形状也各各不同，有须弥山形、回转形、蛛网形、江河形、漩流形、轮辋形、树林形、楼阁形、山幢形等，无穷无尽。千奇百怪、琳琅满目而又光明馨香的众事相，构成了华藏世界的繁华绮丽。但这些繁杂多样的事相并非杂乱地堆砌一地，而是有序地分布于各处——大香水海上有大莲花，大莲花中置华藏世界海，周围有轮山，中间有大地、海，海中有河、有莲花，莲花上再置世界海，如此层层布置，次第安住，井然有序，形成一个多样而有序的世界，一个纷繁而统一的世界。在这个世界里，万法殊胜，各自独立自在又相互依存，相融互摄，有序地统一在一起。这种多样性的统一，形成一种和谐的优美，凸显出华藏世界庄严华美的审美特质。

（2）圆融无碍的一真法界

华藏世界是华美庄严的世界，庄严华美的华藏世界折射出的是圆融无碍的一真法界——"华藏世界所有尘，一一尘中见法界。"[②]华藏世界的一一尘相，皆是圆融无碍之一真法界的显现。

"法界"乃华严宗思想的核心概念。法界又称"一真法

[①] 《大方广佛华严经》,《大正藏》卷 10，第 40 页。
[②] 《大方广佛华严经》《大正藏》卷 10，第 39 页。

界"——"无二曰一,不妄曰真;交彻融摄,故曰法界。"① 法界是万法之本体、真理,又是佛的法身,最终乃是"自性清净心"。因此,一真法界所显现的圆融无碍,既是万法的真理,又是佛的境界,最终乃是心的境界。对圆融无碍之一真法界的体悟乃是华严宗人所追求的终极境界。

华藏世界乃是圆融无碍一真法界的形象展现。下面从三个方面具体分析一真法界:

其一,理事无碍的一真法界。理事无碍,主要指作为万法本体之理与其缘起之事相之间相互依存,相互融摄,相即不离。

> 夫玄宗渺茫,在缘起而可彰;至道希夷,人法界而无见。故标体开用……合则法界寂而无二,开乃缘起应而成三,动寂理融,方开体用。②

法界是空寂无二的本体,渺茫、希夷而不可见、不可知;缘起是用,因缘起而万物彰显,事相宛然。此段话道出了法界是空寂之体与缘起万法之用的统一。法界之体与用一静一动各有个性,但体不碍用,因用而得彰,用不碍体,因体而静定无染。静中有动,动中有静,体用相即相入,圆融不二。法界的体用一如,乃是理事无碍的表现。

---

① 《怡山礼佛发愿文略释》,《嘉兴藏》卷30,第913页。
② 《华严经义海百门》,《大正藏》卷45,第634页。

华藏世界纷繁而和谐的境界之美乃是理事无碍的真一法界的显现。华藏世界有数不清道不尽的事相，海、山、河、大地、莲花、芳草、树形成了五彩缤纷的世界，大莲华内，有不可称量世界种，每一世界种又有不可说佛刹微尘数世界。然而，法藏世界中的所有事象，皆具足一真法界之理体，"十方所有诸变化，一切皆如镜中像"[1]，万法的变化乃是法界空寂理体的显现，如"镜中像"，是真空幻有。同时，尽管香水海、莲花、华藏世界无穷无尽、千差万别，但无不置于清净无垢的莲花之上，莲花是清净无染的法界理体的象征，"无不从此法界流，无不还归此法界"[2]。万法归一，一切即一，纷繁的华藏世界与清净莲花的相融互即，展现出理事无碍的圆融之美。

其二，事事无碍的一真法界。事事无碍，指各各差别的事相，因缘起于同一真如而相互含容，相互依持，从而圆融无碍。

光明和谐的华藏境界充分显示了事事无碍的圆融法界。从前面的描述可知，华藏世界是由无数风轮支撑的世界，是一个繁华多样而又和谐有序的神奇世界。此神奇世界折射的是华严宗对世界万法事事无碍的体悟：世界万物皆是法界缘起的结果，法界随缘而起，生起万事万物，但法界本体性空，因此在空性上，万法平等一如，没有分别。从万法性空的角度，事事皆是融通互摄、相互包含的。又由于万法皆是随缘而生，事事缘起，物物相生，

---

[1] 《大方广佛华严经》，《大正藏》卷10，第40页。
[2] 《大方广佛华严经》，《大正藏》卷10，第39页。

因此事事又是相互依存、相互促进的。

同时，正如前面所言，华藏世界又是光明普照的世界。在佛教里，光具有照亮迷惑，帮助众生从黯然无光的晦世中解脱的作用。从美学上讲，光明使生命得以敞亮，使生命意义得以敞现。华藏世界乃是一个生命敞亮的世界，一个充满生命意义的世界。因为在这个世界里，万法自在无碍，又互照互映，生活在此境界中的人，生命因本性的敞现而充实饱满、幸福快乐。

正如吴言生所言："华严境界，珠珠相含，影影相摄，重叠不尽，映现出无穷无尽的法界，呈显出博大圆融的绚丽景观。"[①] 这便是华严境界所展现出的事事圆融无碍之美。

其三，心境无碍的一真法界。心境无碍，指众生的清净真心与随缘而起的境相之间是相即相入、互融互摄的。从华严宗的四法界分类看，心境无碍境界乃属于理事无碍法界，这里为了强调心境无碍所体现出的主客体圆融一如的关系，凸显华严境界乃心境的本质属性，故专门论述。

> 言一法界，所谓一心也。是心即摄一切世间、出世间法。[②]
>
> 法界者，一切众生身心之本体也。从本以来，灵明

---

① 吴言生：《华严帝网印禅心——论〈华严经〉、华严宗对禅思禅诗的影响》，《人文杂志》2000年第2期，第85页。
② 《修华严奥旨妄尽还源观》，《大正藏》卷45，第637页。

廓彻，广大虚寂，唯一真境而已。①

今尘既由心现，即还与自心为缘……尘为自心现也，离心之外，更无一法，纵见内外，但是自心所现。②

华严宗认为，万法本体之法界乃众生之真心本性。心能融摄一切世间、出世间法，万法乃是自心的显现，心外无法，法皆心之法，真境乃是虚寂灵明的真心的示现。

夫即心即境，终无心外之境；即境即心，亦无境外之心。③

一者摄境归心真空观；二者从心现境妙有观；三者心境秘密圆融观。④

此言心与境相即相入、圆融无碍。心境相即不相离，境是心中之境——"从心现境"，心乃境中之心——"摄境归心"。境是心所造，心乃境中显，无心外之境，亦无境外之心，心与境相依互存、圆融不二。

境、法皆指所观之客体、对象，名异而义同；心指能观之主体。华严宗认为，心与法、心与境是相融互摄、圆融不二的。"由

---

① 《法界宗五祖略记·四祖清凉国师传》，《续藏经》卷77，第622页。
② 《华严经义海百门》，《大正藏》卷45，第631页。
③ 《竹窗二笔·净土不可言无》，《云栖净土汇语》卷1，《续藏经》卷62，第16页。
④ 《修华严奥旨妄尽还源观》，《大正藏》卷45，第637页。

止无体不碍是心故,是以境随智而任运。由观心不碍止境故,是以智随法而寂静。"① 心与境相互依持,互不相碍。如此,作为客体的境与作为主体的心,也就融通无碍、圆融无二了。华严宗常常以水月比喻心境的圆融。

> 譬如净满月,普现一切水。影像虽无量,本月未曾二。如是无碍智,成就等正觉。②

纯净的满月,普现一切水中。水中月影无数,月则始终如一。如此月与水相映互摄,又互不干涉,心与境亦如此。

华藏世界作为一宏大庄严之"境",亦是佛心之显现。

> 此华藏庄严世界海是毗卢遮那如来往昔于世界海微尘数劫修菩萨行时,一一劫中亲近世界海微尘数佛,一一佛所净修世界海微尘数大愿之所严净。③

华藏世界是毗卢遮那历经数劫而修成菩萨行时所显现的世界,是毗卢遮那佛修行圆满后心所显现的世界,因此有所谓"华藏玄门,毗卢心海"之说。华藏世界的庄严华美、光明普照,以

---

① 《华严经义海百门》,《大正藏》卷45,第632页。
② 《大方广佛华严经》,《大正藏》卷10,第486页。
③ 《大方广佛华严经》,《大正藏》卷10,第40页。

及无量的众生形相、无尽的佛刹微尘数等，乃是毗卢遮那佛的愿力所成、佛心所显。这里有两层意思：其一，华藏世界是心境，是心所显现之境；其二，华藏世界是佛境，是毗卢遮那成佛时所现之境。法藏言：

> 言海印者，真如本觉也。妄尽心澄，万象齐观。犹如大海，因风起浪，若风止息，海水澄清，无象不现。①

华藏世界乃是海印三昧的结果。心如海水，妄心如风起浪，风止浪息，海面澄静，万象尽显，妄心尽除，心静如海，万象齐观。宏大的华藏世界乃清净真心的映现，也是真如本觉的结果。如此，心境与佛境圆融一如，清净真心乃是真如本觉之心、觉悟之心，心之境乃是觉悟之境。

归根结底，华严净土乃是一种智慧之美。圆融无碍的智慧境界，乃是除妄心，放弃偏狭分别智，去小我，心境一如、物我一体的境界，其本质乃是一种觉悟之境，是觉悟到万法归一、一现万法之真谛的境界，是体认到大千世界森罗万象、事事圆融的境界，是认识到世界乃是一个无限大网络的境界。华严宗人认为，觉悟到这一切，便能解除人生困惑而得解脱。可见，华严净土之美，最后仍然落脚于觉悟的智慧之美。

---

① 《修华严奥旨妄尽还源观》，《大正藏》卷45，第637页。

2. 清净安乐的弥陀净土

弥陀净土,指阿弥陀佛居住与教化的地方,位于西方,是一片安乐、清泰、安养、快乐的佛土,因此又称"西方极乐世界"。弥陀净土是中国佛教代表之一的净土宗所信仰的净土,而净土宗在中国的长盛不衰,又使弥陀净土成为中国佛教最流行的净土。

净土宗依持的经典主要是"三经一论",包括《无量寿经》《观无量佛经》《阿弥陀佛经》《往生论》。

《佛说阿弥陀佛经》有对"西方极乐世界"之名的解释:"从是西方,过十万亿佛土,有世界名曰极乐。其土有佛,号阿弥陀。""其国众生,无有众苦,但受诸乐,故名极乐。"[1]可见,"极乐"是无苦之乐,是最上快乐。"极乐"是弥陀净土的最大特点,也是弥陀净土美之所在。《无量寿经》专门用了十二品的内容描写弥陀净土,极力铺陈渲染弥陀净土的极乐之美。极乐之美内容丰富,既包括衣食住行的舒适、环境的优美所带来的身心安乐之美,也包括福慧双修所成就的清净无碍、神通广大的生命永恒自由之美。《无量寿经》对弥勒净土之美的描述主要从两个方面展开:一方面写其环境的优美舒适、清净无染,佛教称为"依报";一方面写净土中佛、菩萨的神威广大、寿延无量、德慧双全,佛教称为

---

[1] 《佛说阿弥陀佛经》,《大正藏》卷12,第346页。

"正报"①。弥陀净土极乐之美便体现在"依正庄严"②两方面。

（1）优美舒适的依报庄严

在净土经典中，弥陀净土是一个光明、芬芳、清净、舒适的国土。它环境优美，清净；衣食住行随愿、舒适，能满足众生的一切物质与精神需求。

> 彼极乐界，无量功德，具足庄严。永无众苦、诸难、恶趣、魔恼之名。亦无四时、寒暑、雨冥之异。复无大小江海、丘陵坑坎，荆棘沙砾，铁围、须弥、土石等山。唯以自然七宝，黄金为地。宽广平正，不可限极。微妙奇丽，清净庄严。超逾十方一切世界。③

这是《无量寿经》对弥陀极乐世界的总体描述——无烦恼、苦难，无四季、寒暑，无坎坷、荆棘，无土石、铁山，大地皆由宝石、黄金所构筑，平坦宽阔，无边无际，道出了弥陀净土的奇丽、

---

① 依报、正报：佛教认为，万法皆是先业所得之果。弥勒净土乃是阿弥陀佛修行所证得之果报。果报分依报与正报。《中华佛教百科全书》解释："正报"指有情的身心；"依报"指身心所依止的国土器物等。《丁福宝佛学大词典》解释："一、依报，又名依果，即世界、国土、房舍、器具等也。诸众生因先业而感之，其身依之而住，故名依报。二、正报，又名正果，即五蕴之身也。诸众生各因先业感得此身，是正彼之果报，故名正报。"

② 依正庄严：指依报庄严与正报庄严。佛教常以"庄严"指佛土或佛菩萨之美。依报庄严指净土盛饰之美，正报庄严指净土佛菩萨之美。

③ 赖永海主编：《无量寿经·国界严净第十一》，陈林译注，中华书局2016年版，第89页。以下引用此书，只标注"品"与页码。

清净与无限宽阔。

梳理经典对弥陀净土的描绘,弥陀净土之美主要突出几个特点:光明、清净、舒适。

其一,依报庄严之光明富丽。

> 极乐国土,七重栏楯、七重罗网、七重行树,皆是四宝,周匝围绕,是故彼国,名为极乐。
>
> 极乐国土,有七宝池、八功德水充满其中,池底纯以金沙布地。四边阶道,金、银、琉璃、玻璃合成,上有楼阁,亦以金、银、琉璃、玻璃、砗磲、赤珠、玛瑙而严饰之。池中莲花,大如车轮,青色青光,黄色黄光,赤色赤光,白色白光,微妙香洁。①

弥陀净土,栏楯、罗网、行树皆是宝石所造,池底、阶道、楼阁皆被金银、琉璃、玛瑙所盛饰,绮丽、华美而光洁。

> 又众宝莲华周满世界。一一宝华百千亿叶。其华光明,无量种色。
>
> 复有无量妙宝百千摩尼,映饰珍奇,明曜日月。
>
> 一一华中,出三十六百千亿光。一一光中,出三十六百千亿佛。

---

① 《佛说阿弥陀佛经》,《大正藏》卷 12,第 346 页。

——诸佛,又放百千光明,普为十方说微妙法。①

宝石化成的莲花光华明丽,与周围的摩尼宝珠光光交映,净土中莲花无量无尽,每一莲花发出百千亿光明,每一莲花光中,又有无数尊佛,每一尊佛又发出无数光明。如此佛光交相辉映,重重无尽,有华藏世界珠珠相映、影影重叠的神奇之美。

其二,依报庄严之清净芬芳。

> 又其讲堂左右,泉池交流。纵广深浅……湛然香洁。
> 岸边无数栴檀香树,吉祥果树,华果恒芳,光明照耀。修条密叶,交覆于池。出种种香,世无能喻。随风散馥,沿水流芬。

净土中池塘泉水纯洁芬芳,池塘边布满了无数香树,花果恒芳,随风飘香,随水流芳。此乃感官的享受。

> 微澜徐回,转相灌注。波扬无量微妙音声;或闻佛法僧声、波罗蜜声、止息寂静声……得闻如是种种声已,其心清净,无诸分别;正直平等,成熟善根。②
> 每于食时,自然德风徐起,吹诸罗网,及众宝树,

---

① 《无量寿经·宝莲佛光第二十一》,第126页。
② 《无量寿经·泉池功德第十七》,第110—112页。

出微妙音，演说苦、空、无常、无我诸波罗蜜，流布万种温雅德香。①

不仅如此，微澜起伏，波扬妙音，德风传法，净土中弥漫着法音的温雅德香，闻者灭尘息垢，身心清净，正直平等，成就善根。此乃精神的享受。

十方世界诸往生者，皆于七宝池莲华中，自然化生。悉受清虚之身、无极之体。不闻三途恶恼苦难之名，尚无假设，何况实苦。但有自然快乐之音，是故彼国，名为极乐。②

十方往生此净土的众生皆化生于纯净的宝莲花中，持清净虚空之身，寿命无极之体，超越生死轮回，不受三毒五恶所带来的烦恼苦难，唯有超越生死的自然快乐。此言道出了清净之美的内涵：净土之芳香来自净土之物的清净无垢，而真正的清净无垢，在于心的清净无染、虚空无极。净土自然之物的洁净芳香昭示着人心的清净无染，体现出佛教无情说法的不可思议功德。此乃清净芬芳之美。

其三，依报庄严之随愿舒适。

---

① 《无量寿经·德风华雨第二十》，第123页。
② 《无量寿经·泉池功德第十七》，第114页。

> 若彼众生,过浴此水,欲至足者,欲至膝者,欲至腰腋,欲至颈者,或欲灌身,或欲冷者、温者、急流者、缓流者,其水一一随众生意,开神悦体,净若无形。宝沙映澈,无深不照。①

此言池水清澈见底,水之深浅、冷暖、缓急皆随人意。强调净土使人身体安适。

> 受用种种,一切丰足。宫殿、服饰、香花、幡盖庄严之具,随意所须,悉皆如念。②

言衣食住行华美庄严,一切享受皆能随心所欲,应念而现,事事如愿。

> 微澜徐回,转相灌注。波扬无量微妙音声;或闻佛法僧声、波罗蜜声、止息寂静声、无生无灭声……随其所闻,与法相应。其愿闻者,辄独闻之;所不欲闻,了无所闻。③

---

① 《无量寿经·泉池功德第十七》,第112页。
② 《无量寿经·受用具足第十九》,第119页。
③ 《无量寿经·泉池功德第十七》,第112页。

言净土众生闻法音，心能立即契合，想听什么就听什么，不想听就什么都听不到，随心所欲，自由无碍。此言精神上的自由无拘、随愿舒适。

可见，净土之美还直接体现净土往生者所依持的环境能随顺人意，应念而现。净土中的众生不仅能获得身体上最舒适的随心所欲的享受，更能在精神上获得一种自在无拘的逍遥，这可以说是世人最高的理想，也是一种极乐的审美境界。

（2）福德智慧的正报庄严

弥陀净土的正报庄严主要描述净土中的佛、菩萨、声闻、缘觉以及众生的种种神威、功德与智慧。

> 唯阿弥陀佛，光明普照无量无边无数佛刹。
>
> 阿弥陀佛光明善好，胜于日月之明，千亿万倍。光中极尊，佛中之王。
>
> 其有众生，遇斯光者，垢灭善生，身意柔软。若在三途极苦之处，见此光明皆得休息。命终皆得解脱。①

此言阿弥陀佛光明普照众生、拯济众生的慈悲功德。其光明能超日月千亿万倍，能普照无量无边无数佛刹，能拯济众生于"三途极苦之处"，遇见此光明，众生无不"垢灭善生，身意柔软"，"命终皆得解脱"。

---

① 《无量寿经·光明遍照第十二》，第94—96页。

> 无量寿佛，寿命长久，不可称计。又有无数声闻之众，神智洞达，威力自在，能于掌中持一切世界。
>
> 彼佛寿量，及诸菩萨、声闻、天人寿量亦尔，非以算计譬喻之所能知。①

此言净土中佛及一切菩萨、声闻、众生皆寿延无量，神智洞达，威力自在。

> 彼佛国中诸菩萨众，悉皆洞视、彻听八方、上下、去来、现在之事。
>
> 有二菩萨，最尊第一，威神光明，普照三千大千世界。欲至十方无量佛所，随心则到。现居此界，作大利乐。②
>
> 唯除大愿，入生死界，为度群生，作师子吼。擐大甲胄，以宏誓功德而自庄严。虽生五浊恶世，示现同彼。直至成佛，不受恶趣。③

此品重在描述佛国菩萨的神威与宏深愿力。

> 一切菩萨，禅定智慧、神通威德，无不圆满。诸佛

---

① 《无量寿经·寿众无量第十三》，第98页。
② 《无量寿经·大士神光第二十八》，第154页。
③ 《无量寿经·愿力宏深第二十九》，第158页。

> 密藏,究竟明了。调伏诸根,身心柔软。深入正慧,无复余习。
>
> 于一切众生,有大慈悲利益心故。舍离一切执著,成就无量功德。以无碍慧,解法如如。
>
> 决断疑网,证无所得。以方便智,增长了知。从本以来,安住神通。得一乘道,不由他悟。①

此言净土菩萨自觉觉他的功德:自觉则"禅定智慧、神通威德,无不圆满";觉他则度有情,说正法,发大慈悲心。可见菩萨是功德圆满、智慧超群之人。

> 其智宏深,譬如巨海。菩提高广,喻若须弥。自身威光,超于日月。
>
> 清净如水,洗诸尘垢。
>
> 不著如风,无诸障碍。
>
> 雨甘露法,润众生故。旷若虚空,大慈等故。如净莲华,离染污故。
>
> 雄猛无畏。身色相好,功德辩才,具足庄严,无与等者。②

---

① 《无量寿经·菩萨修持第三十》,第162—167页。
② 《无量寿经·真实功德第三十一》,第170、174页。

此品乃是对净土菩萨殊胜功德的总结。

净土中的佛、菩萨兼具人性之美与神性之美。这样一种集相貌、品性、福寿、功德、智慧于一身的神人，乃是弥勒净土所追求的理想人格。它们与神奇美妙、安乐舒适的极乐世界的结合，共同构成弥勒净土，成为众生向往追求的终极境界。

《无量寿经》在其第二十二品"决证极果"中道出了弥陀净土的本质：

> 复次阿难：彼佛国土，无有昏暗、火光、日月、星曜、昼夜之象，亦无岁月劫数之名，复无住著家室。于一切处，既无标式名号，亦无取舍分别。唯受清净最上快乐。若有善男子、善女人，若已生，若当生，皆悉住于正定之聚。决定证于阿耨多罗三藐三菩提。①

弥陀净土是一个没有昼夜分别、岁月痕迹的永恒的世界，是一个万事万物皆没有名号的无分别的平等世界，是一个没有对家室的执着与留恋的无碍的世界。换句话说，弥陀净土是一个无相、无住、无分别、无生无灭的世界，其实质是正定正觉的般若智慧境界。弥陀净土之乐乃是一种由般若智慧生起的清净之乐，也是人生的最大快乐，因为这种快乐摆脱了对万法及自我的执着，因此也不受任何限制，是最大的自在，也是"最上快乐"。此段话道

---

① 《无量寿经·决证极果第二十二》，第128页。

出弥陀境界"极乐",乃是来自"阿耨多罗三藐三菩提"(无上正等正觉),因此,弥陀净土仍然是一种觉悟之境、智慧之境。弥陀净土的极乐之美,归根结底是一种觉悟的智慧之美。

3. 心境一体的唯心净土

华严净土与弥陀净土皆是佛的境界,尽管由于佛的不同,其境界所显示的美有所不同,然而,它们都为我们展现了一个珠宝辉映、光明普照、鸟语花香的美丽世界,一个广阔无边、无限永恒、舒适安乐的自由世界,这个世界是庄严佛法的象征,寄托着人们的理想人生追求。唯心净土把外在的佛境移植到众生心中,"自性弥陀,唯心净土"①。如此,佛国净土成为众生清净心的显现,庄严美丽的佛境转变为众生的心中之境。这一转变是禅宗"即心即佛"心性论的必然发展,禅宗认为,并不存在一个于众生心外高高在上的佛,佛就在众生心中,众生心即是佛。因此,自然也不存在一个外在于众生心的庄严佛土,佛土就在众生心中,清净的佛土就是清净的众生心。"随其心净,则佛土净","净秽在心,不在国土"。此乃唯心净土的核心思想。唯心净土观反复强调净土在心不在外这一核心思想。

若知心本来不生不灭,究竟清净,即是净佛国土,更不须向西方。②

---

① 《佛说阿弥陀经疏钞》,《续藏经》卷22,第624页。
② 《入道安心要方便法门》,《大正藏》第85卷,第1287页。

> 佛与净土皆是众生介尔心中之本具。①
>
> 今但直决疑情，令知净土百宝庄严九品因果，并在众生介尔心中，理性具足方得。今日往生事用随愿自然，是则旁罗十方不离当念，往来法界正协唯心。②

净土不在西方，众生本身具有的不生不灭的清净心，就是净土。庄严富丽的弥陀净土也在众生介尔心中，心中具足理性便得净土。弥陀净土中随愿所现的种种受用，亦是当心一念的显现。

> 若直了心性，则即心即佛。明自心处，即是净土。
> 迷人念佛生彼，悟者自净其心，所以佛言，随其心净则佛土净。③
> 故知识心方生唯心净土，着境只堕所缘境中。④

净土在心中，不在外境，念佛着境，皆会迷失于幻境而不能往生净土，唯有"直了心性"方能生净土佛国。唯心净土乃是明心见性的结果，是觉悟的境界。

与前述的净土相比，唯心净土有两个主要的变化：其一，佛境变为众生心境；其二，外境变为内在心境。这两个变化，使唯

---

① 《观无量寿佛经义疏》，《大正藏》卷37，第280页。
② 《往生净土决疑行愿二门》，《大正藏》卷47，第14页。
③ 杨曾文校写：《六祖坛经》，第43页。
④ 《万善同归集》，《大正藏》卷48，第966页。

心净土把关注的聚焦点从庄严佛国转向众生的日常生活世界，从外在境相描绘转向内在清净心的体验。对众生心境的关注使唯心净土表现出与华严、弥陀净土不同的美：

（1）日常生活的平凡之美

从佛境转变为众生心境，其结果是：五彩缤纷的庄严佛国之美的消失，取而代之的是人伦日用中的"净心"之美。"平常心是道"，"行住坐卧皆是修行"，担水砍柴、吃饭睡觉之中，皆有佛道，皆有净土。因此，唯心净土没有如华藏世界、极乐世界一般专门描述净土之美的篇章，因为唯心净土之美存在于日常生活之中，遍布于人伦日用的点点滴滴。庄严佛国之美的消解与日常生活之美的彰显，体现了唯心净土生活化、世俗化、人生化的审美特征。与华藏净土和弥陀净土相比，存在于众生心中的唯心净土更多是对现实世界和现实人生的肯定，具有一种人性之美、人生之美。

（2）此彼不着的中道之美

> 经云：心佛及众生，是三无差别。盖心即是佛，佛即是生。诸佛心内众生，念众生心中诸佛也。故云一体。中流两岸者，娑婆喻此，极乐喻彼。始焉厌苦欣乐，既焉苦乐双亡，终焉亦不住于非苦非乐。所谓二边不着，中道不安也，自性弥陀，唯心净土，意盖如是。[①]

---

① 《佛说阿弥陀经疏钞》，《续藏经》卷22，第606页。

唯心净土认为，心、佛、众生没差别。心即佛，佛即众生。佛心乃众生之佛心，念佛就是念众生心中之佛，因此三者是一体的。人们常把世界分为此岸与彼岸，以娑婆世界比喻此岸，以极乐世界比喻彼岸。如对待苦乐一样，开始时厌恶苦难喜欢快乐；继而苦乐双双消亡，非苦非乐；最终则不执滞于非苦非乐，不着于苦乐两边，也不安于非苦非乐。自性与弥陀、心与净土、此岸与彼岸也是如此。此段话道出了唯心净土的中道之美：此岸与彼岸一体不二，既不执滞于此岸，也不执滞于彼岸，此彼不着，非此非彼，又即此即彼，不离此岸而超越此岸，往生彼岸而不离此岸。唯心净土之美便存在于这此岸超越之中：一方面强调超脱不离此岸，不在尘世之外去寻求解脱，而是即世解脱，拉近了佛国与人世的距离；另一方面，不迷失此岸，不沉沦俗世，把日常生活当作修行，在日常生活中探寻生命的真谛，追求生命的超脱，使日常生活意义化、审美化。这便是唯心净土不着尘净、此彼的中道之美。

（3）心境一体的圆融之美

唯心净土虽然强调心的本体、本原作用，但是并不否定"境"，真正的唯心净土乃是心境圆融不二、能所俱冥的境界。心与境的圆融一体乃是唯心境界最为本质的特征。

> 有谓唯心净土，无复十万亿刹外更有极乐净土。此唯心之说，原出经语，真实非谬。但引而据之者错会其旨。夫即心即境，终无心外之境；即境即心，亦无境外

之心。即境全是心，何须定执心而斥境？拨境言心，未为达心者矣。①

此言唯心净土是心境一体的境界。境是心之境，离心无境；心是境中心，离境无心。言心而否定极乐净土，就是执滞于心而排斥境，违背了唯心净土心境不着的中道原则，因此并不能通达真心本性。极乐净土就是唯心净土，就在众生心中，并非心外另有极乐净土。唯心净土靠极乐净土得以显现，观想极乐净土之相可以为了悟真心本性提供方便法门，二者的关系是相依相存，又相生相发的。

若此观门及般舟三昧，托彼安养依正之境，用微妙观，专就弥陀，显真佛体。虽托彼境，须知依正同居一心，心性遍周，无法不造，无法不具，若一毫法从心外生，则不名为大乘观也。行者应知，据乎心性观彼依正，依正可彰，托彼依正，观于心性，心性易发。所言心性具一切法，造一切法者，实无能具、所具，能造、所造；即心是法，即法是心，能造因缘及所造法，皆悉当处全是心性。②

---

① 《竹窗二笔·净土不可言无》，《云栖净土汇语》卷1，《续藏经》卷62，第16页。
② 《观无量寿佛经疏妙宗钞》，《大正藏》卷37，第195页。

知礼的这段话道出了依正庄严的弥陀净土的本质乃是唯心所造，是心的显现，是唯心净土，强调了万法唯心的观念，并具体论述了境与心的圆融关系。心性周遍一切法，生造一切法，具备一切法。从心性观依正之境，境中显心；依托依正之境而观心，心乃生境。心与境相互依存、相互含融、相互生发、圆融一体的关系可以得见。接着知礼进一步阐述了心境一体的实质：心性具有一切法，能造一切法，其实心法并无能具、所具之分，能造、所造之别；心即是法，法即是心，能造与所造、因与果圆融一体，了无分别。

心境一体乃是心与法相即相入的境界，是无心法之分、能所之别的境界，亦即能所俱冥、物我一体的境界。它克服了主体与客体的分别与对立，体现出心与境、物与我的圆融无碍，因此也是一种人生的审美境界。

综上所述，唯心净土以众生心为净土之本，认为佛国净土皆为众生清净心的显现，依正庄严的弥陀净土不在西方，就在众生心中。唯心净土最突出的特征便是净土在心中，不在身外，如此拉近了佛与众生、佛国净土与现世人生、彼岸与此岸的距离，使众生在此岸便能获得超脱，通过现世修行便能往生净土，同时，也使现世生活本身成为一种修行，从而使日常生活意义化、审美化。如此，唯心净土成为一种不住此岸又不离此岸的境界，具有中道之美，这是唯心净土的审美价值之一。而唯心净土在强调净土唯心的同时，也并不否定净土之境相的存在，它注重心境一体、圆融不二，强调境在心中、心因境现。心与境相即相入、互融互摄、互依互持,形成了唯心净土心境一体的圆融之美。而这种心境圆融不二的实质乃是能所俱冥、物我一如、主客一体的境界,因此也是一种人生的审美境界。而这种圆融之美的形成又是无分别的般若智慧观照的结果,因此也是一种觉悟境界——"悟者自净其心",唯有直了本心,识心见性,方能生净土。可见,净土的本质乃是一种明心见性的觉悟境界,不管是净秽不著的中道,还是心境一体的圆融,皆是般若智慧的体现。所以,归根结底,唯心净土之美乃是一种觉悟的智慧之美。

第二节 仙道境界:道教审美境界论

纵观道教历史,道教在发展过程中,仙道内涵不断发生变化,仙道境界也因此呈现出不同的内容。依据仙道内涵的变化,我们把道教的仙道境界分为三个阶段:第一个阶段,东汉至六朝,神仙境界阶段;第二个阶段,隋唐,重玄境界阶段;第三个阶段,宋金以后,丹道境界阶段。不同时期仙道境界的内涵不同,所表现出来的审美风貌也有差异。

一 崇高绮丽的神仙境界

神仙境界是早期道教所追求的理想境界。众所周知,土生土长的道教深深植根于中国文化,神秘的巫术、原始的自然崇拜、鬼神崇拜、远古神话、黄老之道、庄子寓言、《楚辞》神话、蓬莱仙境等，皆成为道教产生的源泉，也促成了道教神仙信仰的形成。而早期道教神仙信仰的精神基础乃是万物有神论与神仙可学致。神仙可学致促成了道教驳杂而丰富的修炼之术的形成，万物有神论则为道教神仙境界提供了丰富的题材与资源。此一时期的道教以对神的崇拜与肉体成仙追求为核心，其仙道信仰突出体现为对神仙境界的憧憬与追求。此时的神仙境界乃是一种神奇缥缈而又主宰着万物的神的世界，也是永恒长生、美好快乐的仙的境界。它是一种虚幻的想象之境，但对道教徒而言，它是可以通过修炼而抵达的人生之境。仔细划分，早期的神仙境界又可分为神的境界与仙的境界。

（一）崇高的神的境界

早期道教经典，如《太平经》《抱朴子》，皆有关于天神的内容。《太平经》中有这样的描述：

> （皇天上清金阙后圣九玄帝君）上升上清之殿，中游太极之宫，下治十方之天，封掌亿万兆庶，鉴察诸天河海、地山源林，无不仰从，总领九重十叠。[①]
>
> （后圣九玄帝君）太空琼台洞真之殿，平玉之房。……毒龙电虎，玃天之狩，罗毒作态，备门抱关，

---

① 王明编：《太平经合校》，第2—3页。

巨虯千寻，卫于墙岸。飞龙奔雀，溟鹏异鸟，叩啄奋爪，陈于广庭。天威焕赫，流光八朗，风鼓玄旌，回舞旄盖；玉树激音，琳枝自籁，众吹灵舞，凤鸣玄泰；神妃合唱，麟午鸾迈；天钧八响，九和百会。①

此描写神通广大的帝君，他们掌管三界，总领天上地下，有无上权力，同时，美食佳肴，琼楼玉宇，笙歌燕舞，生活自由美好，快乐逍遥。

> （天君）簿疏善恶之籍……岁日月拘校，前后除算减年；其恶不止，便见鬼门。
>
> （昆仑北极真人）延者有命，录籍有真，未生豫著其人岁月日时在长寿之曹，年数且升，乃施名各通，在北极真人主之。②
>
> （天君）天君日夜预知，天上地下中和之间，大小乙密事，悉自知之。③
>
> （昆仑北极真人）神仙之录在北极，相连昆仑，昆仑之墟有真人，上下有常。④

---

① 王明编：《太平经合校》，第7—8页。
② 王明编：《太平经合校》，第526、531页。
③ 王明编：《太平经合校》，第544页。
④ 王明编：《太平经合校》，第583页。

以上描写的天君及至尊天神,是"宇宙之心",他们惩恶扬善,差遣诸神,掌管天上地下,也掌管人的寿命,他们无所不知,无所不能,有无限的神通与无上的权威。

葛洪《抱朴子》对神如此描述:

> 一在北极大渊之中,前有明堂,后有绛宫;巍巍华盖,金楼穹隆;左罡右魁,激波扬空;玄芝被崖,朱草蒙珑;白玉嵯峨,日月垂光;历火过水,经玄涉黄;城阙交错,帷帐琳琅;龙虎列卫,神人在傍。①

这里的"一"指"真一",也就是"道",这段文字显然把"真一之道"神化为人格神,通过对真一之神所住环境的描写,构筑起一个光明辉煌、雄奇华丽的神的境界。

> 元君者,大神仙之人也,能调和阴阳,役使鬼神风雨,骖驾九龙十二白虎,天下众仙皆隶焉。②

此段话描绘出大神仙元君神通广大,具有主宰万物、驱使鬼神、统领众仙的能力。

以上对帝君、天神、真一之神的描述,体现出至尊之神的共

---

① 王明:《抱朴子内篇校释》,第324页。
② 王明:《抱朴子内篇校释》,第76页。

同特点：神通广大，权力无限，掌管着三界事务，维持着三界秩序。天上地下、自然人间，都在神的掌管之中。天神是一个崇高的统治者、管理者的形象，天神的世界乃是至高无上又美好快乐的世界。对天神的敬畏与崇拜，表现出远古时代的人对超自然力量的崇拜与敬畏，有明显的原始宗教的意味。

（二）绮丽的仙的境界

道教中除了少量对至高无上的天神的描述之外，大量的还是对"仙"的描述。道教中的仙是经过修炼后长生不死的人，也可以说是人经过长期修炼后而成的神。道教主张"万物有神"，那么万物之神、人之神与天神有何关系呢？"神也者，皇天之吏也。神人者，皇天第一心也。"① "神者，天之使也。"② 物神、人神乃是天神的使者，神人乃是天之心，物神、人神乃是天神在人间的显现，人是通过人神而见天神的。由此可见，人神、物神与天神乃是一脉相通的，人与神并非在两个完全隔膜、对立的世界，天上与地下、仙界与人间是相通的。《太平经》把神仙分为六个等级：

> 一为神人，二为真人，三为仙人，四为道人，五为圣人，六为贤人，此皆助天治也。神人主天，真人主地，仙人主风雨，道人主教化吉凶，圣人主治百姓，贤人辅

---

① 王明编：《太平经合校》，第221页。
② 王明编：《太平经合校》，第379页。

助圣人，理万民录也，给助六合之不足也。①

贤人、圣人、道人主人道，施行人文教化，治理人间；而仙人、真人、神人主天道，主持天文，管理自然。自贤人而至神人，神仙品位逐渐升高。同为"神仙"，贤人、圣人、道人更具人间管理者的特点，更有人性，而仙人、真人、神人则更具神性。从拥有明显人间气息的贤人、圣人到具浓厚神仙特点的真人、神人，乃是一种渐变的过程，其间没有不可逾越的鸿沟。从中我们也可以看到，在早期神仙道教的观念里，人完全可以通过修炼而成仙成神，人间与天界不是两个完全分离、不可跨越的世界，这体现出早期道教"神仙可学致"的观念。

正是基于这样的世界观，道教的仙便成为合理的存在。仙是人神，也是神人，是人与神的集合体，道教正是通过仙把至高无上的神与人结合起来：一方面把人超拔为神，使之脱离凡尘，实现人的超越；一方面又把神拉回到人间，为道教的神仙信仰增添了不少人间的气息，使道教的超越成为一种此岸超越。

下面我们看一看道教对仙及仙境的描述：

道教对仙的认识可以追溯到《楚辞》与《庄子》。

> 前望舒使先驱兮，后飞廉使奔属。鸾皇为余先戒兮，雷师告余以未具。吾令凤鸟飞腾兮，继之以日夜。飘风

---

① 王明编：《太平经合校》，第289页。

屯其相离兮,帅云霓而来御。纷总总其离合兮,斑陆离其上下。吾令帝阍开关兮,倚阊阖而望予。①

驾青虬兮骖白螭,吾与重华游兮瑶之圃。登昆仑兮食玉英,与天地兮同寿,与日月兮同光。②

这是《楚辞》里的神仙世界,自由逍遥。

《庄子》中有对神人、至人、真人、圣人的描述:

藐姑射之山,有神人居焉。肌肤若冰雪,绰约若处子。不食五谷,吸风饮露。乘云气,御飞龙,而游乎四海之外。③

至人神矣!大泽焚而不能热;河汉沍而不能寒;疾雷破山、飘风振海而不能惊。若然者,乘云气,骑日月,而游乎四海之外,生死无变乎已。④

古之真人,不逆寡,不雄成,不谟士。若然者,过而弗悔,当而不自得也。若然者,登高不栗,入水不濡,入火不热,是知之能登假于道也若此。

古之真人,不知悦生,不知恶死。其出不䜣,其入不距。翛然而往,翛然而来而已矣。不忘其所始,不求其

---

① 洪兴祖:《楚辞补注》,中华书局1983年版,第28页。
② 洪兴祖:《楚辞补注》,第134页。
③ 《庄子·逍遥游》,《二十二子》,第14页。
④ 《庄子·齐物论》,《二十二子》,第19页。

所终。受而喜之，忘而复之。是之谓不以心捐道，不以人助天，是之谓真人。①

千岁厌世，去而上仙，乘彼白云，至于帝乡。②

《庄子》中的神仙餐风饮露、超凡脱俗，无思无虑、无欲无求，并且神通广大，不为外物所伤，无死无生，无拘无束。这些神仙形象构成了道教神仙境界的底色。

先秦经典中对神仙及神仙世界的描绘为早期道教神仙境界提供了丰富的资源，也奠定了道教神仙境界的基本格调。任继愈先生说："后来道教描绘的神仙生活，大体不离乎此。"③

《太平经》对仙境的描述：

（东华玉保高晨师青童大君在接受了《灵书紫文》二十四个口诀之后）变化无穷，超凌三界之外，游浪六合之中。灾害不能伤，魔邪不敢难。皆自降伏，位极道宗，恩流一切，幽显荷赖。④

这段文字描写了青童大君学道成仙后的生活：任性遨游，隐显自由，变化无穷，不为外物所伤，且能降魔除灾，恩泽万物。

---

① 《庄子·大宗师》，《二十二子》，第27—28页。
② 《庄子·天地》，《二十二子》，第41页。
③ 任继愈：《中国道教史》，第11页。
④ 王明编：《太平经合校》，第8页。

葛洪《抱朴子》对仙境的描述：

> 夫得仙者，或升太清，或翔紫霄，或造玄洲，或栖板桐，听钧天之乐，享九芝之馔，出携松羡于倒景之表，入宴常阳于瑶房之中，曷为当侣狐貉而偶猿狖乎？所谓不知而作也。夫道也者，逍遥虹霓，翱翔丹霄，鸿崖六虚，唯意所造。①

整个神仙生活境界突显出绚丽多彩、超凡脱俗、逍遥无拘、永恒长存的审美特点。此仙境是想象中的人间仙境，是用道教神仙信仰过滤后的自然之境，也是道教视角下的人生理想之境。

早期神仙道教对神仙境界的描述更为集中地体现在魏晋道士们的游仙诗中，最为著名的是正一道道士郭璞的《游仙诗》。具有"列仙之趣"的《游仙诗》描写出了一幅幅虚无缥缈的神仙境界：

> 阊阖西南来，潜波涣鳞起。灵妃顾我笑，粲然启玉齿。②

此两句诗描写了鬼谷子修道升仙后所见仙境：水神乘风御波而来，仙女顾盼生辉，对我粲然微笑。

---

① 王明：《抱朴子内篇校释》，第189页。
② 逯钦立辑校：《先秦汉魏晋南北朝诗》（中），中华书局1988年版，第865页。

> 翡翠戏兰苕，容色更相鲜。绿萝结高林，蒙笼盖一山。中有冥寂士，静啸抚清弦。放情凌霄外，嚼蕊挹飞泉。赤松临上游，驾鸿乘紫烟。左挹浮丘袖，右拍洪崖肩。借问蜉蝣辈，宁知龟鹤年。①

仙境的自然环境：山色蒙笼，清幽宁静。境中仙人：餐风饮露，抚弦静啸，纵情天外。与仙人同游，与龟鹤同寿，好一幅自然美好、自由逍遥、长生久视的神仙美景。

> 吞舟涌海底，高浪驾蓬莱。神仙排云出，但见金银台。陵阳挹丹溜，容成挥玉杯。姮娥扬妙音，洪崖颔其颐。升降随长烟，飘飘戏九垓。奇龄迈五龙，千岁方婴孩。燕昭无灵气，汉武非仙才。②

这几句诗凸显出仙境的恢宏华丽、繁华永存、长寿永恒的特点。

> 采药游名山，将以救年颓。呼吸玉滋液，妙气盈胸怀。登仙抚龙驷，迅驾乘奔雷。鳞裳逐电曜，云盖随风回。手顿羲和（太阳神）辔，足蹈阊阖（天门）开。东

---

① 逯钦立辑校：《先秦汉魏晋南北朝诗》（中），第865页。
② 逯钦立辑校：《先秦汉魏晋南北朝诗》（中），第866页。

海犹蹄涔(微小之物),昆仑蝼蚁堆。遐邈冥茫中,俯视令人哀。①

此诗描写登仙之境:御飞龙,乘奔雷,逐闪电,以云为华盖,以太阳为辔头,御风而行,畅游天宫。从天界而俯观大地,东海与昆仑都如此渺小。

从早期道教经典与道教诗歌所描写的仙境可以看出,早期的神仙境界多以神人、仙人、仙鸟、神兽为主角,以金碧辉煌的宫殿、瑶房为背景,配之以琼浆玉露、笙歌燕舞的生活,展现出一幅华美、繁荣、自由、永恒的壮丽美景。仔细审之,这些神奇的神仙境界皆有以下共同的特点:

1. 神奇华美

描述仙界环境,常用"瑶房""金银台""紫霄""虹霓""鳞裳"等意象,构筑起一幅金碧辉煌的画面,同时辅以琼浆玉露、莺歌燕舞的场景,营造出一种仙界繁华永存的绮丽景象。

2. 超凡脱俗

仙境的超凡脱俗体现在:饮食上,不食五谷杂粮,而是餐风饮露,不同凡响;出游则是乘云御风,驾神鸟驶飞鸿,不与俗同,侣伴也不是一般的凡尘俗子,而是"灵妃""浮丘""洪崖""陵阳""容成"等神人、仙人。超凡脱俗的神仙生活表现出道教对凡尘俗世的一种否定与超越,也表现出道教力图摆脱凡尘俗世的价

---

① 逯钦立辑校:《先秦汉魏晋南北朝诗》(中),第867页。

值追求。在道教看来,人的生老病死以及由此带来的痛苦皆是凡尘俗世的生活方式所造成的——食五谷杂粮,必有生老病死,要长生成仙,必须摆脱尘俗的生活方式。

3．逍遥游

逍遥游是神仙境界最为突出的特征,几乎所有神仙境界都会突出这一特点。自在逍遥地游历天上地下、自然人间,是神仙的基本特征。这一特征表明:神仙境界最本质的特征在于自由逍遥。摆脱人间的各种束缚,获得生命的自由无拘是道教的生命价值追求。

4．长寿永生

道教神仙境界另一个突出的特征便是长寿永生。飞升天界的神仙们个个鹤发童颜,长命百岁,长生不死。仙境中充斥着大量的长寿仙人,同时,在对仙境的描写中还常常引入九芝、龟鹤、赤松、松羡等长寿意象,这些神仙意象的大量引入,一方面增强了神仙境界的神奇玄妙之美,一方面也暗喻着长生不死之理想追求。

总之,仙境是超凡脱俗、华丽快乐、自由逍遥、长寿永生的境界,其实质乃是一种理想的人生境界。言其是人生境界,在于早期道教所描绘的仙境虽然神奇瑰丽,但反映的却是世俗人的物质与精神追求。言其是理想人生,因为神仙境界所描绘的境界是与现实生活迥然不同的。从东汉至魏晋南北朝,我国处于大分裂时期,战争动乱,民不聊生,生命无常,生活艰难困苦,民众普遍缺乏基本的安全感,安身立命成为人们最大的愿望。这一愿望在残酷的现实世界无法实现,人们便把这种期盼、这种愿望,寄托到仙境，因此神仙境界映射着当时人们最美好的生活愿景：长生、自由、美好、快乐。仙境是对苦难的现实人生境界的超越，其中包括对生命有限性的超越，因此，神仙境界具有生命超越性；仙境还表现出对长寿永生的追求，这种追求体现出对生命永恒性的追求。同时，仙境中的人、物，总是充满着神性，道教中的自然，经过宗教过滤后，是人化的自然，是仙化的自然。这种仙化使自然成为一种宗教的存在、一种精神的存在，在其间我们看到的是道教的神仙理想与追求，由此自然转化为一种符号，作为一种意象，成为审美的对象。可见，早期道教的仙境是超越的境界，是永恒的境界，也是自然人化、神化的境界，因而也是审美的人生境界。

二 玄冥清虚的重玄境界

重玄学产生于南北朝，兴盛于隋唐。重玄学立足道家而融摄玄佛思想，是佛道二教融合的结果，由此，重玄境界作为重玄学所追求的宗教理想，同时打上了佛境与道境的烙印。

南北朝时期的重玄学思想，集中体现在《内观经》《清静经》两部经书里，从中可见其对重玄境界的基本认识。

隋唐是重玄学的繁盛时期，从隋代的《海空经》《本际经》，到初唐的成玄英、李荣，到盛唐的司马承祯、吴筠，大量的道教经典描述了对重玄之道的认识。从对重玄之道的描述中，我们也可以窥见重玄学对重玄境界的认识。在上一章的重玄学修养论里，我们把隋唐的重玄学分为两个阶段：一是隋朝至初唐，以成玄英、李荣为代表，侧重于心性修养的精神超越；一是盛唐以后，以司马承祯、吴筠为代表，重玄学在更高层面回归传统仙道信仰，把修性与修仙结合起来，追求合道修仙的宗教理想，开唐宋内丹道之先河。由此，在境界论方面，早期重玄境界与盛唐以后的重玄境界在精神内涵与外在特征上都表现出一定的差异。

（一）双遣不滞的早期重玄境界

早期重玄境界论包括从南北朝到初唐人们对重玄境界的认识。重玄学是立足道教而融摄佛教的结果，佛教的心性论、中观思想在早期重玄境界论中有明显的痕迹。"重玄"虽然源出于老子"玄之又玄，众妙之门"，但是明显是以佛释道，以佛教中观思维方式阐释道教经典的结果。以下是道教重玄学经典对"重玄"的诠释。

《本际经》如是言：

> 帝君又问，何谓重玄？太极真人曰：正视之人，前空诸有，于有无著。次遣于空，空心亦静。乃曰兼忘。而有既遣，遣空有故，心未纯净，有对治故。所言玄者，四方无著，乃尽玄义。如是行者，于空于有，无所滞著，名之为玄，又遣此玄，都无所得，故名重玄，众妙之门。[①]

[①] 敦煌 P.3674 号，《本际经》卷 8《最圣品》，《敦煌宝藏》第 127 册，第 257 页。

成玄英如是言:

> 为学之人,执于有欲,为道之士,又滞于无为。虽复深浅不同,而二俱有患。今欲治此两执,故有"再损"之文。既而前损损有,后损损无,二偏双遣,以至于一中之无为。①

> 有欲之人,唯滞于有,无欲之士,又滞于无。故说一玄以遣双执,又恐学者滞于此玄,今说"又玄",更祛后病。既而非但不滞,亦乃不滞于不滞,此则"遣之又遣",故曰"玄之又玄"。②

中国宗教哲学中,本体论、修养论、境界论常常混为一谈。上面论"重玄"的两段话便是如此,既从本体论角度言重玄之道的深远难识,又从双遣兼忘的修养论角度言抵达重玄境界的修养方法,还从境界论角度言重玄境界的本质。因此,在上文本体论、修养论部分都引证了它们,此章再从重玄境界论视角引证该论述,以剖析重玄境界的内在特质。从上述引文看,前期重玄学对重玄境界的认识是一致的:重玄境界乃是双遣兼忘的境界,即既不执滞于有无,又不执滞于非有非无的境界,表现出两个基本特质:

---

① 成玄英疏"损之又损,以至于无为",《道德真经玄德纂疏》,《道藏》第13册,第486页。
② 成玄英疏"玄之又玄,众妙之门",《道德真经玄德纂疏》,《道藏》第13册,第361页。

其一，重玄境界是认识上不断超越的境界，双遣兼忘是重玄境界的基本特征。"兼忘"来源于庄子的"坐忘"，"坐忘"本是对感性与理性自我的超越，是一种"忘己"的功夫与境界。这里的"兼忘"则指"前空诸有，于有无著。次遣于空，空心亦静"，言认识上对有与空的"无著"，即破除对有与空的执着。"双遣"这里与"兼忘"同义，指"遣双执""二偏双遣"，即遣除对有、空的偏执，重玄学认为此乃"一玄"。然后，又遣除"兼忘""双遣"的意图，此乃"不滞于不滞"，彻底做到心无挂碍，此乃"重玄"境界。重玄境界乃是不断遣除执滞的境界，也是人在认识上不断自我超越的境界。

其二，重玄境界是不沾不滞的境界，不沾不滞体现了重玄境界的本质特征。兼忘双遣的实质在于"破执"——破除对有的执着，对空、无的执着，对有空分别的执着，对有空无分别的执着。对"执着"无止境地消解而至于彻底的清净无为、不沾不滞，便是重玄境界。有执着便会有牵绊，有挂碍，便会"有待"，"有待"便有束缚，有制约，人心便不能自由。不沾不滞，心才能真正"无待"。同时，这种不沾不滞的境界乃是不断破除人心的"有为"而至于"无为"的境界。自然无为是道的本性，因此，不沾不滞的境界也是得道合道的境界。如此，道教自然无为之道与佛教心性论、中观思想有机地融合在兼忘双遣、不沾不滞的重玄境界中，使重玄境界呈现出与早期道教神仙境界不一样的文化内涵与风貌。

兼忘双遣、不沾不滞的重玄境界具体表现出四层内涵：

第一层内涵：物我超然，无为无累。

> 圣人所贵者大道，所宝者重静，虽有瑶台琼室之丽馆，身之所托者虚寂；丽姬飞燕之美御，心之所游者无为；情欲不足以累真，华屋未能以惑己，物无累者，故曰超然。①

面对瑶台琼室之丽、丽姬飞燕之美而心不为所动，此言身处世俗，超然物外，不为外物所惑，亦不为情欲所累的圣人境界。外忘万物，不为物牵，内忘身心，不为己累，破除对外物与自身的执着，便能"超然"，便能解脱。此段话道出了重玄境界物我兼忘，不为物我所累的"超然"特点，而这一切皆源于对物与己"虚寂"本性的体认。"夫达道圣人，超然悬解，体知物境空幻，岂为尘网所羁。"②"夫玄悟之人，鉴达空有，知万境虚幻，无一可贪，物我俱空，何所逊让。"③认识到"物境空幻""万境虚幻""物我俱空"，便能不"为尘网所羁"，"超然悬解"，获得解脱，获得自由。

第二层内涵：物我一体，冥会自然。

> （道得之）只为即事即理，所以境智两冥，能所相会。④
> 圣人能所两忘，境智双遣，玄鉴洞照，御气乘云，

---

① 《道德真经玄德纂疏》，《道藏》第 13 册，第 420 页。
② 《南华真经注疏·则阳第二十五》，第 500 页。
③ 《南华真经注疏·齐物论第二》，第 46 页。
④ 《道德真经注疏》，《道藏》第 13 册，第 296—297 页。

本迹虚夷,有何病累也?①

非唯万境虚寂,抑亦一身空净。②

以上之言道出了重玄境界"境智两冥""能所相会"、物我一体的特点。作为人而言,只要意识到"万境虚寂""一身空净",便会进入万物一体、物我一如的境界。而物我兼忘、物我一体的境界乃是与自然大道冥合的境界,亦即与道合一的境界。这一境界既是"玄鉴洞照",能洞见万物及生命本质的智慧境界,也是"御气乘云",无有"病累"的自由人生境界。

第三层内涵:遗识混心,寂而常照。

重玄境界既然是与道合一的得道境界,重玄境界自然体现出道境的特征——寂而常照。

《海空经》把修持的境界分为五种:"何谓道果,果有五种,一地仙果,二飞仙果,三自在果,四无漏果,五无为果。"③"果"即果位,指佛教修行所达到的境界,这里重玄学借用佛果而论道果,指称道教修行所达到的境界。《海空经》认为"无为果"是道教修行的最高境界。"无为果"是怎样一种境界呢?

无为果者,即是入寂无上法门。所以尔者,寂境即

---

① 《道德真经玄德纂疏》,《道藏》第13册,第520页。
② 《道德真经玄德纂疏》,《道藏》第13册,第519页。
③ 《太上一乘海空智藏经·序品》,转引自卢国龙:《道教哲学》,第237页。

> 是无为,无为即是寂境。何谓寂境?不生不死,故能长生;不毁不变,故能应变。……寂境即是感应,感应即是寂境。以寂境生感应,以感应归寂境,寂境即是妙有之源。①

"无为"境界就是寂境。虚寂与无为皆是道体之本性,因道体虚寂、无为、无形无质、虚空不实,因而它是不生不死、永恒长生的;感应是道之用,道因其虚空、清净本性,便能涵盖万物、明鉴万物,这是道感应万物之用。道是虚寂之性与感应之用的统一体。因此,作为体道的重玄境界自然要体现出道体用一如的特点——虚寂与感应一体。由此,作为道教修炼最高境界的"无为果"也体现出虚寂、感应、无为的特征。

李荣更是具体描绘了重玄境界"寂而常照"的特点:

> 圣人神凝于太漠,智寂于虚玄。明齐两隅,四方皆照,照而常寂,光而不耀,遗识混心,能无知也。②
> 混其分别之心,齐其是非之意也。③

李荣认为圣人的境界乃是寂而常照又照而常寂的境界。寂是道之性,照是道之用,寂照是道的特质,因而寂照的圣人境界也

---
① 《太上一乘海空智藏经·序品》,转引自卢国龙:《道教哲学》,第238页。
② 李荣:《老子注》卷1,转引自任继愈:《中国道教史》,第344页。
③ 李荣:《老子注》卷3,转引自任继愈:《中国道教史》,第344页。

是得道的境界。在重玄学看来，寂照境界的实质在于"遗识混心"，"遗识混心"即是"混其分别之心，齐其是非之意"，是"无知"之知。由此可见，寂照境界乃是遣除分别智、是非心的境界。正是由于遣除了理智分别心、是非心，人才能超越个体认识的局限，超越个体生命的限制，使"神凝于太漠，智寂于虚玄"，使神智游于虚玄之道，从而既能和光同尘又能洞照万物，既能洞照万物又能照而常寂。这种境界是超越理性分别心的智慧境界，又是一种极高明而道中庸的人格境界。寂而常照的重玄境界中，我们既可以看到佛教般若智慧境界的影子，也可以窥见老子"和光同尘"，庄子"独与天地精神往来而不敖倪于万物，不遣是非，以与世俗处"的人格追求。

第四层内涵：玄冥难识，直觉了达。

> 重玄之境，气象不能移，至虚之理，空有未足议。迎随不得，何始何终乎。[①]

重玄之境超越了感官的有无，是极虚之理，具有玄冥难识的特点，因此，不能以空有来界定它，以理性分别智来认识它，同时它又是无始无终的，也不能以时间来衡量它。重玄境界是超越时空的玄冥难识的境界，那么，如何达到呢？

---

① 李荣：《老子注》卷1，转引自任继愈：《中国道教史》，第335—336页。

> 道远乎哉，眼所不见，圣人体之，独见晓焉。
> 圣人玄道，了达虚无。[①]

道是玄远绵渺、深邃难识的"虚无"，重玄境界也是非眼能观、非耳能听的玄冥之境，不能靠感官去感觉，也不能靠理性去认识，只能"了达""体之"，靠直觉去感悟、体验。因此，重玄境界也是一种直觉的生命体验境界。

重玄境界的四层内涵，从不同的侧面展现了重玄境界不沾不滞、不断超越的特质。"物我超然，无为无累"言对物我之有的超越，从而把"我"从感性自我、功利自我中超拔出来，不为物所牵，不为己所累，实现身心的自由。这是第一层次的超越，即对感性生命与生命的实用功利价值的超越。"物我一体，冥会自然"言对物我分别的超越。克服了主客二元对立，也就克服了主体面对对象世界、客体世界的焦虑，个体纵身大化，个体生命融汇在万物生命之中，"冥会自然"，与天地齐寿，与万物同俦，从而获得一种生命的永恒感。这是第二层次的超越，即对个体生命局限的超越。"遗识混心，寂而常照"，言对理性分别心的超越。分别心是产生一切对立、执着的根源，对外物的执着，对自我的执着，物我世界的对立，皆产生于那一颗分别心。只有做到"遗识混心"，超越是非分别心，不以是非、得失、好恶对待世界，对待他人，

[①] 李荣：《老子注》卷1，转引自任继愈：《中国道教史》，第344页。

对待自我，才能真正实现生命的超越——对实用功利的超越，对自我感性的超越，对物我对立的超越，从而真正实现生命的自由与永恒。这种超越性体现出显著的审美人生的特点。对重玄境界超越性的论述，总是伴随着对重玄境界道性的论述："物我兼忘，冥合自然"，"遗识混心，寂而常照"。可见，在重玄学中，重玄境界是一种得道的境界，重玄境界不沾不滞的超越性是道性的体现。"遣之又遣"的超越过程是对"玄之又玄"的道的回归过程，"物我兼忘"即是"冥会自然"，"遗识混心"便能"寂而常照"。因此，重玄境界的超越性体现出其体道合道的本根性，而道的这种本根性，既有传统道教之道的自然无为、无为而无不为的寂照特点，又有吸纳佛教心性论后的不沾不滞的破执本质以及了达体悟的直觉特点。

总之，早期的重玄境界是一种生命不断实现自我超越的境界，一种不沾不滞的自然无为境界，是一种生命的直觉体验境界。它是一种体道合道的境界，但这种境界不是外在的缥缈的境界，而是内在的精神超越的境界，直觉的体验境界，觉悟的智慧境界，总之是一种心境，而不是外境——这一点有别于早期神仙境界。同时重玄境界体现了审美人生境界的诸多特色，因而也可以说是一种审美的人生境界。

（二）形神合一的后期重玄境界

盛唐之际，重玄学的旨趣开始发生变化，仙道信仰复归重玄之道，对长生成仙的追求重新回到重玄思想之中，重玄学开始从体道修性向合道修仙转变。重玄学这一思想旨趣的转变表现在境界论中,重玄境界便从一种心境、智慧之境转变为一种形神合一、形神俱化的生命体验之境。司马承祯、吴筠是这一时期的代表。下面具体分析后期重玄境界的审美特质。

司马承祯把神、形、身的修炼引入重玄学中,把神形修炼与心性修养结合起来。

> 假名元始号,元始虚无老,心源是元始,更无添上道。
> 太上本来真,虚无中有神,若能心解悟,身外更无身。
> 真性随身有,勿于身外求。①

司马承祯认为虚无元始之道在人身之心中,身外无道。而"形随道通,与神合一,谓之神人",人之身形与道相通,与神合一,便成为神人,"身神共一,则为真身",形神合一,身心合一即成"真身"。这里的真身与神人同义,指形神合一的得道之人。因为"神性虚融,体无变灭,形与之同,故无生死"②,所以神人是长生不死的。

> 隐则形同于神,显则神同于气,所以蹈水火而无害,

---

① 《太上升玄消灾护命妙经颂》,《道藏》第5册,第775页。
② 《坐忘论·得道》,《道藏》第22册,第896页。

对日月而无影。存亡自在，出入无间。①

散一身为万法，混万法为一身，智照无边，形超有际，总色空以为用，合造化以为功，真应无方，信惟道德。②

这两段文字描述形神合一的得道之人的特点，从心智与形质两个方面显示出得道之人的超人本领：心智上"智照无边"，能透识万法之虚空本质；形质上"形超有际"，能隐能显，能聚能散，能存能亡，出入无间，不为万物所害，也不为万物所累。

司马承祯笔下的得道之人是长生不死、智力超凡的，又是神通广大、自由无拘的。这既是对得道神人的描述，也是对后期重玄境界的描述，可见后期的重玄境界已经不只是一种心境和智慧之境了，还是一种神形合一的生命境界。

吴筠对重玄仙道境界的认识在神形合一、身心合一的基础上更进一步。吴筠认为：

夫人所以死者，形也。其不亡者，性也。圣人所以不尚形骸者，乃神之宅，性之具也。其所贵者，神性尔。若以死为惧，形骸为真，是修身之道，非修真之妙矣。③

---

① 《坐忘论·得道》，《道藏》第22册，第896页。
② 《坐忘论·得道》，《道藏》第22册，第897页。
③ 《宗玄先生玄纲论·长生可贵章第三十》，《道藏》第23册，第680页。

生命之形是要死亡的，不灭的只有神、性。形是神、性的工具与载体，修道之人追求的是神、性的永恒不亡，而不是形骸的永生不死。在此基础上，吴筠进一步阐释了他对修道成仙的理解：

> 夫道至虚极也，而含神运气，自无而生有。……以无系有，以有合无，故乾坤永存，而仙圣不灭。①

"以无系有"，言道化生万物，在万物中显现的特性。"以有合无"，言修道的过程乃是以形质之有合于虚无之道的过程，"以无系有，以有合无"则能"乾坤永存""仙圣不灭"。吴筠还从性命修炼的角度非常详细地描述了这一过程：

> 是以炼凡至于仙，炼仙至于真，炼真合乎妙，合妙同乎神，神与道合，即道为我身。所以升玉京，游金阙，能有能无，不终不殁，何为理难长久乎？若独以得性为妙，不知炼形为要者，所谓清灵善爽之鬼，何可与高仙为比哉？②

修仙合道的过程，就是炼养有形之身，使其合于虚无之道的过程，即"以有合无"的过程。"以有合无"并不只是神合与性合，

---

① 《宗玄先生玄纲论·以有契无章第三十三》，《道藏》第 23 册，第 681 页。
② 《宗玄先生玄纲论·以有契无章第三十三》，《道藏》第 23 册，第 681—682 页。

也是"道为我身"。负载着道的身便是神仙,神仙是有形之身与无形之道的合一,由此,神仙上天入地,畅游逍遥,能有能无,永恒长存。

> 本无神也,虚极而神自生。本无气也,神运而气自化。气本无质,凝委而成形。形本无情,动用而亏性。形成性动,去道弥远,故溺于生死,迁于阴阳,不能自持,非道存而亡之也。故道能自无而生于有,岂不能使有同于无乎?有同于无,则有不灭矣。故生我者道,灭我者情。苟忘其情,则全乎性,性全则形全,形全则气全,气全则神全,神全则道全,道全则神王,神王则气灵,气灵则形超,形超则性彻,性彻则返覆流通,与道为一。可使有为无,可使虚为实。吾将与造物者为俦,奚死生之能累乎。①

这段话详细地描述了"自无而生有"的生命自道而生的过程,以及"以有合无"的修道合道的过程。"虚极"是道教静功的最高境界,指通过坐忘等静功所获得的物我两忘、物我俱丧的境界。虚寂而生神,神运化而生气,气凝聚而成形,形动而生情,情生而性亏,而有生死。这是从无生有的"顺化",也是从有返无的"逆生"。由忘情而至返本,以合虚无之道为目的,此乃"以有合无"

---

① 《宗玄先生玄纲论·同有无章第七》,《道藏》第 23 册,第 675—676 页。

的修炼过程。可见,吴筠主张通过精气神的修炼以通向与道合一的"虚极"境界。吴筠所追求的境界乃是形神俱化、合于虚寂之道的境界,具有玄冥清虚的特点。

关于重玄仙道境界,司马承祯强调形神合一,吴筠进一步强调性命双修、形神俱化,而归于虚寂道境。我们可以说,后期重玄境界乃是形神合一、形神俱化而合于虚寂之道的境界。因为是得道的境界,因此也体现出长生永恒、自由逍遥、快乐永恒等特点,与传统道教对仙境的描述十分相似。

> 此皆自凡而为仙,自仙而入真,真与道合,谓之神人,神人能存能亡,能晦能光,出化机之表,入大漠之乡,无心而元鉴,无翼而翱翔,嬉明霞之馆,宴羽景之堂,欢齐浩劫,而福无疆,寿同太虚,而不可量。①

此写神人之存亡自主、隐显自在、出入无间、无为而无不为、神通广大、万寿无疆、快乐永恒,与传统仙境同出一辙。然而,不同之处在于,重玄境界乃是一种生命体验——不管是前期的心境的体验,还是后期的形神俱化的体验,皆是一种生命的高峰体验。因此重玄学家讲,"神仙亦人矣"。仙在身中,道在心中,仙界是不离身心而存在的。

---

① 《宗玄先生文集·神仙可学论》,《道藏》第 23 册,第 659 页。

三 虚空本真的丹道境界

丹道境界指内丹道所追求的与道合一的境界，它体现了道教内丹道独特的宗教追求与宗教理想。与传统道教的神仙理想，重玄学的精神追求相比，丹道境界表现出后期道教对神仙信仰更为成熟的认识，也反映了后期道教对生命超越更为深刻的理解。

（一）金归性初的早期丹道境界

内丹道修炼乃是一个归根复命、回归本初之性的过程。"归根复命""金归性初"明确了内丹道修炼的目标与方向，也阐明了丹道境界的基本内涵：本初的生命境界。

五代内丹家彭晓主张，内丹道修炼要炼化阴阳之气，成就纯阳之体，回归先天真一之气，也体现了这种归根复命的思想："以真父母之气，变化凡父母之身，为纯阳真精之形，则与天地同寿也。"[①] 以真一之元气转化由阴阳之气凝成的凡躯，成就纯阳真精之形，是早期内丹道的追求。内丹道认为，纯阳之形是元气凝聚而成，而未分化之元气乃是道的体现，因此成纯阳之身便是与道合一，自然能与天地齐寿，长生成仙。以成就纯阳之身为旨归的内丹道修炼，体现了早期内丹道对精气炼化的命功的重视，这也是早期内丹道的特点。

[①] 《周易参同契分章通真义·将欲养性章》，《道藏》第 20 册，第 148 页。

（二）虚寂的两宋丹道境界

唐末钟吕内丹一系开启了两宋内丹道，促成了内丹道的成熟。两宋内丹道成熟的标志便是全真道南宗与北宗的形成。不管南宗还是北宗皆祖述钟吕内丹之道，用以指导自己的内丹道修炼。成熟期的内丹道体现出两个特点：性命双修、道佛双融。不管是先命后性，还是先性后命，两宋内丹道皆主张内丹修炼中命功与性功的结合，以性命双化、形神俱妙为归旨。佛道双融是指两宋内丹皆立足传统道教思想，融摄佛教禅学心性论，从内丹道修炼到丹道境界皆呈现出明显的佛道融合的特点。南北二宗所追求的丹道境界皆是性命双圆、形神具妙的境界，这一境界总体呈现出虚寂的特点。这一虚寂之境，既是形神俱化、归根复命的虚静之境，也是明心见性、境智双冥的虚空之境，是道境与禅境的统一。

1."无形之形"的陈抟丹境

宋初陈抟老祖总结传统内丹道，认为"炼神还虚""复归无极"是内丹道修炼的最高境界。同时，陈抟吸纳禅学"观心论"，提出内丹道修炼的"五空说"：顽空、性空、法空、真空、不空。"五空"其实是指内丹修炼所达到的五种境界。

陈抟认为顽空是"至愚者"，性空"终为杳冥之鬼"，法空"是得道之初者"，真空是"知色不色，知空不空"的境界，陈抟认为"是为神仙者也"。不空是最高的境界，是无形与有形的统一，是"天高且清，而有日月星辰焉；地者静且宁也，而有山川草木焉；人者虚且无也，而为仙焉，三者出虚而后成者也。一神而变千神形，一气化而九气和"的境界，即是无形化有形，又是有形系无形的境界,是"无形之形"。

陈抟所描述的丹道境界,乃是复归虚无之道、透识万法虚空本质的境界。它既是无极而太极的道境,又是真空、不空之禅境,体现出道禅相融的特点。

2. 本真空寂的张伯端丹境

被称为南宗始祖的张伯端主张先命后性,非常重视内丹道修炼中的命功。

> 虚心实腹义俱深,只为虚心要识心,不若炼铅先实腹,且教守取满堂金。①

"虚心"指性功,"实腹"指命功,"识心"指精气神的充实。炼丹需要先实腹,补足亏损的精气神,从命功入手,再行"涤除玄览""心斋""坐忘"的虚心性功。

> 始于有作人难见,及至无为众始知,但见无为为要妙,岂知有为是根基。②

"有为"指命功,"无为"指性功。张伯端尤其强调命功在整个内丹道修炼中的根基作用,但这不意味着张伯端忽视性功。

---

① 《修真十书悟真篇》,《道藏》第 4 册,第 725 页。
② 《修真十书悟真篇》,《道藏》第 4 册,第 733—734 页。

> 先以神仙命脉诱其修炼，次以诸佛妙用广其神通，终以真如觉性遗其幻妄，而归于究竟空寂之本源。①

张伯端主张先命后性，先"以神仙命脉诱其修炼"，从有为之命功入手，然后配之以明心见性的性功，唤起灵知觉性，最后归于空寂本源。可见，张伯端仍然是主张性命双修的，他所追求的丹道境界，是佛道合一的境界——既是归根复命、回归真一之气的道境，也是"归于究竟空寂"的悟境。

> 人能察心观性，则圆明之体自现，无为之用自成，不假施功，顿超彼岸，此非心镜朗然，神珠廓明，则何以使诸相顿离，纤尘不染，心源自在，决定无生者哉？然其明心体道之士，身不能累其性，境不能乱其真，则刀兵乌能伤？虎兕乌能害？巨焚大浸乌能为虞？达人心若明镜，鉴而不纳，随机应物，故能胜物而无伤也，此所谓至上至真之妙道也。②

这里间接描述了内丹道所追求的境界——心境朗然、纤尘不染、心源自在，具体表现为："身不能累其性，境不能乱其真"，

---

① 《紫阳真人悟真篇拾遗》，《道藏》第 2 册，第 1030 页。
② 《修真十书·悟真篇》，《道藏》第 4 册，第 749 页。

明鉴万物，又不为物所扰；随机应物，又能胜物而无伤。既能明鉴万物、应感万物，又能始终保持内心的明净、静定与虚寂。它既体现出本体之道虚静与化生万物相统一的特征，又有佛教透识万法虚空本质之后不沾不滞的觉悟境界的特点。

3. 虚空返本的南宗丹境

南宗清修派以陈楠、白玉蟾为代表，双修派以翁葆光为代表。陈楠承继张伯端内丹思想，主张由命了性、先命后性，非常注重命功修炼。

> 一条径路入灵真，分明精里以气存，渐渐气积以生神，此神乃是天地精，纯阳不死为真人。①

此言炼化精气为元神，修成纯阳不死之身。强调精气的炼养，注重命功的修炼，是对传统内丹道的继承。同时，陈楠也重视性功。

> 性不乱则神不移，神不移则精不散，精不散则气不荡，气不荡则精火相随，精火不散，万神聚于神乡，在于昆仑之内，朝于顶上，始得一气之造化也。②

陈楠认为性不乱、神不移是炼化精气的基础，也是全部丹法

---

① 《修真十书·杂著指玄篇》，《道藏》第 4 册，第 615 页。
② 《修真十书·杂著指玄篇》，《道藏》第 4 册，第 615 页。

的主宰，但最后仍归于"一气之造化"。修成阳神不死的真身，为内丹道修炼的目标，与五代彭晓相似，体现出丹道归根复命、复归本源之气的炼养追求。

与陈楠相比，白玉蟾更关注内丹道修养中的性功，强调无心、无念，把勘破执着作为内丹道修炼的核心。

> 丹者心也，心者神也。阳神之一谓阳丹，阴神之一谓阴丹，其实皆是内丹也。①
> 神是主，精气是客。②

白玉蟾认为，丹就是心、神，神是内丹道修炼的主宰，而精气只是宾客。

> 炼形之妙在乎凝神，神凝则气聚，气聚则丹成，丹成则形固，形固则神全。③

内丹道修炼以神凝开始，以神全收束，整个内丹道修炼皆以神为机枢，强调神性的修炼。

此外，白玉蟾主张心性炼养须以"无"为本——"无事于心，

---

① 《海琼白真人语录》，《道藏》第 33 册，第 115 页。
② 《海琼白真人语录》，《道藏》第 33 册，第 111 页。
③ 《海琼问道集·玄关显秘论》，《道藏》第 33 册，第 143 页。

无心于事","对镜无心,对心无境"。"无"就是不执着——不执着于境,不执着于心,不执着于炼养,甚至不执着于执着,这就是白玉蟾所追求的丹道境界的核心。不沾不滞的生命境界,有浓厚的禅味。

然而白玉蟾并不否定命功,他认为:"性即命,命即性。……是知出于命者谓之性,归于性者谓之命,性命同出而异名。"[①] 性与命是生命的一体两面,命从性出,命功旨在归于原初之本性。关于丹道境界对虚空本性的复归,白玉蟾有具体的论述:

> 以归根复命为丹成,以移神聚气为换鼎,以身外有身为脱胎,以返本还源为真空,以打破虚空为了当。[②]

这是白玉蟾对"天仙"境界的描绘。"天仙"是南宗内丹道所成就的最高等级的神仙,真正体现了南宗的丹道追求。而天仙的境界最终还是返本还源、归根复命,打破虚空的清净自然境界,此境界更重心境,但不离"身外之身",是形神俱化的境界。

南宋双修代表翁葆光把内丹道炼养分三步:金丹—金液还丹—九转金液大还丹,而以九转金液大还丹为内丹道修养的最高境界。首先,得真一之气,结成金丹,形如黍珠;其次,金丹外接阴阳之火,化为金液,金液从尾闾经过双关,再上升到大脑,

---

① 《海琼白真人语录》,《道藏》第33册,第112页。
② 《修真十书·杂著指玄篇》,《道藏》第4册,第617页。

再降至口中，形成雀卵般的金液还丹，金液还丹归丹田，结成圣胎；最后，养胎十月，圣胎成熟而脱胎，化为纯阳之体，再面壁修性九年，纯阳之体自妙，神性自然觉知，而达到与道合真，成"无形之形"，此乃九转金液大还丹。

这里第一、二步，金丹与金液还丹皆属于命功，重在修纯阳之体，注重精气的炼化。第三步，金液大还丹，侧重于性功，关注神、性的修炼，"空其心，无人无我，心境一如"以至于"神仙抱一"。[1] "神仙抱一"的境界乃是性自圆、慧自生、神自灵、纯阳之体自妙、至真之躯至静的无为境界，又是随物现相、应现无方、无不周遍、靡所不应的无不为境界，总之是"神形性命与道合真"的境界，是归于空寂本源的境界，翁葆光又称之为"无形之形"[2]。翁葆光在性命双修方面不偏重于某一方面，非常注重性与命的相互推动、相互生化、相互支撑，能从道禅本体的高度，体认命功与性功的相互关系，表现出对内丹道更为成熟、深入、全面的认识。

4. 清净不染的全真丹境

北宗全真道对丹道境界的描述与南宗很相似。

性命双全，形神俱妙，出有入无，逍遥云际，果证

---

[1] 《悟真篇直指详说三乘秘要》，《道藏》第2册，第1020页。
[2] "是故圣人采先天一炁为丹，炼形还归于一炁；炼炁归神，炼神合道，而归于无形之形。"《悟真篇直指详说三乘秘要》，《道藏》第2册，第1020页。

金仙也。①

性命两全，形神俱妙，与道合真，无变更逍遥处，任遨游八极，自在纵横。②

与太虚同体，形神俱妙，与道合真。③

全真道所追求的境界仍然是性命双全、形神俱妙的境界，这一境界乃是与道合真的境界，因而也是逍遥自由、自在纵横的境界。然而在性命双修之中，全真道与白玉蟾一样，更重视明心见性的性功——"三分命功，七分性功"，甚至有以性制命、以性功代替命功的倾向。"长生不死者，一灵真性也。"④有形之躯总要死亡，唯有真性能长存。因此全真内丹道修炼更重视明心见性的性功。

此这真性不乱，万缘不挂，无去无来，此是长生不死也。⑤

得心清意静，性圆丹结，饵仙芝草。⑥

本来真性唤神仙。⑦

---

① 《中和集》，《道藏》第4册，第499页。
② 《中和集》，《道藏》第4册，第515页。
③ 《五篇灵文》，《道藏辑要》第6册，巴蜀书社1986年版，第413页。
④ 《晋真人语录》，《道藏》第23册，第698页。
⑤ 《重阳真人授丹阳二十四诀》，《道藏》第25册，第807页。
⑥ 《水云集》，《道藏》第25册，第855页。
⑦ 《草堂集》，《道藏》第25册，第485页。

全真道认为真性显露、万缘不挂的境界才是长生不死的神仙境界，如此便把道教的长生不死的神仙与禅宗不沾不滞的智慧人生结合起来，体现出明显的道禅双融的特点。

丹道境界既是宗教境界，也是人生境界。言其宗教境界，乃是因为它是道教修炼活动所追求的成神成仙的境界，是道教神仙信仰的具体体现。詹姆斯认为："宗教是整个心灵试图救度自己的生命活动。"[①] 宗教活动说到底乃是一种生命活动，从这个意义上讲，丹道境界其实质是一种人生境界，一种生命境界。从前面我们对丹道境界的描述与分析可见，丹道境界乃是一种生命的体验境界，一种身心同时超越的境界，一种复归本源的生命本真状态，一种快乐永恒自由的境界，同时也是一种审美人生境界。

第三节　佛道审美境界论比较

由于佛道二教的世界观、生命观、宗教信仰、宗教理想皆有不同，二教所追求的理想境界也表现出诸多差异。但正如詹姆斯所言，"宗教无论是什么，都是一个人对人生的整体的反应"[②]，宗教境界虽然是神佛的境界，但归根结底还是人生境界，一种理想的人生境界。从人生境界角度看，觉悟的佛境与得道成仙的道境

---

① 威廉·詹姆斯：《宗教经验种种》，尚新建译，华夏出版社2005年版，第280页。
② 威廉·詹姆斯：《宗教经验种种》，尚新建译，第21页。

皆是一种审美人生境界。作为一种审美人生境界，二者又表现出诸多的共同性。另外，在长期的历史发展中，佛道二教相互冲突，又相互交融，形成你中有我、我中有你的局面，致使佛境与道境多有相似，多有交融。佛境与道境的不同表现出佛道二教对世界、生命的不同理解，而二者的共同点又显示出中国宗教共同的审美人生追求。下面从佛道境界的差异性与共同性分别论述。

一 佛道境界的差异性

从前面两节的论述可见，佛教与道教所追求的境界在不同的时代、不同的宗派皆有所不同。佛教涅槃境界的寂灭，华严境界的圆融，弥陀净土的极乐，唯心净土的清虚；道教神仙境界的神奇，重玄境界的玄冥，丹道境界的本真。然而，归纳起来，佛境的共同点乃在于它的觉悟本性，道境最后皆旨归于合道成仙。佛境是虚寂、清净、永恒的觉悟境界，道境是玄冥、神奇、长寿的仙道境界。下面分别从二者的性质、本体论基础、生命观以及审美特征分别比较。

（一）佛道境界的性质不同

佛境是觉悟境界、智慧境界。寂灭的涅槃是彻底摆脱尘世烦恼，出离三界流转、生死轮回的境界，是进入虚空寂静、回归生命本真的境界，而涅槃寂灭的根本乃在于对无明的尽灭。灭无明，开启般若智慧，觉悟万法皆空，破除是非之分、我法之别、生死之异，从而无生无灭，进入永恒寂灭的涅槃境界。可见，进入涅槃境界乃是对万法皆空的觉解，涅槃境界是觉悟境界。而佛国净土，无论是华严境界还是弥陀净土皆是佛的境界，也是一种觉悟境界。表面华贵庄严的华藏境界其实是一真法界的显现，是对理事无碍、事事无碍深邃之理的觉解，是万法圆融无碍的觉悟境界。庄严华美、舒适安乐的弥陀净土也是阿弥陀佛意念的显现，是佛的觉解之境，是众生的观想之境。同时它也是一个没有分别、平等一如的世界，一个没有执着的自由无碍的世界。唯心净土直接强调净土唯心造，净土本身即是心的开悟所显。总之，佛境乃是一种觉悟境界，一种智慧境界，其核心是心的觉解。

道境则是身心俱妙、性命双全、形神俱化的实在境。早期道教的神仙境界，既是人们的一种想象之境，代表着人们的一种生活理想，一种幸福快乐、自由永恒的生活愿景，也是道教信仰者养气、服饵，努力修养，力图达成的人生境界。虽然这样的神仙境界最终并不能达成，但其宗教修养活动对人的生命的改造，对人生命质量的提升是显而易见的。重玄境界尽管早期更突出双遣兼忘的心性修养性质，但最终仍然走向了精神超拔与养生之术的结合，成为形神合一的境界。丹道境界更是强调性命双全、形神俱妙，是身心双重超越、双重升华的仙道境界。丹道境界既是"身外有身"的神仙境界，也是"返本还源""打破虚空"的合道境界，追求的是从神性上复归于虚空之道，从肉体上超越有形之身，获得无形而永恒的身外之身，从而在身体与灵魂两个方面同时获得升华。可见，道教的仙道境界乃是一种身心俱化，物质生命与精神生命同时超拔、升华的实在境。

总之,佛境是一种觉悟的智慧之境,道境则是一种身心双重超越之境。从生命境界看,佛境更倾向于一种精神境界,是认识上的超越与更新,是对生命本质的觉解,不管是寂灭的涅槃境界、圆融的华严境界还是清净的净土境界,皆是这样一种觉悟的心境。而道境更倾向于一种整体生命的升华,是一种物质与精神生命的整体超拔境界。不管是神奇的神仙境界、玄冥的重玄境界还是虚空的丹道境界,皆强调身心的双重修炼、生命的双重升华,是性命合道修仙的仙道境界。

(二) 佛道境界的本体论基础不同

觉悟的佛境与合道成仙的道境在性质上的不同,源于二者对世界本体认识的不同。佛教认为世界万物皆是因缘和合而生,是心随缘而现之境,因此,万法皆是虚空不实的,没有实在的自性,皆是假有,皆是幻象,是真空假有的统一体,是非空非有。因为万法本性皆空,所以万法又平等一如,由此,物与我、是与非、美与丑、爱与憎皆互融互摄、圆融无碍。基于这样的认识,以解脱烦恼为目的的涅槃,在认识上表现出对生之虚幻的觉解,从而摆脱生死轮回,摆脱人生无常,成就永恒不灭的灵魂。也正是基于这样的认识,才构筑起光明华美、绚丽和谐的华藏世界,因为它正是万法圆融无碍的一真法界的形象展现。绮丽多彩的华藏世界作为一个意象世界,暗喻对万法皆空,事事、理事圆融无碍之理的觉解。极乐的弥陀净土在极力渲染佛国依正庄严之相的背后,蕴含的是万法无差别、平等一如、不沾不滞之佛理,觉悟此真理,便能入弥陀净土,得"最上快乐"。唯心净土更是直接倡导万法唯心、心境一如。这些佛境皆是佛教世界观、价值观的一种展现。以相现性,以境显理,佛境背后展现出佛教对世界本质的认识。

道教认为道是世界万物的本原,道虚空广大、无限永恒,万物皆禀道而生,道和世界万物皆是实实在在的存在。作为个体的物皆有生有灭,唯有道是永恒不变的存在。正是基于这样的世界观,道教把长生的理想寄托于对永恒之道的回归,认为个体生命回归虚无永恒之道,就能如道一般永恒长存,也就能如道一般神通广大,成为神仙。仙道境界便是这样一种理想的寄托。早期道教神仙境界中的神乃是道的化身,神通广大、主宰万物、统领世界,是虚空广大又能化生万物之道的形象化显现;双遣兼忘的重玄境界是虚寂清净之道的体现;而丹道境界则是炼化精气神而归于虚空之道的境界,其虚空本真乃是道性的显现。在仙道境界中,我们看到的是道的虚空广大、无限永恒,看到的是道化生万物而自身清净无为的特性。

总之,佛教以"空"为本体,道教以"道"为本体。佛教主张万法皆空,世界是虚幻不实的存在。"空"属于理本体,即真理实在,与理本体的契合,表现为对真理的直觉与领悟,佛境便是这样一种对"空"理的觉悟境界。道教的本体是"道",道虽然虚无、玄冥难识,但道却实实在在存在着,属于实在性本体,与道本体的契合则表现为对道的回归,道境则是复归于道、与道合一的境界,与道合一则能永恒长存而成仙,因此,道境又称为仙道境界。

（三）佛道境界的生命观不同

觉悟的佛境与合道成仙的道境中包含着佛道二教对生命的不同认识与不同态度。

首先，就生命认识而言，佛教关心精神生命的升华，道教关心生命整体的提升。佛教认为万法皆空，人的生命也是一种空幻的存在，唯有体认到生命本质的虚空，才能放下我执，从而超脱烦恼。因此佛教非常关注心性，认为生命乃是虚寂与灵知觉性的统一体，二者构成了心本体，即精神本体。佛教的全部修养皆集中于心性，佛境乃是心的显现，是心的觉悟境界。涅槃境界无为而无不为、寂动相生的特点便是心性体用相依相生的体现。华美庄严、安乐舒适的净土亦是佛心的变现，唯心净土更是提倡"自性弥陀，唯心净土"，"随其心净则佛土净"。心乃万法之根本，佛境即是觉悟的心境，从佛境可见佛教对生命的认识，对心性的重视。佛教把一切聚焦于对心性灵知觉性的唤醒，生命因为灵知觉性的唤醒而光明普照，充实而意味盎然。因此佛境总是光明普照的境界，宝石、宝珠、金银、日月是佛境中最鲜明的意象，这些意象所构筑起的光明辉煌的意境暗喻着生命因觉悟而光辉灿烂。生命的觉悟是佛教生命观的灵魂，所以我们说佛教更关注精神生命，关注精神生命的点亮与觉悟。

道教则不同，道教认为精气神是构成生命的基本要素，作为物质生命的精、气与作为精神生命的神、性是不可分离的，它们共同构成了生命的整体。生命的炼养过程乃是生命整体的提升过程。这种生命观体现在道教所追求的仙道境界中，使仙道境界成为整体生命与道合一，物质与精神生命双重升华的境界。早期神仙境界的神奇华美、超凡脱俗、长寿永生与逍遥自由的特点，体现出物质与精神的双重超越与享受。重玄境界初期是双遣兼忘、不沾不滞的心境，但终归于形神合一的整体生命体验之境；重玄境界后期是神人的境界，是形与道通、神与道合，是形神的整体合道，是"智照无边"又"形超有际"，是心智与身体的双重超越境界。丹道境界更是性命双全、形神俱妙的境界，整个内丹道炼养过程，乃是整体生命不断提升与超越的过程。

其次，就生命态度而言，佛教对生命持超然的态度，道教对生命则持执着追求的态度。

佛教认为万法皆空，个体生命也是虚幻不实的存在，由五蕴造化的生命体乃是因缘和合的产物，是需要超越的对象。而佛教的超越是在尘而出尘的超越，是不离烦恼不具烦恼，这是佛教对待世界的态度，也是其对待生命的态度，即不沾不滞，万缘不挂的超然态度。这种超然的生命态度体现在佛境中，形成佛境的清净之美。涅槃的寂静之美首先便体现在它的清净无染。华藏世界色相纷繁，然而皆置于一大莲花之上，象征着华严境界的清净纯洁。清净与秽垢相对，佛教的清净体现出不为外物所迷惑、困扰、牵累的超然的生命态度。

长生成仙是道教一以贯之的追求，仙道境界中始终贯穿着这种长生久视的生命意识。神仙境界中总是充斥着大量长生不老的神仙，游仙诗中，九芝、龟鹤、赤松等大量长寿意象的应用也在述说着道教对长生成仙的追求。后期重玄境界从体道修性转向合道修仙，以追求"形随道通，与神合一"的神人，"身神共一"的真身为人生理想，而真身、神人最大的特点便是长生不死。丹道境界本身就是一种形神俱化、打破虚空的永恒境界，是"煅炼神丹，脱胎换骨""形神俱妙，性命交圆"的境界，内丹道修成的乃是"金刚不坏之躯""无上至真之妙道"。可见，仙道境界中显现出的是道教对生命长生久视的执着追求，表现出对生命的执着态度。

总之，佛境中显现的生命态度是既不执着于生之有，也不执着于生之无，万法皆空，生死一如。而道境中则始终充斥着对生的执着，以及对永生的无限追求。

（四）佛道境界的审美特征不同

从一、二节的论述可见，佛道境界在审美特征上五彩纷呈、绚丽多彩。佛境有寂灭的涅槃境界、华美圆融的华严净土、优美安乐的弥陀净土、心境一如的唯心净土。道境有崇高神奇的神仙境界、玄冥清虚的重玄境界、虚空本真的丹道境界。而神仙境界又有崇高的神界、神奇的仙界，重玄境界又有玄冥的早期重玄境界、清虚的后期重玄境界，丹道境界则更是风格多样。而每一种境界又呈现出多方面的审美特征，如，寂灭的涅槃又包含着虚空、寂静、灭度等多种审美特征，等等。然而，同为合道境界与理想的人生境界，各种境界又呈现出不少相似之处，如自由、快乐、永恒、清净等，既是佛境也是道境的基本特征。但由于佛道二教的世界观、生命观不同，佛境与道境的性质也不同，因此，在审美特征上,佛境与道境又表现出一定的差异性。

1. 虚幻与神奇

各种佛道境界风采各异,每一种境界又富含多种审美特征,佛道境界的审美特征又相互含融,因此很难在总体上归纳出佛境与道境的审美差异。仔细辨析,或许可以用"虚幻"来总结佛境的特点,用"神奇"来概括道境的特点。

涅槃境界本身便是真空幻有的存在,具有虚空与幻有相依相生的特点。庄严华美的华藏世界、极乐舒适的弥陀净土乃佛心的显现,是象征之境、观想之境,是虚幻的存在,并非实有。它们尽管庄严富贵、纷繁绚丽、舒适安乐,然而它们皆是唯心所造,也会随缘而灭。因为佛教认为,万法乃是心随缘而生之境,这个"境"并非外在实有之境,而是心所变现之境,佛境乃是清净佛心的显现。然而,"十方所有诸变化,一切皆如镜中像",境永远是虚幻的存在,总是呈现出一种可望而不可把握的虚幻之美。弥陀净土中常有这样的描绘:"受用种种,一切丰足。……随意所须,悉皆如念。""若欲食时,七宝钵器自然在前,百味饮食自然盈满。虽有此食,实无食者,但见色闻香以意为食。"可见净土中的一切美好的东西,不过是空幻妙色,是意念的显现,是虚幻的存在。佛教对世界、生命虚空本质的认识,体现在佛境中便是佛境的虚幻之美。

道境则不同,我们可以"神奇"来概括其总特征,尽管这一特征不能道尽道境的风采。早期的神仙境界是神奇的,神的无上神威与权力、仙的超凡脱俗、仙境的瑰丽奇特,皆在演示一种神奇之美。重玄境界的神奇隐含在其玄冥之中，遣之又遣的不断超拔，把人置于一种玄之又玄的不可思议的神秘境界，其本身便体现出一种神秘与奇崛之美。丹道境界更是以性命双修的神秘的生命体验著称。丹道境界既是移神聚气、金液还丹、脱胎换骨的神妙体验，又是返本还源、了悟虚空甚至打碎虚空的神奇。道教对内丹道修炼过程及结果的描写多体现出一种神奇之美，这种神奇之美是合道成仙的神奇生命体验的外化。

2. 虚寂与玄冥

这主要是针对涅槃佛境与重玄道境而言。与其他佛道境界相比，涅槃与重玄境界更凸显出佛、道的本体特征。虚空、寂静的涅槃体现出佛教"空"本体无限永恒、清净无染的本性，以及色空不二、真空幻有、动寂相生的存在方式。而玄冥的重玄境界则是境智双冥、混合玄同、玄冥难识又寂而常照的"道"本体的体现。此外，由于重玄学大量吸收佛教思想，重玄境界也体现出佛境的特点。如此，涅槃与重玄境界便表现出诸多相似之处，比如，本体的虚寂本性，寂而常照、静而常动的功用，以及体用一如的特点。二者都具有不沾不滞的清净特性，都是能所俱冥、物我一体的境界。然而，由于佛道二教的本体不同，同样的虚空境界，则表现出不同的特征。涅槃的虚寂是佛教"空"理的显现。虚是虚空广大、万法皆空；寂是清净无染、静定不动，涅槃虚寂之美体现的是虚空广大、无限永恒的本体之美，清净无染、万缘不挂的人生圆融之美。而重玄境界的玄冥则体现出道体的深远难识。重玄境界作为一种体道合道的境界，乃是一种遣之又遣、玄之又玄的无限否定与超拔，体现出一种深邃而神秘的美，即玄冥之美。同样的虚空广大，涅槃的虚寂更凸显一种寂静之美，重玄的玄冥更突出一种深邃的神秘之美。

3. 安乐与脱尘

这主要是针对弥陀净土与神仙境界而言。弥陀净土是佛土，是佛居住的世界，神仙境界是神仙居住的地方，它们皆是信仰者追求的理想境界。从审美特征上看，弥陀净土与神仙境界皆是光明、华美、自由、快乐、永生的世界，它们皆能满足人们的物质与精神需求，皆是美好幸福的理想生活世界。虽然同样是幸福美好的境界，但弥陀净土更强调净土生活的舒适、安乐。而神仙境界则大肆渲染仙界生活的超凡脱俗、神奇瑰丽。

可见，同为美好的理想生活，弥陀净土凸显生活的安乐、舒适、随意，更具现实生活的温馨感与亲近感。净土的生活虽是现实生活的极度美化，但其美化并没脱离生活本身，凸显出佛教在俗世中求超脱的理念。而神仙境界则反复强调神仙生活的不同凡尘、超凡脱俗，体现出早期道教超凡脱尘、飞升天界、长生成仙的理想追求。

二 佛道境界的共同性

尽管佛境是觉解世界本质、生命真谛的觉悟境界，道教是与道合一、长生成仙的仙道境界，但二者都是审美人生境界，它们具有审美人生境界的基本特点：超越性、本真性、自由性。

(一) 佛道境界是超越的人生境界

审美人生境界的超越性,指超越个体生命局限,最终超越物我二元对立,实现物我一体的"玄冥之境"。就个体生命而言,其超越包括对感性自我、理性自我、功利自我甚至道德自我的超越。超越的根本在于对物我对立的超越,克服主客体的分别、对立,扫落是非、好恶、喜怒分别心,从而进入人道合一的玄同境界。宗教境界与审美境界皆具有超越性,但宗教的超越,是神对人的超越,是彼岸超越,而审美的超越则是人的自我超越,是"真我"对"自我"的超越,"大我"对"小我"的超越,是此岸超越。佛道境界的超越就是一种自我超越,一种此岸超越,因而具有审美人生的特质。

就佛境而言,涅槃境界乃是解脱烦恼的境界。涅槃论认为人的烦恼来自贪嗔痴:"涅槃者,贪欲永尽,嗔恚永尽,愚痴永尽,一切诸烦恼永尽,是名涅槃。"① 灭尽贪嗔痴便得入涅槃。灭贪嗔侧重对身体感官欲望的超越,摆脱对喜乐与憎恶的执着;灭痴则侧重对愚痴无明的超越,摆脱分别智,摆脱对物我的执着。除灭贪嗔痴的过程乃是自我生命的超越过程,涅槃则是这种自我超越的境界,涅槃境界的灭度之美就体现出这种此岸超越性。华藏世界、弥陀净土皆是光明清净的世界,其光明之美在于照亮一切暗晦迷惑,其清净之美在于除尽一切腥臭污秽;佛国净土乃是超越三界(欲界、色界、无色界)的纯净的世界,是照亮无明的光明

---

① 《杂阿含经》,《大正藏》卷2,第126页。

的世界，其光明清净乃是对情欲、分别智的超越。佛境是佛的境界，然而在中国佛教中，佛并非在彼岸，即心即佛，佛就在众生心中。随其心净，则佛土净，净土乃是净心对秽心的超越之境，是佛的境界，也是人的自我超越境界，是审美人生境界。

就道境而言，超凡脱俗、神通广大是神仙境界的基本特征。对超凡脱尘的神仙生活的描写，表现出人们对现实生活的不满以及强烈的超越意识；赋予神仙神通广大的神力则表明了人们力图超越自我能力局限的强烈愿望。道教认为，人的生老病死以及由此带来的痛苦皆是凡尘俗世的生活方式所造成的，食五谷杂粮，必有生老病死，要长生成仙，必须超脱尘俗。神仙境界体现了对生命有限性的超越，对自我能力有限性的超越。遣之又遣、玄之又玄的重玄境界本身便是一个不断否定、不断超越的境界。"情欲不足以累其身，华屋未能以惑己"，这是对自我情欲与外物诱惑的超越，这是超越"有"。"前空诸有，于有无著。次遣于空，空心亦静"。继续否定，超越"空"。"于空于有，无所滞著，名之为玄，又遣此玄，都无所得，故名重玄。"再次否定，超越非有非空，最终至于物我兼忘、境智双冥、能所俱混的玄冥境界。可见，重玄境界的玄冥之美包含着不断超越的生命之美。后期重玄境界和丹道境界皆是性命双全、形神俱妙的境界。炼精化气，炼气化神，炼神还虚，生命正是在这样的炼养中不断超越，自有形而至无形，成"身外之身""无形之形"，最后与虚空之道同体合一。可见，神行俱妙的丹道境界乃是身心不断超越的境界，是整体生命与道合一的境界。不管是神仙境界、重玄境界还是丹道境界，都是生命不断超越自我局限，最后证道合真的境界，是个体生命纵身大化、与天地同体的境界。仙道境界皆体现出个体生命自我超越的特点。

自我超越性是审美人生境界的根本属性之一，而佛道境界皆体现出这种自我超越性，表现出对现实生活困境的超越、对个体生命局限的超越、对主客对立的超越，体现出物我一体、与道合一的特点，因而佛道境界乃是审美人生境界。

（二）佛道境界是本真的生命境界

审美人生境界则是一种生命的本真境界，即生命的本然存在状态。叶朗在《美学原理》中这样解释："就是清除遮蔽，使'真性'完全而毫无遮蔽地呈现出来，自我与真我完全合一，实现了自己的本体性存在。"[①] 审美人生境界是物我一体的"玄冥之境"。这种玄冥境界，"是一种自我超越，也是一种自我实现"[②]。一方面，这种物我一体的境界是超越个体生命局限、超越主客二元对立的结果，是"自我超越"；另一方面，超越生命感性存在局限，超越主客对立本身就是扫除生命浮尘、障蔽，凸显生命本真、本然，实现生命的本体性存在的过程，因此又是"自我实现"。可见，超越性与本真性是一体两面，超越性强调对现实生命的超脱，本真性强调对本然生命的显现，对生命的本体性实现，超越性与本真

---

① 叶朗:《美学原理》，第438页。

② 叶朗:《美学原理》，第438页。

性皆是审美人生境界的基本属性。佛道境界皆是本真的生命境界。

佛境是觉悟境界,是对万法本体空理的体认与觉解,这种觉解不是主体之心对空理的理性认识,而是心对理的直觉。直觉是"以不二之悟,符不分之理",是心与理的整体契合。觉悟境界乃是一种主客契合、主客一体的境界。觉悟境界既是对我执与法执二元对立的超越,也是"真我""法我"的显现。涅槃以"常乐我净"为其基本属性,其中"我"即指"真我""法我"。"有大我故,名大涅槃。涅槃无我,大自在故,名为大我。""大我"即"无我","无我"即"不以吾为我",是破除我执,透识万法本性皆空的"大我""真我""法我"。可见,涅槃乃是自在大我、本体真我的显现。华严与弥陀净土乃是佛土,是佛性的显现,唯心净土把佛性拉回众生心中,认为佛性即众生性,净土成为众生真心本性的示现。"华藏玄门,毗卢心海。""己心弥陀,唯心净土。""随其心净,则佛土净。"这些论述皆在说明,华藏世界、弥陀净土都是清净真心的显现。可见,作为觉悟境界的佛境皆是心境,是清净真心的显现。佛教把虚寂清净之心作为生命本体,觉解到法性皆空、万法幻有,便能扫除一切障蔽生命的迷惑、烦恼,进入心无挂碍、心清意净的存在状态,即生命的本真状态。觉悟的佛境便是这样的本真生命状态。

道境是与道合一的仙道境界。道教认为,道为万物之本,也是生命之本,万物有道则生,无道则死。人的生命是父母精血的产物,是父母阴阳之气融合的结果,也是父母情欲的产物,因此,人从出生开始便远离了清净、永恒之道。随着年龄的增长,产生是非之智、好恶之情，取是责非、喜好斥恶，更是远离本体之道，陷入无尽烦恼，生命也在这样的追逐中耗尽了精气神而走向死亡。道教的修行便是努力指向对清净永恒之道的复归。归根复命、返本归极、从迷返本、与道合一是道教永恒的追求。道教对本体之道的复归，是整体生命的复归，是身心、形神的整体升华、整体回归。这种复归也是回到生命的深层本原——道，从而与道合一，凸显生命的本真状态。仙道境界便是这样一种与道合真的本真生命境界。遣之又遣、玄之又玄体现了重玄复归于道的努力，清虚玄冥的重玄境界实现了向虚寂清净之道的复归。重玄境界是境智双冥的境界，也是身心虚寂、清净的境界。丹道境界则是形神俱妙、性命双圆的境界，也是"炼神还虚""复归无极""归于究竟空寂之本源"的得道境界。这种得道的本然生命状态在身形方面，体现为"身外之身""无形之形"，在心性方面，体现为心境朗然、纤尘不染。

（三）佛道境界是自由的人生境界

自由是审美人生的重要标志。席勒说："正是因为通过美，人们才可以走向自由。"[①] 美是自由的象征，审美的人生是自由的人生。朱光潜说："自由是精神上的解放和完美人格的形成。"[②] 人生的自由源于对生命重负的解脱，源于对人生狭隘性、局限性的超

---

① 席勒：《美育书简》，冯至、范大灿译，北京大学出版社 1985 年版，第 14 页。
② 朱光潜：《西方美学史》（下），第 443 页。

越。审美人生的超越性与物我一体的本真性自然带来生命的自由解放,而自由常常与快乐相伴,自由快乐的人生境界乃是审美人生境界。佛道境界便是这样的人生境界。

就佛境而言,涅槃境界是寂静的,同时也是自由的。涅槃是"无我",即对小我的超越,其结果是获得自在"大我"。大我即大涅槃,大我的境界乃是一种大自在境界,表现在摆脱物我羁绊、超脱生死轮回之后的"无去无来,应缘而现,无有方所"。华严境界是"一真法界"的显现,因而也是无妄本真的境界,是万法圆融无碍的境界。在这样的世界里,理事无碍,事事无碍,心境无碍,万法圆融互摄又互不影响、互不妨碍。这是一个万物一体又各自保持自性的自由的世界。从这个角度讲,华严境界乃是一种自由的境界。弥陀净土是极乐的王国,其快乐不仅源于优美的环境、舒适的物质生活,而且源于精神的自由享受。"微澜徐回,转相灌注。波扬无量微妙音声;或闻佛法僧声、波罗蜜声、止息寂静声……随其所闻,与法相应。其愿闻者,辄独闻之;所不欲闻,了无所闻。"随缘听法,而又深契心源,一切没有故意,没有造作,一切皆是自然所得,而且想听什么,就能听到什么,不想听,就听不到,万法随愿而现。在弥陀净土里,没有强迫,没有目的,没有故意,随缘任运,可又处处深契心源,闻者灭尘息垢,身清意净,烦恼自然熄灭,善根自然成就。这种自由任运而又处处契合佛理的境界,乃如康德所言之"无目的而合目的性",是一种理想的审美人生境界。

仙道境界也是一种自由的境界。自由逍遥是神仙境界最为突出的特点。"变化无穷,超凌三界之外,游浪六合之中",言成仙之后畅游三界六合的自由;"逍遥虹霓,翱翔丹霄",言玄游天际的快乐;"升降随长烟,飘飘戏九垓",言随风飘摇之畅快;"登仙抚龙驷,迅驾乘奔雷。鳞裳逐电曜,云盖随风回。手顿羲和辔,足蹈阊阖开",言畅游仙境之怡然自得。虽然重玄境界没有张扬与渲染外在的自由逍遥,但其遣之又遣、物我兼忘的境界乃是一种超然无累的自由境界。"夫达道圣人,超然悬解,体知物境空幻,岂为尘网所羁。""物境空幻"的重玄境界,乃是不"为尘网所羁","超然悬解"的自由解脱境界。丹道境界的自由,体现为身心、形神与虚空之道同体之后,超脱生死的自由无累;体现为不为外物所牵累的自在;体现为随机鉴照万物而不为外物所困扰的静定;体现为形神俱妙、乘龙御风的逍遥。

综上所述,佛境是觉解空理的觉悟境界,道境是合道成仙的仙道境界。佛境以万法皆空、万法唯心为其本体论基础,体现出清净无染、万缘不挂的超然的生命态度。道境以永恒不灭之道为其本体,体现出合道证真、执着追求长生的生命观。在审美特征上,佛境总体上具有一种虚幻之美,而道境更则有一种神秘、神奇之美。然而,尽管两种境界立足的世界观、生命观有所不同,宗教信仰也有差异,但二者皆是一种理想的宗教境界,也是一种理想的人生境界。二者所体现出的美好、幸福、快乐、自由等共同点,表现出中国宗教共同的追求,也体现了离乱现实中的人们共同的人生理想。同时,二者又是审美人生境界,皆具有审美人生的超越性、本真性与自由性。审美人生境界是人生的最高境界，是扫落生命障蔽，敞现生命本然的境界，也是生命自我实现，自由、快乐、永恒的境界。佛道境界是宗教境界，更是一种"诗意栖居"的审美人生境界。

参考书目

一 关于道教

《道藏》,文物出版社、上海书店、天津古籍出版社1988年版。

《藏外道书》,巴蜀书社1992年版。

《二十二子》,上海古籍出版社1986年版。

《老子道德经河上公章句》,王卡点校,中华书局1997年版。

《庄子集解》,王先谦,中华书局1987年版。

《老子今注今译》,陈鼓应,商务印书馆2016年版。

《庄子今注今译》,陈鼓应,商务印书馆2015年版。

《中国道教史》(4卷),卿希泰主编,四川人民出版社1996年版。

《中国道教史》,任继愈,中国社会科学出版社2001年版。

《道家金石略》,陈垣,文物出版社1988年版。

《道教源流考》,陈国符,中华书局1963年版。

《道教概说》,李养正,中华书局1989年版。

《道教与养生》,陈撄宁,华文出版社1989年版。

《道教哲学》,卢国龙,华夏出版2007年版。

《道教之道》,陈兵,今日出版社1992年版。

《金元全真道内丹心性学》,张广保,生活·读书·新知三联书店1995年版。

《南宋金元道教文学研究》,詹石窗,上海文化出版社2001年版。

《道教与中国文化》,葛兆光,上海人民出版社1995年版。

《道与术——庄子的生命美学》,王凯,人民出版社2013年版。

二 关于佛教

《大正藏》,台北新文丰出版公司 1983 年版。

《续藏经》,东京国书刊行会 1980—1989 年版。

《中国佛教丛书·禅宗编》,任继愈主编,江苏古籍出版社 1992 年版。

《六祖坛经》,杨曾文校写,宗教文化出版社 2002 年版。

《祖堂集》,静筠二禅师,上海古籍出版社 1994 年版。

《古尊宿语录》,颐藏,中华书局 1994 年版。

《高僧传》,释慧皎撰,汤用彤校注,中华书局 1995 年版。

《中国佛教哲学要义》,方立天,中国人民大学出版社 2012 年版。

《佛教哲学》,方立天,中国人民大学出版社 1991 年版。

《中国佛教史》,任继愈,中国社会科学出版社 1988 年版。

《中国佛教思想史》(3 卷),潘桂明,江苏人民出版社 2009 年版。

《禅宗的哲学象征》,吴言生,中华书局 2001 年版。

《禅宗与精神分析》,弗洛姆等著,冯川译,贵州人民出版社 1988 年版。

《名家说禅》,吴平编,上海社会科学出版社 2003 年版。

《中国佛教思想资料选编》,石峻编,中华书局 1983 年版。

三 关于美学

关于佛教美学

《佛教与美学》,王志敏,辽宁人民出版社 1989 年版。

《中国佛教与美学》,曾祖荫,台北文津出版社 1994 年版。

《佛教与中国古典文艺美学》,蒋述卓,岳麓书社 2006 年版。

《佛教美学》,王海林,安徽文艺出版社 1992 年版。

《佛教美学》,祁志祥,上海人民出版社 1997 年版。

《似花非花——佛教美学观》，祁志祥，宗教文化出版社2003年版。

《中国佛教美学史》，祁志祥，北京大学出版社2010年版。

《禅宗美学史稿》，皮朝纲，电子科大出版社1994年版。

《禅宗美学思想的嬗变轨迹》，皮朝纲，电子科技大学出版社2003年版。

《禅宗诗歌境界》，吴言生，中华书局2002年版。

《佛道诗禅》，赖永海，中国青年出版社1990年版。

关于道教美学

《道教与美学》，高楠，辽宁人民出版社1989年版。

《大美不言》，潘显一，四川人民出版社1997年版。

《道教美学思想史研究》，潘显一、李裴，商务印书馆2010年版。

《道家与文艺审美思想生成研究》，易小斌，岳麓书社2009年版。

《道体·心体·审美——魏晋玄佛及其对魏晋审美风尚的影响》，韩国良，中华书局2009年版。

关于美学理论

《美学散步》，宗白华，上海人民出版社1983年版。

《美学与意境》，宗白华，人民出版社1987年版。

《艺境》，宗白华，北京大学出版社1997年版。

《美的历程》，李泽厚，中国社会科学出版社1984年版。

《美是自由的象征》，高尔泰，人民文学出版社1987年版。

《中国美学史大纲》，叶朗，上海人民出版社1985年版。

《美学原理》，叶朗，北京大学出版社2009年版。

《美的哲学》，叶秀山，世界图书出版社2010年版。

《人类困境中的审美精神》，刘小枫主编，知识出版社1994年版。

《人生境界与生命美学》,陈德礼,长春出版社 1998 年版。

《消解与重构——艺术作品的本质》,董志强,人民出版社 2002 年版。

《中国艺术精神》,徐复观,华东师范大学出版社 2001 年版。

《中国美学史资料选编》,北京大学哲学系美学教研室编,中华书局 1981 年版。

《审美与生存》,皮朝纲主编,巴蜀书社 1999 年版。

《中国古典美学思辨录》,皮朝纲,香港新天地出版社 2012 年版。

《中古宗教与自然审美》,钟仕伦、刘敏,商务印书馆 2012 年版。

《美在境界》,陈望衡,武汉大学出版社 2014 年版。

《美学》,黑格尔著,朱光潜译,商务印书馆 1986 年版。

《美学史》,鲍桑葵著,张今译,商务印书馆 1985 年版。

《美学原理》,克罗齐著,朱光潜等译,外国文学出版社 1983 年版。

《审美教育书简》,席勒著,冯至、范大灿译,北京大学出版社 1985 年版。

《美学原理美学纲要》,克罗齐著,朱光潜等译,人民文学出版社 2008 年版。

四 关于宗教理论

《20 世纪西方宗教哲学文选》,刘小枫主编,上海三联书店 1991 年版。

《基督教的本质》,费尔巴哈著,荣震华译,商务印书馆 1997 年版。

《宗教经验种种》,威廉·詹姆斯著,尚新建译,华夏出版社 2005 年版。

《宗教之解释》,约翰·希克著,王志成译,四川人民出版社 1998 年版。

《宗教起源探索》,加里·特朗普著,孙善玲等译,四川人民出版社 1998 年版。

《宗教的起源与发展》,麦克斯·缪勒著,金泽译,上海人民出版社 1989 年版。

《人与神》，斯特伦著，金泽等译，上海人民出版社1991年版。

《艺术与宗教》，N.沃尔斯托夫著，沈建平等译，工人出版社1988年版。

《圣与俗》，伊利亚德著，杨素娥译，胡国桢校，台北桂冠图书有限公司2001年版。

五 其他

《四库全书》，上海古籍出版社1987年版。

《先秦魏晋南北朝诗》，逯钦立辑校，中华书局1988年版。

《中国哲学史新编》，冯友兰，人民出版社1998年版。

《贞元六书》，冯友兰，华东师范大学出版社1996年版。

《郭象与魏晋玄学》，汤一介，北京大学出版社2000年版。

《士与中国文化》，余英时，上海人民出版社1987年版。

《哲学导论》，张世英，北京大学出版社2002年版。

《境界与文化——成人之道》，张世英，人民出版社2007年版。

《拯救与逍遥》，刘小枫，上海三联书店2001年版。

《反抗死亡》，E.贝克尔著，林和生译，贵州人民出版社1988年版。

《真理与方法》，伽达默尔著，王才勇译，辽宁人民出版社1987年版。

《情感与形式》，苏珊·朗格著，刘大基等译，社会科学出版社1986年版。

《符号神话文化》，卡西尔著，李小兵译，东方出版社1988年版。

图书在版编目(CIP)数据

释道美学思想比较研究/余虹著.—北京:商务印书馆,2023
ISBN 978-7-100-21831-3

Ⅰ.①释… Ⅱ.①余… Ⅲ.①宗教—美学思想—研究—中国 Ⅳ.①B929.2

中国版本图书馆 CIP 数据核字(2022)第 222765 号

权利保留,侵权必究。

释道美学思想比较研究
余虹 著

商 务 印 书 馆 出 版
(北京王府井大街36号 邮政编码100710)
商 务 印 书 馆 发 行
山 东 临 沂 新 华 印 刷 物 流
集 团 有 限 责 任 公 司 印 刷
ISBN 978-7-100-21831-3

2023年1月第1版　　开本889×1194　1/32
2023年1月第1次印刷　　印张 10½
定价:78.00元